Un libro diario para la

ORACIÓN

Meditaciones,
escrituras
y oraciones
que nos
sumergirán
en el corazón
de Dios

 Vida®

La misión de Editorial Vida es proporcionar los recursos necesarios a fin de alcanzar a las personas para Jesucristo y ayudarlas a crecer en su fe.

UN LIBRO DIARIO PARA LA ORACIÓN
Edición en español publicada por EDITORIAL VIDA —2008
Miami, Florida
© 2008 por EDITORIAL VIDA

Publicado en inglés bajo el título:
A Daybook of Prayer
por *Integrity House, a Divison of Integrity Media, Inc.*
© 2006 por Integrity Publishers

Traducción: *María Josefa Martín*
Edición: *Elizabeth Fraguela M.*
Diseño interior: *artserv*
Diseño de cubierta: *Pablo Snyder*

ISBN: 978-0-8297-5139-0

Categoría: Vida cristiana / Devocional

UN LIBRO DIARIO PARA LA ORACIÓN

Meditaciones, porciones bíblicas y oraciones
para acercarse al corazón de Dios

TU LÍNEA DIRECTA DIARIA

¿Qué pasaría en tu vida si cada día del año dedicaras un tiempo a aprender algo poderoso y profundo acerca de la oración y luego pasaras un tiempo con Dios en oración?

La oración es tu línea directa con el ser que te creó, que te redime, que tiene planes y un propósito para tu vida, que desea una relación diaria basada en la confianza y la comunicación. Dios está listo a encontrarse contigo cada día del año, para oír lo que está en tu corazón y mente, para proveer la seguridad, dirección y sabiduría que tú necesitas para vivir la vida que él tiene planeada para ti.

Un diario de oración es un gran recurso que te provee un versículo bíblico inspirador, una enseñanza significativa sobre la oración por pensadores cristianos contemporáneos y un iniciador de oración profundo para que pongas en palabras ante el Padre tus propias peticiones y alabanzas.

¿Qué pasaría si dedicaras una parte de cada día del año a la oración? Tu vida y tu mundo nunca serían lo mismo.

NO DEJES DE DECIRLE TODO A DIOS

Depositen en él toda ansiedad, porque él cuida de ustedes.
1 PEDRO 5:7

Dile a Dios todo lo que está en tu corazón, como cuando uno descarga su corazón, sus placeres y dolores ante un amigo querido. Dile tus aflicciones para que él pueda consolarte; dile tus goces para que él los pueda templar; dile tus anhelos para que él pueda purificarlos; dile tus disgustos para que él pueda ayudarte a conquistarlos; habla con él de tus tentaciones para que él pueda escudarte de ellas; muéstrale las heridas de tu corazón para que él las pueda sanar, deja al descubierto tu indiferencia para lo bueno, tus gustos depravados por lo malo, tu inestabilidad. Dile cómo tu amor propio te hace ser injusto con los demás, cómo la vanidad te tienta para que no seas sincero y cómo el orgullo te puede encubrir de ti mismo y de otros …

Las personas que no tienen secretos uno para el otro no necesitan nunca un asunto de conversación … Conversan de la abundancia del corazón, sin consideración dicen precisamente lo que piensan. Bienaventurados los que obtienen tal comunicación familiar y sin reservas con Dios.

—FRANÇOIS FÉNELON

*Padre celestial, quiero compartir todo contigo,
tanto lo bueno como lo malo. Ayúdame a
abrirme ante tu amante Espíritu. Amén.*

DIOS ESTÁ ESCUCHANDO

El Señor ha escuchado mis ruegos; el Señor
ha tomado en cuenta mi oración.

SALMO 6:9

Puedes hablar con Dios porque Dios escucha. Tu voz es importante en el cielo. Él te toma muy en serio. Cuando entras a su presencia, él se vuelve para oír tu voz. No tienes que temer que se te ignore. Aunque gaguees o tropieces o aunque lo que tengas que decir no impresione a nadie, impresionará a Dios y él te escuchará. Él escucha la súplica dolorosa del anciano en el hogar de ancianos. Oye la confesión brusca de un preso sentenciado a muerte. Cuando el alcohólico ruega pidiendo misericordia, cuando el cónyuge busca dirección, cuando el hombre de negocios sale a la calle y entra en la capilla, Dios escucha. Con toda intención. Con todo cuidado.

*Señor Dios, gracias
porque escuchas mis
oraciones con tanta
atención. Señor,
ayúdame a descansar
hoy en tu amor. Amén.*

—MAX LUCADO, tomado de *La gran casa de Dios*

EN TUS DÍAS MÁS OSCUROS

Si subiera al cielo, allí estás tú; si tendiera mi lecho
en el fondo del abismo, también estás allí.

SALMO 139:8

> Oh, Señor, tú me ves tal
> y como soy, tú ves mis
> momentos más oscuros
> y fielmente permaneces
> junto a mí. Ayúdame
> a entregarte hasta mis
> momentos de mayor
> oscuridad. Amén

Es fácil ser honesto ante Dios con nuestras aleluyas; de alguna manera es más difícil ser honesto en medio de nuestras heridas; pero es casi imposible ser honesto ante Dios en cuanto a las emociones oscuras de nuestro odio. Es por eso comúnmente suprimimos nuestras emociones negativas ... Pero cuando oramos los salmos, estas oraciones clásicas del pueblo de Dios, encontramos que esto no es aceptable. Debemos orar tal y como somos, no como pensamos ser, ni tampoco como pensamos que debiéramos ser.

En la oración no todo es dulzura y luz. El camino de la oración no es cubrir nuestras emociones poco amables de modo que parezcan respetables, sino exponerlas de modo que se puedan alistar en la obra del reino.

—EUGENE H. PETERSON, tomado de *Answering God*

ESPERA EN EL SEÑOR

> Pero los que confían en el SEÑOR renovarán sus
> fuerzas; volarán como las águilas: correrán y no
> se fatigarán, caminarán y no se cansarán.
>
> ISAÍAS 40:31

Me pregunto, ¿cuántos regalos maravillosos se han quedado envueltos en el cielo porque nunca se desenvolvieron en la tierra? Solo permanecieron allí, sin que los pidiéramos. Santiago lo escribió de manera sencilla: «No tienen, porque no piden» (Santiago 4:2). En otras palabras, si pidiéramos más, tendríamos más.

Pero, ¿qué acerca de las veces que pedimos? Algunas veces la respuesta es «sí», algunas veces es «no», y muchas veces es «espera» … ¿Sabes lo que eso está haciendo a favor de tu vida cristiana? Está edificando músculos de fe.

Dios dice: «yo sé lo que estoy haciendo. Puedes confiar en mí». Y déjame asegurarte. Él es un Dios bueno y puedes confiar en él ya sean sus respuestas: «sí», «no» o «espera».

—CHARLES SWINDOLL, tomado de *Perfect Trust*

*Señor, yo sé que tú sabes lo que es mejor para mí, y yo
sé que tú nunca me abandonarás. Por favor, ayúdame
a ver tu mano en mi vida hoy, y por favor usa mis
circunstancias para hacerme más como tú. Amén*

LAS PROMESAS
SEGURAS DE DIOS

Todos ellos vivieron por la fe, y murieron sin haber recibido
las cosas prometidas; más bien, las reconocieron a lo lejos, y
confesaron que eran extranjeros y peregrinos en la tierra.

HEBREOS 11:13

Dios sabe exactamente cuándo retener o cuándo concedernos alguna
señal visible de estímulo. Cuán maravilloso es poder confiar en él
en cualquiera de los casos. Aunque es mejor cuando él retiene toda
evidencia visible de recordarnos. Él quiere que nos demos cuenta de
que su Palabra, su promesa de recordarnos, es más real y confiable
que cualquier evidencia que nuestros sentidos puedan revelar ...
Las respuestas demoradas a las oraciones no son negaciones. Muchas
oraciones se reciben y registran, pero por debajo están las palabras:
«Mi tiempo aún no ha llegado». Dios tiene un tiempo fijo y un propósito ordenado, y él, que controla los límites de nuestras vidas, también
determina la hora de nuestra liberación.

—L.B. COWMAN, tomado de *Manantiales en el desierto*

Señor, yo sé que tú tienes buenos planes para tu pueblo,
aunque yo no pueda verte obrando. Hoy, Señor, yo
oro por tu perspectiva y por la habilidad de soportar
con gracia y perseverancia estos tiempos. Amén.

LA ORACIÓN CONTINUA

Dedíquense a la oración: perseveren en ella con agradecimiento.
COLOSENSES 4:2

¿Qué es la oración? No es la expresión de palabras. Estas solo son el vehículo de la oración. La oración es la actitud del espíritu de una persona y los elementos de la oración se pueden esparcir en nuestras vidas cotidianas.

Padre celestial, quiero estar dispuesto y obediente para hacer las cosas que me pidas. Mientras permanezca en una oración continua, sé que me ayudarás a seguirte. Amén.

Nuestra sumisión continua a la voluntad de Dios es ... esencial para toda oración. Muchas personas creen que orar es insistir a Dios acerca de nuestros deseos, y que la oración contestada es que Dios nos conceda lo que deseamos. La expresión más profunda de la oración verdadera no es: «Oh, Señor, haz esto, porque yo lo deseo». Sino más bien es: «Oh, Señor, yo hago esto porque tú lo deseas».

Así debiera sonar durante todas nuestras vidas diarias la música de la oración continua debajo de nuestras distintas ocupaciones, como algo prolongado, profundo, la nota del bajo que lleva y dignifica la melodía más ligera elevándose, cayendo y cambiando sobre ella. Entonces nuestras vidas se pueden tejer en una unidad armoniosa basada en una comunión continua, un deseo continuo por Dios y una sumisión continua a él.

—ALEXANDER MACLAREN

CADA MOMENTO

Señor, oye mi justo ruego; escucha mi clamor; —presta
oído a mi oración, pues no sale de labios engañosos.

SALMO 17:1

La oración es para cada momento de nuestras vidas, no precisamente
para cuando haya sufrimiento o gozo. La oración en realidad es un
lugar; un lugar donde tú te encuentras con Dios en una conversación
genuina.

¿Has dicho alguna vez: «Bueno, todo lo que podemos hacer ahora es
orar»? En lugar de comenzar con oración, algunas veces recurrimos
a ella después que se han usado todos los demás recursos. Cuando
llegamos al fin de nosotros mismos, llegamos al principio de Dios. No
tenemos que sentirnos avergonzados por tener necesidades. Dios no
nos exige que oremos con frases anticuadas ni incluso con elocuencia.
Dios oye toda oración débil, tartamudeante que un creyente expresa.
Un clamor, un suspiro, un «¡Socórreme!» De acuerdo con los Salmos,
todas son oraciones.

—BILLY GRAHAM, tomado de *Día tras día con Billy Graham*

*Padre, quiero orar todo el día, dirigiendo cada pensamiento
y suspiro hacia ti. Señor, ayúdame a ver recuerdos
de tu presencia a través de todo el día. Amén.*

UN CORAZÓN QUE ORA

Dichosos los que trabajan por la paz, porque serán llamados hijos de Dios.

MATEO 5:9

Las Escrituras dicen: «Oren sin cesar» (1 Tesalonicenses 5:17). Este debiera ser el lema de cada verdadero seguidor de Jesús. No importa cuán oscura y desesperada pueda parecer una situación, nunca dejes de orar. No solo debemos orar para resolver nuestros problemas, sino para tener una parte en la fortaleza que da la amistad con Dios.

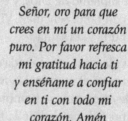

Señor, oro para que crees en mí un corazón puro. Por favor refresca mi gratitud hacia ti y enséñame a confiar en ti con todo mi corazón. Amén

Para nosotros la oración no debiera ser meramente un acto sino una actitud de la vida.

¿Oramos por la voluntad de Dios o exigimos nuestro propio camino? La oración debe ser una parte integral de nuestras vidas, de modo que cuando venga una crisis tengamos la fortaleza y la fe de orar por la voluntad de Dios. Alguien dijo que la fortaleza en la oración es mejor que la extensión en la oración. Sin embargo, Martín Lutero dijo: «tengo tanto que hacer hoy que dedicaré las primeras tres horas a la oración».

—BILLY GRAHAM, tomado de *Día tras día con Billy Graham*

EL DEBER DE LA ORACIÓN

¿Acaso se deleitan en el Todopoderoso,
o claman a Dios en todo tiempo?

JOB 27:10

La negligencia del deber de la oración parece ser incoherente con el amor supremo de Dios, y está en contra de la voluntad de Dios revelada con tanta sencillez. Vivir en tal negligencia es incoherente con llevar una vida santa …

Una vida santa es una vida de fe. La vida que viven los cristianos verdaderos en el mundo, la viven en la fe del Hijo de Dios. Pero, ¿quién puede creer que ese hombre vive por fe si vive sin la oración, que es la expresión natural de la fe? La oración es una expresión de fe tan natural como la respiración lo es a la vida; y decir que un hombre vive una vida de fe y la vive sin oración es tan inconcebible e ilógico como decir que un hombre vive sin respirar. Una vida sin oración está tan lejos de ser una vida santa que constituye ser una vida profana. El que vive así es como un pagano que no clama a Dios. El que vive una vida sin oración vive sin Dios en el mundo.

—JONATHAN EDWARDS

Padre celestial, yo no quiero ser alguien que lleve una «vida sin oración» en este mundo. Ayúdame a estar buscándote siempre, viviendo una vida de fe y santidad. Quiero tener el gozo de emplear tiempo en tu presencia, en adorarte y en vivir una vida que esté dedicada completamente a ti. Amén.

CÓMO ORAR CON FE

En paz me acuesto y me duermo, porque sólo
tú, SEÑOR, me haces vivir confiado.

SALMO 4:8

Lo que pidamos a Dios … Cualquier cosa que expresemos en gratitud a Dios … Todo lo que declaremos ser los atributos de Dios … Debemos ofrecerlos con fe.

Debemos creer verdaderamente que cuando pedimos a Dios, él contesta.

Debemos creer en verdad que él es digno de todas nuestras acciones de gracias y alabanzas.

Señor Dios, hoy sencillamente dejo todas las cosas en tus manos. Dios, estoy ansioso, pero yo creo en tu poder y bondad y creo que eres digno de alabanza. Gracias por tu amor. Amén.

Debemos creer verdaderamente que él está capacitado por completo para manejar todas las cosas de acuerdo con la plenitud de su plan y propósito para nuestra vida.

—CHARLES STANLEY

ORACIÓN DE SANIDAD

*La suegra de Simón estaba en cama con fiebre,
y en seguida se lo dijeron a Jesús.*

MARCOS 1:30

La enfermedad entró en la casa de Simón. La fiebre, en una forma mortal, había postrado en cama a su suegra; y tan pronto como Jesús llegó, le contaron de la triste aflicción y él se apresuró a ir junto a la cama de la paciente. ¿Tienes alguna enfermedad en tu casa en esta mañana? Encontrarás a Jesús, el mejor de los médicos; ve a él enseguida y cuéntale todo acerca del asunto. Pon tu caso ante él de inmediato. Esto concierne a uno de su pueblo y por ello él no lo considerará trivial. Nota que el Salvador restauró de inmediato a la enferma; nadie puede sanar como él lo hace. No debemos imaginar que el Señor va a quitar toda enfermedad de aquellos a quienes amamos, pero tampoco debemos olvidar que la oración de fe por el enfermo tiene más probabilidades que cualquier otra cosa en el mundo de dar por resultado la restauración del enfermo; y si esto no suceda, debemos inclinarnos con mansedumbre ante la voluntad de quien determina la vida y la muerte. El corazón tierno de Jesús espera oír nuestras penas; derramémoslos dentro de su paciente oído.

—CHARLES SPURGEON

*Señor Jesús, gracias por tu corazón compasivo. Yo sé que
tú oyes todas mis oraciones. Gracias por la sanidad del
cuerpo y del espíritu que llegan cuando oro. Amén.*

LA TAREA GLORIOSA DE LA INTERCESIÓN

Cualquier cosa que ustedes pidan en mi nombre,
yo la haré; así será glorificado el Padre en el Hijo.

JUAN 14:13

La intercesión es muy importante. Una niñita oró por su amiga hasta que ella encontró al Señor Jesús como su Salvador. Juntas comenzaron a orar por una tercera niña. Luego las tres oraron por una cuarta y las cuatro oraron por una quinta, la reacción en cadena en los corazones de las pequeñas por medio de la intercesión.

Padre, gracias por tu amor por mí y por el mundo. Espíritu Santo, te ruego que guíes mis oraciones y mis pensamientos por aquellos que necesitan tu amor. Amén.

¿No le pedirás al Señor que te use para esta reacción en cadena, que esto pueda comenzar en tu corazón y luego continuar? Ora por uno, luego juntos oren por un tercero, luego los tres por un cuarto. En 1 Timoteo 2:1-2, Pablo dice: «Así que recomiendo, ante todo, que se hagan plegarias, oraciones, súplicas y acciones de gracias por todos, especialmente por los gobernantes y por todas las autoridades, para que tengamos paz y tranquilidad, y llevemos una vida piadosa y digna».

He experimentado que nada nos hace tan libres como la intercesión por otros.

¡Cómo pesa esta tarea! Pero, ¡cuán gloriosa es!

—CORRIE TEN BOOM, tomado de *Not I, but Christ*

UNA COMUNIDAD SUPLICANTE

Que el Señor los haga crecer para que se amen más y más unos a otros, y a todos, tal como nosotros los amamos a ustedes.

1 TESALONICENSES 3:12

Señor, yo sé que las relaciones te importan mucho. Dios, te ruego que me lleves más cerca de ti y que me enseñes a amarte, de modo que pueda mostrar tu amor a aquellos que me rodean. Amén.

La oración es la fortaleza de nuestra existencia individual y comunitaria. Es por medio de la oración que encontramos el corazón de nuestra relación de amor con Jesús como individuos, y es por medio de la relación de amor de Jesús obrando en las vidas individuales que las comunidades prosperan en paz y en unidad. Es en la soledad de la oración que encontramos a nuestro verdadero Compañero y así aprendemos a ser mejores compañeros de otros. Es en el silencio interior de la oración que oímos la palabra viva de Dios, y así aprendemos a hablar palabras que fluyen del amor de Dios para unos y otros.

—JOHN MICHAEL TALBOT, tomado de *Regathering Power*

DIOS EN MEDIO NUESTRO

Encomienda al Señor tus afanes, y él te sostendrá; —no permitirá que el justo caiga y quede abatido para siempre.

SALMO 55:22

Lo que presupone la oración como una petición es una relación personal, que es experimentalmente interactiva entre nosotros y Dios, al igual que una petición de un hijo a un padre, o de un amigo a otro amigo. Se espera que nuestras preocupaciones naturales se expresen con naturalidad, y que Dios oiga nuestras oraciones tanto a favor nuestro como a favor de otros ...

Por consiguiente, yo creo que la descripción más adecuada de la oración es simplemente, «Hablar a Dios acerca de lo que estamos haciendo juntos» ... La oración es un asunto de decirle explícitamente a Dios mis preocupaciones acerca de aquello por lo que él también se interesa en mi vida.

—DALLAS WILLARD, tomado de *The Divine Conspiracy: Rediscovering our Hidden Life in God*

Señor, ayúdame a recordar hoy que mi vida es acerca de ti. Ayúdame a recordar que tú estás aquí mismo en medio de todo lo que me está presionando por obtener mi atención. Ayúdame a recordar que tú quieres vivir la vida conmigo. Amén.

UN CORAZÓN RECTO

Quiero, pues, que en todas partes los hombres levanten las
manos al cielo con pureza de corazón, sin enojos ni contiendas.

1 TIMOTEO 2:8

La oración debe salir de un corazón limpio y se debe presentar e impulsar a levantar «las manos al cielo con pureza de corazón» (1 Timoteo 2:8). La oración debe fortalecerse con una vida que se proponga incesantemente obedecer a Dios, lograr conformidad con la ley divina y ser sumisa a la voluntad divina.

No debemos olvidar que mientras la vida es una condición de oración, la oración también es la condición de una vida recta. La oración promueve el recto vivir, es una de las grandes ayudas para la rectitud del corazón y de la vida. El fruto de la oración real es el recto vivir. La oración coloca a aquel que ora en el gran negocio de ocuparse de su salvación con temor y temblor. Lo pone a vigilar su temperamento, su conversación y su conducta. Le da un alto incentivo para proseguir su peregrinaje constante eludiendo todo camino malo para caminar por el bueno.

—E.M. BOUNDS

*Señor, yo sé que tú deseas la justicia y la rectitud en
mi vida y corazón. Hoy te pido que continúes obrando
en mi vida, moldeando y formándome. Amén.*

EXTIENDE LOS BRAZOS CON FE

Oye mi voz suplicante
cuando a ti acudo en busca de ayuda,
cuando tiendo los brazos hacia tu lugar santísimo.

SALMO 28:2

Hay cosas que podemos hacer para aumentar nuestra fe, tales como leer la Palabra de Dios. La fe viene sencillamente por oírla (Romanos 10:17). Cuando tomes las promesas y verdades en su Palabra y las declares en alta voz, sentirás que tu fe aumenta.

*Gracias, Señor,
porque tú me oyes
cuando te llamo.
Te ruego que hoy
fortalezcas mi fe
en ti. Amén.*

La oración también aumenta nuestra fe porque es como alcanzamos y tocamos a Dios. En una ocasión una mujer se aproximó al Señor creyendo que «si al menos logro tocar su manto quedaré sana». Jesús le dijo: «tu fe te ha sanado» y ella fue sana en aquel mismo instante (Mateo 9:20-22). Cada vez que lo alcanzamos y lo tocamos en oración, nuestras vidas se sanan de alguna manera y se aumenta nuestra fe.

—STORMIE OMARTIAN, tomado de
El poder de la mujer que ora

CONOCE MI CORAZÓN

Estoy convencido de esto: el que comenzó tan buena obra en
ustedes la irá perfeccionando hasta el día de Cristo Jesús.

FILIPENSES 1:6

Ora fervorosamente, hasta puedes arrodillarte o tomar un momento
para escribir estas palabras como un pacto con Dios: «Examíname,
oh Dios, y sondea mi corazón; ponme a prueba y sondea mis pensamientos. Fíjate si voy por mal camino, y guíame por el camino eterno»
(Salmo 139:23-24).

Pero, ¡ten cuidado! Si haces que esta sea tu oración ferviente ante el
Señor, ¡prepárate! Dios quiere que el reflector de su Espíritu brille
en tu vida para mostrarte los elementos de actitud y conducta que
necesitas confesar y de los que debes arrepentirte. Al principio debe
ser descorazonador, pero el resultado será una vida más rica con una
comprensión más grande de su gracia asombrosa.

—DAVID JEREMIAH, tomado de *Captured by Grace*

*Hoy, Padre, te invito a registrar mi corazón y a
conocer mis pensamientos ansiosos. Señor, si hay algo
en mí que te disgusta, te pido que me lo muestres, y
me des el valor de dejar que lo quites. Amén.*

LAS BARRERAS PARA EL GOZO

En todas mis oraciones por todos ustedes, siempre oro
con alegría, porque han participado en el evangelio
desde el primer día hasta ahora. Estoy convencido de
esto: el que comenzó tan buena obra en ustedes la
irá perfeccionando hasta el día de Cristo Jesús.

FILIPENSES 1:4-6

Hazte dos preguntas:

*¿Hay algún pecado no confesado en
mi vida?*

La confesión es decirle a Dios
que tú hiciste lo que él vio que
tú hiciste. Él no necesita oírlo
tanto como tú necesitas decirlo.
Ya sea demasiado pequeño para
mencionarlo o demasiado grande para que se perdone, no eres
tú el que lo decides. Tu tarea es
ser honesto ...

>
> *Querido Padre celestial, yo
> te pido que tú me muestres
> las cosas que evitan que yo
> disfrute mi vida en ti. Te ruego
> que me ayudes a intensificar
> la confesión dentro de mis
> oraciones y que permitas que
> mis oraciones fomenten en
> mí una dependencia rica
> y gozosa en ti. Amén.*

¿Hay en mi corazón inquietudes que no se han rendido?

«Depositen en él toda ansiedad, porque él cuida de ustedes» (1 Pedro 5:7).

La palabra alemana para *ansiedad* significa «estrangular». La palabra
griega significa «dividir la mente». Ambas son exactas. La ansiedad
es un lazo en el cuello y una distracción de la mente, ninguna de las
cuales es conveniente para el gozo.

—MAX LUCADO, tomado de *Cuando Dios susurra tu nombre*

LA CONFESIÓN ES BUENA PARA EL ALMA

Acérquense a Dios, y él se acercará a ustedes.
¡Pecadores, límpiense las manos! ¡Ustedes los
inconstantes, purifiquen su corazón!

SANTIAGO 4:8

La confesión hace para el alma lo que la preparación de la tierra hace para el campo. El agricultor siembra la semilla antes de trabajar la superficie, quita las rocas y hala las cepas. Él sabe que la semilla crece mejor si la tierra está preparada. La confesión es el acto de invitar a Dios a caminar por la superficie de nuestros corazones. «Padre, aquí hay una roca de avaricia y yo no puedo moverla. ¿Y ese árbol de culpa próximo a la cerca? Sus raíces son largas y profundas. ¿Te puedo mostrar alguna tierra seca demasiado dura para la semilla?» La semilla de Dios crece mejor si el terreno del corazón está limpio.

Y así el Padre y el Hijo caminan el terreno juntos; ahondando y halando, preparando el corazón para el fruto. La confesión invita al Padre a trabajar la suciedad del suelo.

—MAX LUCADO, tomado de *En manos de la gracia*

Señor, algunas veces es difícil admitir que estoy
equivocado. Dios, te ruego que quites mi orgullo.
Hoy te ofrezco toda mi vida. Amén.

UN CORAZÓN LIMPIO

Crea en mí, oh Dios, un corazón limpio,
y renueva la firmeza de mi espíritu.

SALMO 51:10

Quiero que mires esta idea de limpiar tu corazón no como una opinión de que tu corazón está sucio, sino como un llamado de Dios para que estés completamente correcto ante él de modo que él pueda traer a tu vida todas las bendiciones que tiene para ti. Míralo como Dios, preparándote para que hagas la obra importante que tiene delante de ti ...

Para hacer los cambios positivos que sean duraderos en tu vida, tienes que disponerte a una obra de limpieza y extensión del Espíritu Santo. Tienes que permitirle exponer tu corazón de modo que no te engañes acerca de ti mismo y de tu vida. Tienes que invitarlo a crear un corazón limpio dentro de ti.

—STORMIE OMARTIAN, tomado de *El poder de la mujer que ora*

*Señor, tan doloroso como es presentar ante ti mi
pecaminosidad para que tú me limpies, yo sé que en última
instancia es para mi bien y tu gloria. Dios, yo sé que es
por causa de tu amor que tú deseas la pureza en mi vida.
Hoy, Señor, oro para que limpies mi corazón. Amén.*

MOMENTOS DIVINOS

El Señor está cerca de quienes lo invocan,
de quienes lo invocan en verdad.

SALMO 145:18

Imagina considerar cada momento como un tiempo potencial de comunión con Dios. Cuando hayas terminado tu vida, habrás empleado seis meses parado frente a un semáforo en rojo, ocho meses abriendo correspondencia de basura, un año y medio buscando cosas perdidas (en mi caso será el doble de esa cantidad) y unos inmensos cinco años parados en una variedad de filas.

¿Por qué no darle estos momentos a Dios? Al darle a Dios tus pensamientos susurrantes, lo común se convierte en extraordinario. Frases simples como «Gracias, Padre», «Oh, Señor, sé el soberano de esta hora», «Jesús, tú eres mi descanso» pueden tornar un viaje en un peregrinaje. No necesitas dejar tu oficina ni arrodillarte en tu cocina. Solo ora donde estés. Deja que la cocina se convierta en catedral o el salón de clases en capilla. Da a Dios tus pensamientos susurrantes.

—MAX LUCADO, tomado de *Como Jesús*

Dios, yo sé que tú siempre estás conmigo. Hoy
te doy mis momentos, Señor Dios. Te ruego que
dirijas mis pensamientos hacia ti y que me dejes
verte hoy en medio de lo mundano. Amén.

LA ORACIÓN ME CAMBIA

Quiero, pues, que en todas partes los hombres levanten las manos al cielo con pureza de corazón, sin enojos ni contiendas.

1 TIMOTEO 2:8

El finado Dr. Donald Barnhouse, un pastor y autor americano muy admirado, en una ocasión llegó al púlpito e hizo una afirmación que dejó atónita a su congregación: «¡La oración no cambia nada!» En ese repleto servicio de adoración dominical en Filadelfia se podía oír hasta la caída de un alfiler. Su comentario, por supuesto, estaba designado para hacer que los cristianos se dieran cuenta que Dios está soberanamente a cargo de todo. Nuestros tiempos están literalmente en sus manos. Ningún ser humano endeble se hace cargo de los sucesos y los cambia por expresar una cuantas palabras en oración. Dios hace la forma, el cambio; él es quien está en control. Barnhouse estaba correcto, excepto en un pequeño detalle. La oración me cambia a mí. Cuando tú y yo oramos, cambiamos, y esta es una de las razones principales por la cual la oración es una terapia tal que contrarresta la ansiedad.

Padre celestial, yo sé que de todos los cambios que la oración puede traer, el principal de ellos tiene lugar dentro de mi corazón. Mientras oro, ayúdame a ser receptivo a tu dirección. Amén.

—CHARLES SWINDOLL

LA RESPUESTA PARA CADA NECESIDAD

*Pero gracias a él ustedes están unidos a Cristo Jesús,
a quien Dios ha hecho nuestra sabiduría —es decir,
nuestra justificación, santificación y redención.*

1 CORINTIOS 1:30

Dios no es un detallista despachándonos la gracia en dosis. Dios no está midiendo un poco de paciencia para los impacientes, un poco de amor para los desamorados, alguna mansedumbre para los orgullosos en cantidades que podamos tomar y trabajar con ellas como con una clase de capital. Dios solo nos ha dado un regalo para satisfacer todas nuestras necesidades, Cristo Jesús, su Hijo. A medida que yo espero que él viva su vida en mí, él será humilde, paciente y amoroso y todo lo demás que yo necesito en mi lugar.

«Señor, no lo puedo hacer, por eso no trataré de hacerlo más». Este es el punto donde la mayoría de nosotros falla. En lugar de eso, ora así: «Señor, no lo puedo hacer, así que quitaré mis manos de allí, de ahora en adelante confío en ti para eso».

Dependo de él para actuar y luego, gozosa y completamente, entro en la acción que él ha iniciado. Esto no es pasividad. Cuando confío así en el Señor, es una vida sumamente activa.

—WATCHMAN NEE

Padre celestial, estoy en Cristo Jesús y gracias a eso tengo todo lo que necesito. Confío en ti para que vivas este día en mí. Amén.

TU PADRE ESPERA POR TI

Pero tú, cuando te pongas a orar, entra en tu cuarto, cierra
la puerta y ora a tu Padre, que está en lo secreto. Así tu
Padre, que ve lo que se hace en secreto, te recompensará.

MATEO 6:6

A menudo los cristianos se quejan de que la oración privada no es lo que debiera ser. Ellos se sienten débiles y pecadores. Su corazón está frío y oscuro. Es como si tuvieran muy pocos motivos para orar y en esos pocos motivos no hay ni fe ni gozo. Están descorazonados y evitan orar porque creen que no pueden venir al Padre como deben o quieren.

*Padre celestial, gracias
por todas las dádivas
que continuamente me
das a diario. Gracias
por ser un Padre amante
que anhela satisfacer
todas mis necesidades.
Eres digno de mi
alabanza. Amén.*

Los hijos de Dios escuchan a su maestro, Jesús. Él te dice que cuando vayas a la oración privada tu primer pensamiento debe ser este: «El Padre está en secreto, y el Padre espera por mí allí».

Entra a la presencia del Padre amoroso. «Tan compasivo es el Señor con los que le temen como lo es un padre con sus hijos» (Salmo 103:13) … Solo sitúate ante Dios y eleva tu mirada hacia su faz. Piensa en el amor maravilloso, tierno y compasivo de Dios. Solo dile lo lleno de pecado, frío y oscuro que está todo. Es el corazón amoroso del Padre el que eliminará y calentará el tuyo.

—ANDREW MURRAY

MÁS QUE UN TOQUE FÍSICO

El ladrón no viene más que a robar, matar y destruir; yo he venido para que tengan vida, y la tengan en abundancia.

JUAN 10:10

Mientras estaba en oración, sin pensar en mí en particular, una Voz pareció decirme: «¿Estás listo para este trabajo para el cual te he llamado?» Repliqué: «No, Señor, no lo estoy. He llegado al final de mis recursos». La voz respondió: «Si me lo entregas y no te preocupas, yo me haré cargo de eso». Respondí rápidamente: «Señor, trato hecho». Sentí una gran paz en mi corazón que se difundió en mí. ¡Supe que se había llevado a cabo! La vida, la vida abundante, había tomado posesión de mí. Estaba tan despejado que escasamente tocaba el camino mientras que esa noche caminaba a casa. Durante los días que siguieron, pasé días completos trabajando hasta muy entrada la noche, porque no tenía la más ligera traza de cansancio de ningún tipo. Parecía que estaba poseído por la Vida y la Paz y el Descanso, por el mismo Cristo.

Desde entonces han pasado nueve de los años más extenuantes de mi vida, y nunca ha regresado aquella perturbación antigua, y nunca he tenido tan buena salud. Pero esto fue más que un toque físico. Pareció haberle puesto nueva Vida al cuerpo, a la mente y al espíritu. La vida permanecía en un nivel más alto. ¡Y yo no he hecho nada sino tomarla!

—STANLEY JONES

Señor, cuando empleo tiempo contigo en oración, tú me renuevas la mente, el cuerpo y el espíritu. Gracias por la vida abundante que me has dado. Amén.

DEMORADA, PERO NO REHUSADA

Cansado estoy de pedir ayuda; tengo reseca la garganta.
—Mis ojos languidecen, esperando la ayuda de mi Dios.

SALMO 69:3

¿Por qué Dios dilata la respuesta a una oración? Primero, quizá a Dios le gusta oír la voz de la oración. «Se complace en la oración de los justos» (Proverbios 15:8). Tú dejas que el músico callejero toque durante un largo tiempo antes de arrojarle el dinero, porque te gusta oír su música.

Señor, aunque tú no contestes enseguida, yo sé que tú me oyes cuando oro. Enséñame la paciencia mientras espero en ti. Amén.

Segundo, Dios puede dilatar una respuesta para humillarnos. En la Biblia, Dios nos ha hablado abundantemente para que abandonemos nuestros pecados, pero no lo escuchamos. Por lo tanto, Dios nos mantiene hablándole en oración, y parece que no nos oye.

Tercero, Dios puede demorarse en contestarnos porque Dios ve que aún no estamos preparados para la bendición que pedimos. Nuestra impureza espiritual aún no se ha esfumado. Queremos que Dios se apresure en la entrega, y nosotros somos lentos para arrepentirnos.

Finalmente, Dios puede dilatar la respuesta para que la bendición por la cual oramos se aprecie mucho más y sea más dulce cuando llegue. Mientras más tiempo los barcos del mercader estén en los países extranjeros, más se regocija cuando llega a casa cargado con las especias y las joyas.

—THOMAS WATSON

CÓMO PREPARARNOS PARA ORAR

Al despertar Jacob de su sueño, pensó: «En realidad, el
SEÑOR está en este lugar, y yo no me había dado cuenta.»
GÉNESIS 28:16

La presencia de Dios es universal. No hay un lugar en el mundo, ni
siquiera uno, que esté privado de la Presencia del Dios Altísimo ...
Esta es una verdad que todos los seguidores de Jesús admiten enseguida, pero no todos están igualmente conscientes de su importancia
... Como no estamos viendo a Dios con nuestros ojos físicos, somos
demasiado capaces de olvidar a Dios y de actuar como si Dios estuviera muy lejos.

Aunque sabemos perfectamente bien que Dios está en todo lugar,
si no pensamos en esto, es lo mismo que si no lo supiéramos. Por
lo tanto, antes de comenzar a orar, siempre es necesario elevar todo
nuestro ser a un recuerdo firme y constante y pensar en la Presencia
de Dios. En los días del Antiguo Testamento, cuando Jacob contempló
la escalera que subía al cielo, él exclamó: «En realidad, el Señor está
en este lugar y yo no me había dado cuenta». Al decir esto, él quiso
decir que no lo había pensado porque con seguridad, él no había
dejado de saber que Dios está en todo lugar y en todas las cosas. Por
eso, cuando estés preparándote para orar, debes decir con todo tu
corazón: «Verdaderamente Dios está aquí».

—FRANCISCO DE SALES

Padre celestial, mientras me preparo para entrar a tu
presencia, ayúdame a decir, con reverencia y asombro:
«En verdad tú estás aquí». Te adoro en este lugar.

Tu ayudante en la oración

Así mismo, en nuestra debilidad el Espíritu acude a ayudarnos.
No sabemos qué pedir, pero el Espíritu mismo intercede por
nosotros con gemidos que no pueden expresarse con palabras.

ROMANOS 8:26

«El Espíritu mismo intercede por nosotros». «Interceder por» significa actuar de parte de un abogado del tribunal a favor de alguien ...

Toda oración verdadera se debe a la influencia del Espíritu Santo. El Espíritu Santo no solo te guía a seleccionar las cosas por las cuales orar, sino que también te da los deseos apropiados. Por favor, no supongas que el Espíritu por sí mismo ora o expresa los gemidos inarticulados de los cuales el apóstol está hablando aquí. El Espíritu hace lo que el Espíritu te hace hacer. Esto significa más aquí que ciertos deseos y sentimientos que se despiertan en tu corazón por una simple influencia externa. El Espíritu Santo mora dentro del creyente cristiano como un principio de vida. Sin embargo, hay una reunión, una operación conjunta de lo Divino y lo humano, especialmente en aquellas emociones, deseos y aspiraciones que somos incapaces de expresar en palabras. Aunque estos deseos no son y no pueden articularse con palabras, el ojo de Dios que escudriña el corazón puede leerlos y comprenderlos.

*Señor, te doy gracias
por enviarme tu Espíritu
para que interceda
conmigo cuando oro.
Me rindo a él para
que ore a través de mí,
especialmente cuando
no sé cómo orar. Gracias
por este gran «ayudante
de la oración». Amén.*

—CHARLES HODGE

ORA SIN AVERGONZARTE

Les digo que, aunque no se levante a darle
pan por ser amigo suyo, sí se levantará por su
impertinencia y le dará cuanto necesite.

LUCAS 11:8

El hombre debe alimentar a su amigo, porque la hospitalidad es un deber sagrado. Así que él va a otro amigo por *tres panes*, tres panes pequeños suficientes para un hombre. Pero este segundo dueño de casa ha cerrado su puerta y se ha ido a la cama con sus hijos … Él no tiene dificultad en cuanto a dar el pan pero la molestia de levantarse es otra cosa …

Pero el hombre es persistente. No se va a ir, ni va a dejar dormir a su amigo. Y donde su amistad no puede prevalecer, gana *su importunidad* (lit. «su descaro»). La lección es clara. No debemos jugar a la oración, sino que debemos mostrar persistencia si no recibimos la respuesta inmediatamente. No es que Dios no quiera y que debe presionársele a responder … Pero si no queremos aquello que estamos pidiendo lo suficiente como para ser persistentes, no lo deseamos mucho. Esa tibia oración no es la que se contesta.

—LEON MORRIS, tomado de *El Evangelio según Juan*

Padre celestial, ayúdame a ser resuelto y persistente
en mis oraciones. Yo sé que tú eres un Dios que ama
oír las oraciones de tus hijos, y que si yo oro a ti «sin
avergonzarme», tú me contestarás. Amén.

UN ARMA PODEROSA

> Les digo que, aunque no se levante a darle
> pan por ser amigo suyo, sí se levantará por su
> impertinencia y le dará cuanto necesite.
>
> LUCAS 11:8

La oración es un arma poderosa si se hace en el estado mental correcto. La oración es tan fuerte que las plegarias continuas han vencido la desvergüenza, la injusticia y la crueldad salvaje ... También ha vencido la pereza y las cosas que la amistad no pudo lograr. . Porque, «aunque no se levante por ser amigo suyo, sí se levantará por su importunidad y le dará cuanto necesite». Además, la petición continua hace de una mujer indigna una mujer digna ...

Oremos con diligencia. La oración es un arma poderosa si se usa con seriedad y sinceridad, sin atraer la atención a nosotros mismos. Ella ha impedido guerras y ha beneficiado a naciones enteras sin merecerlo ... Así que, si oramos con humildad, golpeando nuestros pechos como el recaudador de impuestos y decimos lo que él dijo: «Ten misericordia de mí pecador», obtendremos todo lo que pedimos ... Necesitamos mucho arrepentimiento, amor, mucha oración, mucha resistencia y mucha perseverancia para ganar las cosas buenas que se nos han prometido.

—JUAN CRISÓSTOMO

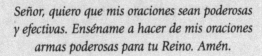

*Señor, quiero que mis oraciones sean poderosas
y efectivas. Enséñame a hacer de mis oraciones
armas poderosas para tu Reino. Amén.*

COMUNIÓN CON DIOS

Todo lo contrario: he calmado y aquietado mis ansias.
—Soy como un niño recién amamantado en el regazo
de su madre. ¡Mi alma es como un niño recién amamantado!

SALMO 131:2

La oración, antes que nada, es comunión con Dios. Nuestro bendito Señor, en los días de su carne, se ve una y otra vez dejando la compañía de sus discípulos y saliendo fuera a algún lugar desierto o junto a una montaña, o a un jardín, de modo que su espíritu pudiera refrescarse e inclinarse en oración sola con su Padre. De tales tiempos de compañerismo él regresaba para hacer sus obras más poderosas y para dar testimonio de la verdad. Y en esto él es nuestro gran Ejemplo ...

Se nos dijo que continuáramos en oración. Esto no significa que tengamos que estar fastidiando constantemente a Dios para obtener lo que podemos pensar que añadiría más a nuestra felicidad o que sería lo mejor para nosotros, pero tenemos que permanecer en un sentido de su presencia y de nuestra dependencia de su generosidad. También tenemos que aprender a hablarle y quietamente esperar ante él para que podamos oír su voz cuando él nos habla.

—H.A. IRONSIDE

Padre celestial, tengo que emplear tiempo en
tu presencia, permaneciendo en ti. Enséñame
a oír tu voz cuando me hablas. Amén.

ORACIÓN DE UN NIÑO

Tan compasivo es el SEÑOR con los que le temen
como lo es un padre con sus hijos.

SALMO 103:13

Nada es más central en la vida espiritual que la oración, porque la oración nos conduce a la comunión perpetua con el corazón de Dios. Y allí hay muchas cosas que aprender acerca de esta vida de conversación constante con el Santo.

Abba, Padre, yo soy tu hijo. Te traigo todas mis necesidades y las coloco ante ti, sabiendo que tú te ocupas de mí. Amén.

Pero tenemos que tener cuidado de no complicar demasiado las cosas. Como los niños que vienen a sus padres, así debemos nosotros venir a Dios. Es seguro que hay asombro, pero también hay intimidad. Traemos el clamor de nuestro corazón a un Padre amoroso. Igual que la gallina reúne a los pollitos debajo de sus alas, así nuestro Dios se ocupa de nosotros, nos protege, nos consuela (Mateo 23:37).

Así que no importa cuánto estudiemos las realidades laberínticas de la oración, permítasenos venir como niños a un amante Abba que se deleita en dar y en perdonar.

—RICHARD J. FOSTER, tomado de *Prayer: Finding of Heart's True Home*

2 DE FEBRERO

FALTA DE ORACIÓN

Nadie invoca tu nombre, ni se esfuerza por aferrarse a ti.
—Pues nos has dado la espalda y nos has entregado
en poder de nuestras iniquidades.

ISAÍAS 64:7

El peor pecado es la falta de oración. El pecado manifiesto, o el crimen, o las inconsistencias que saltan a la vista y que a menudo nos sorprenden en personas cristianas son el efecto de esto, o su castigo. Dios nos deja por falta de buscarlo. La historia de los santos a menudo muestra que esos lapsos fueron el fruto y el justo castigo de la carencia o la negligencia en la oración … Al confiar en el Dios de Cristo y hacer negocios con él, llegamos a estar a tono con los hombres … La oración es un acto, en verdad *el* acto, de compañerismo. No podemos orar verdaderamente ni siquiera por nosotros mismos sin pasar más allá de nosotros mismos y de nuestra experiencia individual … No desear orar, entonces, es el pecado detrás del pecado. Y termina en que no seamos capaces de orar … No tomamos nuestro alimento espiritual, y por lo tanto, nos tambaleamos, disminuimos y morimos. «Con el sudor de tu frente comerás tu pan». Se ha dicho que esto es verdad tanto del trabajo físico como espiritual.

—P.T. FORSYTH, tomado de *Prayer and Worship*

Padre celestial, a veces orar puede ser difícil, pero anhelo el compañerismo contigo. Ayúdame a perseverar en mi vida de oración, de modo que pueda acercarme más a ti. Amén.

PON ATENCIÓN

Así que yo les digo: Pidan, y se les dará; busquen, y
encontrarán; llamen, y se les abrirá la puerta.

LUCAS 11:9

Nitetzche escribió:«¡Bienaventurados los soñolientos porque a ellos
pronto se les dejará dormir!»

y su advertencia satírica se mantiene para aquellos que no oran.
Porque orar es estar despierto, atento e intensamente abierto al interior. El pecado se pudiera describir de cierta manera, y se le pudiera
describir con cierta cantidad de perspicacia, al notar que es cualquier
cosa que destruye esta atención. El orgullo, la voluntariedad, la autoconcentración, la mente doble, la deshonestidad, el exceso sexual,
el exceso en comer, el exceso en beber, el exceso de actividades de
cualquier clase, todo destruye la atención y todo corta la fuerza de la
oración efectiva. Así como el dormir se altera por cualquier disturbio mental serio, también la atención se dispersa cuando un pecado
ignorado consigue la ascendencia. Si la oración es atención, entonces
naturalmente es la atención a la cosa más sobresaliente que conozco,
a mi «preocupación suprema», y esta oración humana significa un
movimiento fuera de una vida de falta de atención, fuera de la dispersión, fuera del «sueño de Getsemaní» a la vida de apertura y atención
a lo más supremo que conozco. Dios solo puede revelar los susurros
divinos a aquellos que están atentos.

—DOUGLAS V. STEERE, tomado de *Prayer and Worship*

*Señor, yo quiero despertar mi espíritu en tu presencia. Ayúdame a
sacudir mi letargo y llegar a estar completamente vivo en ti. Amén.*

DA A DIOS TODA TU VIDA

Porque todo el que pide, recibe; el que busca,
encuentra; y al que llama, se le abre.

LUCAS 11:10

*Padre Celestial, doy mi
vida en su totalidad a
tu amoroso cuidado.
Quiero hacer tu
voluntad en cada aspecto
de mi vida. Amén.*

Si ahora llegamos a la conclusión de que debemos ser santos en nuestras oraciones, también tenemos que concluir que debemos ser santos en todos los demás aspectos de nuestras vidas. Si no hay razón por la cual debemos hacer a Dios la regla y la medida de nuestras oraciones, por qué razón debemos mirarlo a él completamente y orar de acuerdo con su voluntad y, sin embargo, no hacerlo la regla y la medida de todas las demás acciones de nuestra vida. Si los caminos de la vida, cualquier empleo de nuestros talentos, de nuestros cuerpos, nuestro tiempo o dinero que no estén estrictamente de acuerdo con la voluntad de Dios, que no se hayan hecho para su gloria son simples disparates, y nuestras oraciones fallan porque no están de acuerdo con la voluntad de Dios … Es nuestro deber estricto vivir razonablemente, para dedicar todas las acciones de nuestras vidas a Dios … Si nuestras oraciones no nos conducen a esto, no tienen valor alguno no importa cuán sabias ni celestiales sean.

—WILLIAM LAW

ORA LOS SALMOS

¿Hasta cuándo, SEÑOR, me seguirás olvidando?
¿Hasta cuándo esconderás de mí tu rostro?

SALMO 13:1

La Biblia contiene muchos modelos de oración, 150 salmos, la oración del Padre Nuestro y las oraciones de los santos desde Abraham hasta Pablo ...

En cuanto a los Salmos siempre he estado intrigado por saber cómo los cristianos se relacionan con ellos, porque a mí me llevó años después de mi conversión sentirme en casa con ellos. ¿Por qué? En parte pienso que es porque la visión de la vida como una batalla que los salmos personifican tomó más tiempo en enraizarse en mi corazón que en mi cabeza; en parte porque la falsa idea de la clase media de que el orden, el equilibrio consciente y el dominio propio son esenciales para la piedad, una idea errada que hace que la mayoría de los salmos parezca ruda, poseyó tanto mi cabeza como mi corazón durante un largo tiempo. Sin embargo, cada vez más, las peticiones de ayuda de los salmistas, sus quejas, confesiones de pecado, depresiones, celebraciones de Dios, clamores de amor por él, retos y devociones a él y esperanzas puestas en él exclusivamente, han llegado a ser el mundo emocional de mis oraciones y pienso que así es como debiera ser.

—J.I. PACKER, tomado de *El conocimiento del Dios Santo*

Padre celestial, gracias por proveerme tu Palabra, especialmente los Salmos, como modelo para mis oraciones. Mientras aprendo a orar tus palabras, ellas traen vida a mi espíritu. Amén.

ORA SIN CESAR

Oren sin cesar.
1 TESALONICENSES 5:17

Señor, mi misma vida está en ti. Mientras te sigo cada día, oro continuamente, tratando de estar en tu presencia momento tras momento. Amén.

Nuestro manera de pensar acerca de la oración ya sea correcta o equivocada, se basa en nuestra propia concepción mental sobre esta. El concepto correcto es pensar acerca de la oración como la respiración en nuestros pulmones y la sangre en nuestros corazones. Nuestra sangre fluye y nuestra respiración continúa «sin cesar»; ni siquiera estamos conscientes de ello, pero nunca se detienen. Y no siempre estamos conscientes de cómo Jesús nos mantiene en una unidad perfecta con Dios, pero si lo estamos obedeciendo, él siempre lo está haciendo. La oración no es un ejercicio, es la vida del santo. Ten cuidado de algo que detenga el ofrecimiento de la oración. «Orar sin cesar», mantener el hábito de un niño de ofrecer la oración a Dios en tu corazón todo el tiempo

—OSWALD CHAMBERS

ORACIONES FERVIENTES

Oh Dios, tú eres mi Dios; yo te busco intensamente.
—Mi alma tiene sed de ti; todo mi ser te anhela,
cual tierra seca, extenuada y sedienta.

SALMO 63:1

El deseo ardiente es la base de la oración incesante. No es una tendencia superficial, inconstante, sino un anhelo, un deseo inextinguible que impregna, resplandece, arde y prepara el corazón. Es la llama de un principio activo y presente que asciende hasta Dios. Es el ardor impulsado por el deseo que se hace camino hacia el trono de la misericordia y consigue lo que solicita. Es la determinación del deseo que se empeña en una batalla de victoria, en una lucha grande de oración. Es la carga de un deseo pesante que con seriedad se hace incansable y reduce a la quietud el alma que acaba de salir de sus luchas poderosas. Es el carácter inclusivo del deseo el que arma a la oración con miles de peticiones. La viste con un valor indestructible y un poder que todo lo conquista.

—E.M. BOUNDS

*Señor Dios, hoy te pido que de nuevo puedas
encender en mi corazón un amor nuevo por ti.
Recuérdame la bondad de conocerte. Que yo pueda
buscarte hoy con un fervor renovado. Amén.*

UNA VIDA DE ORACIÓN

Oren sin cesar, den gracias a Dios en toda situación,
porque esta es su voluntad para ustedes en Cristo Jesús.

1 TESALONICENSES 5:17-18

Señor, ansío estar en tu presencia cada momento de cada día. Por medio de mis oraciones trato de estar contigo, de conocer tu paz, durante todo el día. Amén.

Permítasenos no contentarnos con orar mañana y noche, sino déjesenos vivir en oración durante todo el día. Que esta oración, esta vida de amor, que significa muerte al yo, se extienda por todos nuestros momentos de oración, como desde un centro, sobre todo lo que tenemos que hacer. Todo debe convertirse en oración, es decir, una consciencia amorosa de la presencia de Dios, ya sea en el intercambio social o de negocios. Un camino como este te asegurará una profunda paz.

—FRANÇOIS FÉNELON

LA PERSISTENCIA EN LA ORACIÓN

Pidan, y se les dará; busquen, y encontrarán; llamen,
y se les abrirá. Porque todo el que pide, recibe; el que
busca, encuentra; y al que llama, se le abre.

MATEO 7:7-8

Esta es la lección de la parábola acerca de la viuda en Lucas 18:1-8. Ella fue tan persistente e inoportuna al rehusar dejar ir al juez que él se sintió tan abrumado que la tuvo que ayudar a pesar de sí mismo. ¡Cuánto más, arguye Cristo allí (Lucas 18:17), nos dará Dios si ve que no dejamos de orar y que por el contrario vamos derecho a tocar de modo que él tenga que oírnos? Esto es así porque él ha prometido hacerlo y muestra que le agrada tal persistencia. Si tu necesidad sigue tocando, entonces, tú también necesitas seguir tocando, y sin ceder … Al instar no solo pides sino tocas, Dios intenta probarte para ver si tú puedes mantenerte agarrado, y enseñarte que tu oración no le disgusta ni queda sin que se le oiga, simplemente porque su respuesta se dilate y a ti se te permita seguir buscando y tocando.

—MARTÍN LUTERO

*Padre celestial, toco a tu puerta, y me mantengo tocando
hasta que oiga de ti. Ayúdame a ser paciente, incluso
persistente, mientras espero tu respuesta. Amén.*

ORA ASÍ

[Jesús dijo:] Ustedes deben orar así: "Padre nuestro que
estás en el cielo, santificado sea tu nombre …
Mateo 6:9

Ningún hombre puede orar acertadamente, a menos que sus labios y su corazón estén dirigidos por el Maestro Celestial. Con ese propósito él ha establecido esta regla, por la cual debemos enmarcar nuestras oraciones …

Esta forma de oración consiste, como he dicho, de seis peticiones. Las primeras tres, a saber, están relacionadas con la gloria de Dios, sin tenernos en cuenta a nosotros, y las tres restantes se relacionan con aquellas cosas que son necesarias para nuestra salvación. Como la ley de Dios se divide en dos tablas, de las cuales la primera contiene los deberes de piedad, y las últimas los deberes de caridad, así también en la oración Cristo nos ordena que consideremos y busquemos la gloria de Dios, y, al mismo tiempo, nos permite consultar nuestros propios intereses. Por lo tanto, sepamos que al orar debemos estar en un estado de ánimo correcto, es decir, no solo preocuparnos por nosotros y nuestras ventajas, sino que debemos asignarle el primer lugar a la gloria de Dios.

—JUAN CALVINO

Señor, enséñame a orar como quieres que yo ore. Sobretodo,
que mis oraciones glorifiquen tu nombre. Amén.

LA NECESIDAD DE ORAR

¿Está afligido alguno entre ustedes? Que ore. ¿Está alguno
de buen ánimo? Que cante alabanzas. ¿Está enfermo
alguno de ustedes? Haga llamar a los ancianos de la iglesia
para que oren por él y lo unjan con aceite en el nombre
del Señor. La oración de fe sanará al enfermo y el Señor lo
levantará. Y si ha pecado, su pecado se le perdonará.

SANTIAGO 5:13-15

Faltan palabras para explicar cuán necesaria es la oración … Seguramente, con buenas razones el Padre Celestial afirma que la única
fortaleza segura está en invocar su nombre [cf. Joel 2:32]. Al hacerlo
así, invocamos la presencia tanto de su providencia, por medio de la
cual él vigila y guarda nuestros asuntos, como de su poder por el cual
nos sostiene, débiles como somos y casi vencidos, y de su bondad, por
medio de la cual él nos recibe a su gracia, miserablemente cargados
de pecado; y en breve, es por la oración que lo llamamos para que se
nos revele como completamente presente. De esto viene a nuestras
conciencias una paz y un reposo extraordinarios. Al haber desplegado
ante el Señor la necesidad que estaba presionándonos, descansamos
completamente en el pensamiento de que ninguna de nuestras enfermedades están ocultas para él, quien, estamos convencidos, tiene
tanto la voluntad como el poder de darnos el mejor cuidado.

—JUAN CALVINO

*Señor, te entrego todas mis necesidades. Tú eres mi
El Shaddai, el Grande, que satisface mi necesidad.
Yo confío en ti para que me cuides. Amén.*

12 DE FEBRERO

LAS ORACIONES DEL REINO

[Jesús dijo:] Ustedes deben orar así:
«Padre nuestro que estás en el cielo,
santificado sea tu nombre,
venga tu reino,
hágase tu voluntad
en la tierra como en el cielo».

MATEO 6:9-10

En honor a su propio Hijo cuya muerte hizo posible la invasión completa del poder divino dentro de las imposibilidades de la tierra, la voluntad de Dios no hará nada aparte de las oraciones del pueblo que su Hijo redimió. El poder es suyo. El privilegio es nuestro.

Los que estamos en Cristo no tenemos razón para temer o para rendirnos al programa del infierno. Hemos sido redimidos para ser agentes orantes de la bendición, autoridad y poder de Dios sobre la tierra; para orar por las manifestaciones terrenales de su justicia y voluntad celestiales.

Eso ocurrirá cuando en primer lugar busquemos el reino de Dios.

—EUGENE E. PETERSON, tomado de *Like Dew Your Youth*

Hoy, Señor, quiero buscar tu reino en primer lugar.
Hoy, Señor, que sea hecha tu voluntad en la tierra
como en el cielo. Oh, Señor, oro por oportunidades
para participar en tu obra de redención. Amén.

EN ESPÍRITU Y EN VERDAD

> Dios es espíritu, y quienes lo adoran deben
> hacerlo en espíritu y en verdad.
>
> JUAN 4:24

No te sientes en el espíritu de oración; no tienes elevación espiritual; eres simplemente indiferente. No le des atención a ese humor infeliz. Sabes muy bien lo que debes hacer. Debes presentarte ante Dios; debes decir tus oraciones. Haz esto, y la actitud devota, las rodillas dobladas, las manos unidas, la quietud y el silencio, los labios ocupados con palabras santas, te inducirán la conciencia de la presencia divina, y te ayudarán a orar en espíritu y en verdad.

Señor, debo ser honesto para decirte que hay ocasiones en que no tengo deseos de orar. Durante esos momentos, ayúdame a persistir en hacer lo que se que es correcto. Ayúdame a orar siempre en espíritu y en verdad. Amén.

—GEORGE HODGES

14 DE FEBRERO

EL SERVICIO DE LA ORACIÓN

En cuanto a mí, que el Señor me libre de pecar
contra él dejando de orar por ustedes. Yo seguiré
enseñándoles el camino bueno y recto.

1 Samuel 12:23

*Padre celestial, permite
que hoy mis oraciones
levanten la carga de
alguien. Muéstrame
quiénes necesitan
tu toque amoroso y
permíteme interceder por
ellos. Ayúdame a hacer
una diferencia en la vida
de alguien más. Amén.*

Quizá no pensamos lo suficiente en lo que es un servicio de oración efectivo, especialmente la oración intercesora. No creemos, como debemos, cuánto ayudaría a aquellos a quienes nosotros tanto debiéramos servir, penetrando los corazones que no podemos abrir, protegiendo a quienes no podemos guardar, enseñando a quienes no pueden hablar, consolando donde nuestras palabras no tienen poder para suavizar; siguiendo los pasos de nuestros amados a través de los arduos trabajos y las perplejidades del día, levantándoles las cargas con una mano invisible por la noche. No hay un ministerio tan parecido al de los ángeles como este, silencioso, invisible, que solo conoce Dios.

—ELIZABETH RUNDLE CHARLES

ORAR LOS UNOS POR LOS OTROS

Nadie tiene amor más grande que el dar la vida por sus amigos.

JUAN 15:13

La oración es el regalo más grande que podemos darle a otro. Por supuesto, esas necesidades se deben satisfacer si alguien necesita alimento, ropas y un lugar dónde vivir. Pero al dar de esa manera, no podemos dejar de orar por ellos. Las cosas materiales son temporales, pero nuestras oraciones por otra persona la pueden afectar durante toda una vida.

Nunca podremos movernos dentro de todo lo que Dios tiene para nosotros hasta que nos movamos primero dentro de la oración de intercesión. Esta es una parte de nuestro llamamiento que todos tenemos en común, porque hemos sido llamados a interceder los unos por los otros. Dios quiere que amemos a otros lo suficiente como para entregar nuestras vidas por ellos en oración.

—STORMIE OMARTIAN, tomado de

El poder de la mujer que ora

*Señor, recuérdame hoy que mi fe puede mover montañas
en las vidas de aquellos que están cerca de mí.
Muchas gracias, Señor, porque tú oyes nuestras
oraciones por otros. Y yo te pido que tú me des
un amor sacrificial por tu pueblo. Amén.*

16 DE FEBRERO

DA TUS PROBLEMAS A DIOS

Por eso los fieles te invocan en momentos de angustia;
—caudalosas aguas podrán desbordarse, pero a ellos no
los alcanzarán. Tú eres mi refugio; tú me protegerás del
peligro y me rodearás con cánticos de liberación.

SALMO 32:6-7

¿Cuáles son las cosas que debemos depositar en oración ante el Dios Todopoderoso? Respuesta: Primero, nuestros problemas personales. En el Salmo 32 David exclama: «Tú eres mi refugio; tú me protegerás del peligro y me rodearás con cánticos de liberación» (v.7). Así mismo, en el Salmo 142, «A voz en cuello, al Señor le pido ayuda ... Ante él expongo mis quejas; ante él expreso mis angustias». Cuando oramos, debemos recordar todos nuestros defectos y excesos que sentimos y libremente verterlos a Dios, nuestro Padre fiel, que está listo para ayudar. Si no sabes ni reconoces tus necesidades, o si piensas que no tienes ninguna, entonces tú estás en el peor lugar posible. El problema más grande que podemos tener es pensar que no tenemos problemas porque hemos llegado a ser duros de corazón e insensibles a lo que está dentro de nosotros.

—MARTÍN LUTERO

Padre celestial, deposito todas mis angustias ante ti, todas mis necesidades. Gracias por oír mi clamor y por rescatarme. Amén.

¿POR QUÉ?

SEÑOR y Dios mío, mírame y respóndeme; ilumina mis ojos.
—Así no caeré en el sueño de la muerte;
SALMO 13:3

Algunas personas te dirán que no le hagas a Dios preguntas como «¿Por qué?» Yo no soy una de esas personas. Yo creo que preguntarle a Dios «¿Por qué?» indica que tenemos la fe de saber que él y solo él, tiene la respuesta. Yo creo que en última instancia «¿Por qué?» demuestra fe. Sin embargo, una vez que hayamos hecho la pregunta, debemos estar dispuestos a descansar en su tiempo por la respuesta. Para algunas situaciones la respuesta puede venir bastante rápido, para otras, muy despacio y, para algunas, no vendrá hasta que lo veamos cara a cara. Si confiamos en la soberanía de Dios, lucharemos en el camino a la paz sabiendo que si una respuesta es para nuestro bien supremo, el Dios que nos ama no la retendrá.

> *Señor Dios, sé que cuando enfrento las ocasiones difíciles de la vida, tú estás conmigo. Y sé que tú tienes un plan. Padre, te ruego que me sostengas y que me des más fe para enfrentar mis pruebas. Amén.*

—LANA BATEMAN, tomado de *The Heart of Prayer*

EL DIOS DE NUESTRO SEÑOR JESUCRISTO

Por eso yo, por mi parte, desde que me enteré de la fe que tienen en el Señor Jesús y del amor que demuestran por todos los santos, no he dejado de dar gracias por ustedes al recordarlos en mis oraciones. Pido que el Dios de nuestro Señor Jesucristo, el Padre glorioso, les dé el Espíritu de sabiduría y de revelación, para que lo conozcan mejor.

EFESIOS 1:15-17

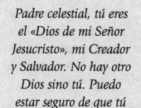

Padre celestial, tú eres el «Dios de mi Señor Jesucristo», mi Creador y Salvador. No hay otro Dios sino tú. Puedo estar seguro de que tú oyes y contestas mis oraciones. Amén.

Así que cuando Pablo se recuerda a sí mismo que él está orando al «Dios de nuestro Señor Jesucristo», él se recuerda que está orando al Dios de nuestra salvación, que él está orando al Dios que ha originado y ha hecho que ocurran todas las cosas que hemos estado considerando desde el versículo 3 hasta el versículo 14 en el capítulo que estamos estudiando. El está orando al Dios que, antes de la fundación del mundo, nos ha escogido y elegido y ha planeado su propósito glorioso en Cristo para nuestra salvación final y total. ¡Qué diferente es orar cuando comienzas de esa manera! Ya no volverás a ver a Dios con incertidumbre ni dudas ni preguntándote si él te va a recibir. Tú recuerdas y te das cuenta que estás orando porque él te ha hecho algo, y te ha atraído a él mismo por medio de «nuestro Señor Jesucristo».

—DAVID MARTYN LLOYD-JONES

CÓMO ORAR SIN CESAR

> Jesús les contó a sus discípulos una parábola para
> mostrarles que debían orar siempre, sin desanimarse.
>
> LUCAS 18:1

¿Cómo, entonces, nos asimos de esa Vida y Poder y vivimos la vida de oración sin cesar? Mediante la práctica quieta y persistente de volver todo nuestro ser día y noche, en oración y adoración interior y sometimiento a él quien nos llama en las profundidades de nuestras almas.

Se deben establecer los hábitos mentales de orientación interna. Después de semanas y meses y años de práctica y lapsos y fallos y regresos ... se puede lograr una vuelta a Dios, interior y secreta bastante estable.

Comienza ahora, mientras lees estas palabras, cuando te sientas en tu silla para ofrecer todo tu ser, en un abandono absoluto y gozoso, en un sometimiento quieto y feliz a él, quien está dentro ... Camina y habla y trabaja y ríe con tus amigos. Pero detrás de las escenas, mantén una vida de oración sencilla y de adoración interior. Que la oración interior sea tu última acción antes de dormirte y la primera al despertar.

—THOMAS KELLY

Señor, quiero orar en todo tiempo y no cansarme.
Gracias por fortalecerme, Amén.

ORACIONES FERVIENTES

*Les dijo: «Había en cierto pueblo un juez que no
tenía temor de Dios ni consideración de nadie. En el
mismo pueblo había una viuda que insistía en pedirle:
"Hágame usted justicia contra mi adversario."*

LUCAS 18:2-3

Las personas fervientes perseveran cuando las cosas se ponen difíciles. Persisten, perseveran, nunca se descorazonan y nunca renuncian. Proverbios 24:16 dice: «Porque siete veces podrá caer el justo, pero otras tantas se levantará». Jesús contó la parábola de la viuda persistente «que debían orar siempre, sin desanimarse» (Lucas 18:1). Combina estos dos principios de las Escrituras y tendrás la idea de una persona que se mantiene orando y que se mantiene persistiendo hasta que el éxito es cierto, una fórmula inmejorable.

El apóstol Pablo insiste en que «nunca dejen de ser diligentes; antes bien, sirvan al Señor con el fervor que da el Espíritu» (Romanos 12:11). Y él dijo a los cristianos corintios, «Pero tenemos este tesoro en vasijas de barro para que se vea que tan sublime poder viene de Dios y no de nosotros ... Por tanto, no nos desanimamos. Al contrario, aunque por fuera nos vamos desgastando, por dentro nos vamos renovando día tras día» (2 Corintios 4:7, 16)

—DAVID JEREMIAH

*Señor, quiero ser ferviente en mis oraciones, persistente
hasta recibir una respuesta. Ayúdame a elevar mis oraciones
fervientes hasta ti y a no desanimarme nunca. Amén.*

ÉL CONTESTARÁ

Durante algún tiempo él se negó, pero por fin concluyó: "Aunque no temo a Dios ni tengo consideración de nadie, como esta viuda no deja de molestarme, voy a tener que hacerle justicia, no sea que con sus visitas me haga la vida imposible."

LUCAS 18:4-5

Parece como si no te oyera: no te preocupes; él si te oye; tiene que ser que te oye; sigue adelante como lo hizo la mujer; a ti se te oirá también. A ella se le oye al fin y en virtud de sus continuas visitas; Dios oye enseguida, y se vengará rápidamente. Al juez injusto no le interesaba la mujer para nada; aquellos que claman a Dios son sus escogidos, y esto es claro por el hecho de que ellos claman a él. Él los ha hecho y los ha comisionado a clamar: ellos claman: ¿no los oirá? Ellos existen para que puedan orar; él los ha escogido para que ellos lo escojan a él; los ha llamado para que ellos lo llamen, para que puedan tener tal comunión, tal intercambio como corresponde a su ser y al ser de su Padre. Hay un golfo de indiferencia entre la pobre mujer y el juez injusto; Dios y aquellos que buscan su ayuda están más cercanos que dos manos apretadas en amor: él los vengará rápidamente.

—GEORGE MCDONALD

Señor, algunas veces me pregunto si me oyes cuando oro.
¿Todavía estás escuchando? Ayúdame a tener fe en ti, fe
en que tú contestarás en tu tiempo perfecto. Amén.

22 DE FEBRERO

ESPERA

> ¿Acaso Dios no hará justicia a sus escogidos, que claman
> a él día y noche? ¿Se tardará mucho en responderles?
>
> LUCAS 18:7

La espera es parte de un tiempo normal. Descubrimos a Dios en nuestra espera: espera en las líneas ante la caja, espera por el timbre del teléfono, espera por la graduación, espera por un ascenso, espera por el retiro, espera por la muerte. La espera por sí misma se convierte en oración cuando le damos nuestra espera a Dios. Al esperar comenzamos a estar en contacto con los ritmos de la vida, tranquilidad y acción, escuchar y decidir. Estos son los ritmos de Dios. Es en lo diario y en lo común que aprendemos la paciencia, la aceptación y el contentamiento ...

En un mundo en el cual *El ganar por la intimidación* está en el orden del día, me siento atraído a las personas que están libres de la tiranía de la preponderancia. Me agradan aquellos que con sencillez son capaces de encontrar a las personas donde ellas están, sin la necesidad de controlarlas ni manejarlas ni hacer que hagan cualquier cosa. Disfruto estar cerca de ellos porque ellos extraen lo mejor de mí sin ninguna manipulación en absoluto.

—RICHARD FOSTER, tomado de *Prayer: Finding the Heart's True Home*

*Señor, sé que esperar es parte de la vida, y que tú
me quieres enseñar la paciencia en mis oraciones.
Mientras te doy mis momentos de espera, enséñame
a contentarme en cada circunstancia. Amén.*

LA BONDAD DE DIOS

> ¿Acaso Dios no hará justicia a sus escogidos, que claman a él día y noche? ¿Se tardará mucho en responderles? Les digo que sí les hará justicia, y sin demora. No obstante, cuando venga el Hijo del hombre, ¿encontrará fe en la tierra?»
>
> LUCAS 18:7-8

Oramos a Dios para conocer de su pasión, muerte y resurrección, las cuales vienen de la bondad de Dios. Oramos a Dios para conocer de la fortaleza que viene de su cruz, la cual también viene de la bondad de Dios. Oramos a Dios … con toda la ayuda que viene de la bondad de Dios. Toda la fortaleza que puede venir por medio de la oración viene de la bondad de Dios, porque él es lo bueno de todo. Por lo tanto, la forma más alta de oración es por la bondad de Dios. Ella desciende hasta nosotros para satisfacer nuestras necesidades más humildes. Ella da vida a nuestras almas y la hace vivir y crecer en gracia y virtud. Está cerca por naturaleza y es rápida en la gracia, porque ella es la misma gracia que busca y siempre buscará nuestra alma.

—JULIAN DE NORWICH

Padre celestial, sé que toda mi fortaleza en la oración viene solo por tu bondad. Tu bondad satisface todas mis necesidades y me da vida. Gracias por tu bondad y favor inmerecido para mí. Amén.

EL LUGAR DE ORACIÓN

Todos, en un mismo espíritu, se dedicaban a la oración.

HECHOS 1:14

Padre celestial, hoy oro por tu iglesia, que pueda ser la iglesia llena de oración, guiada por tu Espíritu que tú deseas que sea. Ayúdame a ser, como parte de tu iglesia, un testigo efectivo para ti en este día. Amén.

Cuando Cristo ascendió al cielo, los discípulos supieron que su trabajo iba a ser: continuar con la oración y súplica. Esto les dio el poder con Dios en el cielo y con los hombres en la tierra. El deber de ellos era esperar unidos en oración por el poder del Espíritu Santo para dar testimonio de Cristo hasta los fines de la tierra. La iglesia de Jesucristo debiera ser una iglesia que ora, que está llena del Espíritu y que testifica a todo el mundo.

Todo el tiempo que la iglesia mantuvo este carácter, tuvo poder para conquistar. Por desgracia, cuando vino a estar bajo la influencia del mundo, perdió mucho de su fortaleza sobrenatural y llegó a ser infiel a su misión mundial.

—ANDREW MURRAY

DESCANSA EN LA ORACIÓN

Anhelo habitar en tu casa para siempre y
refugiarme debajo de tus alas.

SALMO 61:4

No puedo evitar el pensamiento que constantemente se aumenta en mí, que la mejor parte de la oración no es la petición, sino el estar de rodillas donde podemos pedir, descansar, permanecer allí, extendiendo los momentos de comunión celestial con Dios dentro del hogar, con una noche cambiada en la brillantez del día por la luz de él mientras que yo oro a Dios.

Oración es solo estar allí, en un tiempo libre de nosotros y libres del mundo, con nuestras almas en libertad, y con nuestro espíritu sintiendo su parentesco con el Espíritu Divino, con nuestra vida encontrándose así misma en la vida de Dios.

¿Sería posible que uno pudiera estar con Dios escuchándolo, hablándole, descansando en su amor y no salir con la faz radiante, con un corazón alegre, y una intención más constante y más firme de darle al mundo que espera lo que tanto necesita, lo que hemos tomado del corazón de Dios?

—ALEXANDER MCKENZIE

Señor, cuando descanso en tu presencia, me brindas todas
las cosas buenas. Cuando paso tiempo contigo en mi sitio
de oración, tú me estimulas y fortaleces para compartir
tu amor con un mundo perdido y moribundo. Amén.

LA CARGA DEL YO

Crecen las angustias de mi corazón; líbrame de mis tribulaciones.

SALMO 25:17

Padre celestial, entrego todo mi ser a tu cuidado. Eres mi Creador. Y yo confío en ti para saber qué es lo mejor para mí. Amén.

La carga más grande que podemos llevar en la vida es el yo. La cosa más difícil de manejar es el yo. Nuestro diario vivir, nuestros cuerpos y sentimientos, nuestras debilidades y tentaciones especiales y nuestros temperamentos peculiares, nuestros asuntos interiores de todo tipo, estas son las cosas que nos dejan perplejos y nos preocupan más que alguna otra cosa y eso nos trae muy a menudo a la esclavitud y a la oscuridad. Por eso, al dejar tus cargas, de la primera que tienes que deshacerte es de la carga ti mismo. Debes entregarte a ti mismo y todas tus experiencias interiores, tus tentaciones, tu temperamento, tu cuerpo y sentimientos, todo lo debes entregar al cuidado y mantenimiento de tu Dios, y dejarlos allí. Él te hizo, y por eso te comprende, y sabe cómo manejarte, y debes confiar en él para que lo haga.

—HANNAH WHITALL SMITH

ESPERA EN DIOS

En fin, que conozcan ese amor que sobrepasa nuestro
conocimiento, para que sean llenos de la plenitud de Dios.

EFESIOS 3:19

Al orar, nos ocupamos a menudo de nosotros mismos, nuestras necesidades y nuestros esfuerzos para presentarlos. Al esperar en Dios,
el primer pensamientos es en *el Dios en quien esperamos*. Dios anhela
revelarse, llenarnos de él. Esperar en Dios le da a él tiempo en su
propia manera y poder divinos para venir a nosotros. Antes de orar,
inclínate quietamente ante Dios, para recordar y darte cuenta quién
es él, cuán cerca está, cuán cierto es que él puede ayudarte y así lo
hará. Estáte tranquilo ante él, y deja que su Espíritu Santo despierte
e incite en tu alma esa disposición infantil de dependencia absoluta
y expectativa confiada. Espera en Dios hasta que sepas que te has
encontrado con él; entonces la oración llegará a ser muy diferente. Y
cuando estés orando, deja que haya intervalos de silencio, quietud
reverente del alma, en la cual te rindas a Dios, en caso de que él pueda
tener alguna cosa que desee enseñarte u obrar en ti.

—ANDREW MURRAY

*Señor, hoy quiero enfocarme solo en ti. Limpia mi
mente de todos los pensamientos egoístas cuando me
quedo en tu presencia y me entrego a ti. Amén.*

SIEMPRE PERSEVEREN EN LA ORACIÓN

Alégrense en la esperanza, muestren paciencia en
el sufrimiento, perseveren en la oración.

ROMANOS 12:12

*Señor, es tan importante
que yo persevere
siempre en oración,
que esté alerta y
vigilante. Guárdame
de la tentación de
echar atrás mi vida
de oración, porque es
de allí de donde viene
mi fortaleza. Amén.*

La oración es una preparación para el peligro, es la armadura para la batalla. No vayas sin ella al mundo peligroso. Por la noche te arrodillas para orar y la somnolencia te pesa en los párpados. Un arduo día de trabajo es una clase de excusa, y tú acortas tu oración y suavemente te vas a reposar.

Amanece, y puede ser que te levantes tarde, y que no hagas las devociones tempranas, o que las hagas con una prisa irregular. No es de maravillarse que ese día en el cual sufres somnolencia para interferir con la oración sea un día en el cual tú lo traiciones por cobardía y por el blando incumplimiento del deber.

—FREDERICK W. ROBERTSON

PIDE EN EL NOMBRE DE JESÚS

Ésta es la confianza que tenemos al acercarnos a Dios:
que si pedimos conforme a su voluntad, él nos oye.

1 JUAN 5:14

El propósito de la oración no es el de forzar la mano de Dios para que haga nuestra voluntad en contra de la suya, sino el de profundizar nuestro conocimiento de él y nuestro compañerismo con él por medio de la contemplación de su gloria, la confesión de nuestra dependencia y necesidad y el abrazo consciente de sus metas. Por eso nuestra petición debe estar *de acuerdo con la voluntad de Dios y en el nombre de Jesús* ...

Pedir en el nombre de Jesús no es usar una hechicería verbal sino basar nuestra petición en la relación salvadora de Cristo hacia nosotros por medio de la cruz; esto incluirá el hacer las peticiones que Cristo pueda aprobar y firmar con su nombre ...

En la vida de oración es central que le permitamos a Cristo enseñarnos, por medio de su Palabra y Espíritu, por qué debemos orar. Si sabemos, mediante el testimonio interior del Espíritu, que estamos haciendo una petición que el Señor nos ha dado para que la hagamos específicamente, entonces *sabremos* que tenemos la respuesta incluso antes de verla.

—J.I. PARKER, tomado de *El conocimiento del Dios Santo*

*Señor, quiero que mis deseos estén alineado con los tuyos,
mi voluntad de acuerdo con tu voluntad. Cuando oro en tu
nombre, yo solo quiero rogar que se haga tu voluntad. Gracias
por tu Palabra, tu nombre y tu Espíritu, los cuales capacitan mi
oración para que estén de acuerdo con tu voluntad. Amén.*

1 DE MARZO

OLVIDARSE DE ORAR

*Oren en el Espíritu en todo momento, con peticiones y ruegos.
Manténganse alerta y perseveren en oración por todos los santos.*

EFESIOS 6:18

Señor, confieso que esta mañana recordé mi desayuno pero olvidé mis oraciones. Y como no te alabé, tú, por lo tanto, pudieras con toda justicia no concederme protección alguna. Sin embargo, me has guardado con cuidado hasta la mitad de este día [confiándome] un préstamo antes de haberte pagado el anterior. Ahora es mediodía, demasiado tarde para el sacrificio de la mañana, demasiado temprano para el sacrificio de la tarde. Mi corazón corrupto me impulsa a diferir mis oraciones hasta la noche, pero lo conozco demasiado bien o demasiado mal para confiar en él. Temo que si las difiero hasta la noche, por la noche las olvidaré. Por eso, Señor, te ruego que las aceptes ahora, no permitas que unas cuantas horas hagan una brecha, especialmente viendo (lo digo no para excusar mi negligencia, sino para implorar tu perdón) que mil años ante tu vista son como el día de ayer. Prometo en adelante, con tu ayuda, producir fruto a su debido tiempo.

—THOMAS FULLER

Señor, algunas veces es muy fácil olvidarse de orar, pero yo sé que tú anhelas pasar tiempo conmigo, tu hijo. Perdona mis lapsos y ayúdame a recordar ponerte en primer lugar en mi día. Amén.

LA ORACIÓN Y EL MUNDO MODERNO

Supongamos —continuó— que uno de ustedes tiene un amigo, y a medianoche va y le dice: "Amigo, préstame tres panes, pues se me ha presentado un amigo recién llegado de viaje, y no tengo nada que ofrecerle."

LUCAS 11:5-6

Aunque esta parábola tiene que ver con el poder de la oración persistente, también sirve de base para nuestro pensamiento concerniente a muchos problemas contemporáneos y el papel de la iglesia en su lucha con ellos. En la parábola es media noche, también en nuestro mundo es media noche y la oscuridad es tan profunda que apenas podemos ver hacia qué camino volvernos.

Si la iglesia no participa activamente en la lucha por la paz y por la justicia económica y social, perderá la lealtad de millones y causará que por dondequiera muchos hombres digan que esto les ha atrofiado la voluntad. Pero si la iglesia se libera de los grilletes de un estado moribundo y recupera su misión histórica, hablará y actuará sin temor e insistentemente en términos de justicia y de paz e inflamará la imaginación de la humanidad y el fuego en las almas de los hombres, imbuyéndolas con un amor resplandeciente y ardiente por la verdad, la justicia y la paz.

—MARTIN LUTHER KING, HIJO

Señor, la oscuridad en mi mundo es grande, y sin embargo, el poder de la oración es fuerte. Ayúdame a ser una luz brillante en las tinieblas e iluminar mi mundo para ti. Amén

LA LUCHA DE LA ORACIÓN

Y el que está adentro le contesta: "No me molestes.
Ya está cerrada la puerta, y mis hijos y yo estamos
acostados. No puedo levantarme a darte nada."

LUCAS 11:7

Aunque orar es, desde un punto de vista, la cosa más natural que
un cristiano puede hacer ya que el clamor a su Padre celestial es un
instinto en él que forja el Espíritu, hay siempre una batalla contra
las distracciones, el desánimo y el entumecimiento de Satanás y de
nuestra propia pecaminosidad. En realidad, Dios puede oponérsenos
cuando oramos para que a su vez podamos vencer su resistencia, y
de ese modo seamos llevados a una dependencia de él más profunda
y a un enriquecimiento mayor al final del día (piensa en el Jacob
luchador y en el Job que clamaba, y en la parábola del juez injusto).
Yo veo la verdadera oración como una obediencia verdadera, una
lucha continua en la cual haces progresos al esforzarte en contra de
lo que se opone y a pesar de lo mucho que progreses estás siempre
consciente de la imperfección, de lo incompleto y de que tienes que
llegar mucho más lejos.

—J.I. PACKER, tomado de *El conocimiento del Dios Santo*

*Padre celestial, algunas veces la oración puede ser una
lucha real. Hay tantas distracciones que hacen que mi
mente y mi corazón vaguen. Ayúdame a permanecer
enfocado en ti durante mis períodos de oración. Amén.*

PERSEVERA

Les digo que, aunque no se levante a darle
pan por ser amigo suyo, sí se levantará por su
impertinencia y le dará cuanto necesite.

LUCAS 11:8

Primero, continúa «resueltamente en oración». Hay mucho poder en la oración perseverante. No olvides al «amigo importuno» de Lucas 11:8 («se levantará por su impertinencia y le dará cuanto necesite»). Y no olviden la parábola que Jesús dijo al efecto de que «debían orar siempre sin desanimarse» (Lucas 18:1-8).

La perseverancia es la gran prueba de autenticidad en la vida cristiana. Alabo a Dios por los cristianos que han perseverado en la oración sesenta, setenta u ochenta años. Oh, que seamos un pueblo que ore y que se nos permita en este año y en todos nuestros años estar saturados de oraciones al Señor de todo poder y de todo bien. Al final será bueno decir por medio de la oración: «he acabado la carrera, he guardado la fe».

—JOHN PIPER, tomado de *Traspasado por la Palabra*

*Señor, quiero perseverar en mis oraciones, no dejar
de finalizar la carrera. Dame la fortaleza mientras
que continúo resueltamente en oración. Amén.*

EL ESPÍRITU INTERCEDE POR NOSOTROS

Así mismo, en nuestra debilidad el Espíritu acude a ayudarnos.
No sabemos qué pedir, pero el Espíritu mismo intercede por
nosotros con gemidos que no pueden expresarse con palabras.

ROMANOS 8:26

Si nuestra oración lo alcanza y lo conmueve es porque primero él nos alcanzó y nos indujo a orar. La oración que llegó al cielo comenzó allí cuando Cristo salió del cielo. Comenzó cuando Dios acudió para buscarnos en Cristo, en el atractivo Cordero inmolado desde antes de la fundación del mundo. El Espíritu salió con el poder y la función en él para regresar con nuestra alma. Nuestra oración es la respuesta a la de Dios ... El ritmo completo del alma de Cristo, por decirlo así, era la divinidad saliendo y regresando a sí misma. Y así Dios motiva e inspira toda la oración que lo encuentra y conmueve. Su amor provoca nuestro sagrado atrevimiento ... Todo dice: «Yo soy tuyo si tú quieres»; y cuando nosotros queremos eso, ya es una oración. Al final, cualquier gloria de éxito o destino humanos surge del hombre que es la continua creación de Dios, y destinado por él y para él. Así que oramos porque fuimos hechos para orar, y Dios nos impulsa al inspirarnos por su Espíritu.

—P.T. FORSYTH

*Padre celestial, tú me hiciste para orar, y yo estoy más
completamente vivo cuando estoy en tu presencia. Gracias
por tu Espíritu el cual primero me induce a orar, y quien
ora a través de mí. Me entrego a ti por completo. Amén.*

SOLEDAD

[Jesús dijo:] Pero tú, cuando te pongas a orar, entra en tu cuarto, cierra la puerta y ora a tu Padre, que está en lo secreto. Así tu Padre, que ve lo que se hace en secreto, te recompensará.

MATEO 6:6

Sin la soledad es virtualmente imposible vivir una vida espiritual. La soledad comienza con un tiempo y un lugar para Dios, y solo para él. Si realmente creemos no solo que Dios existe sino que también está activamente presente en nuestras vidas —sanando, enseñando, guiando— necesitamos apartar un tiempo y un espacio para darle nuestra atención individual ...

Una vez que nos hayamos comprometido a emplear tiempo en la soledad, desarrollamos la capacidad de atender la voz de Dios en nosotros. Al principio, durante los primeros días, semanas o incluso meses, puede ser que tengamos el sentimiento de que solo estamos desperdiciando el tiempo. Al principio, el tiempo en la soledad puede parecer un poquito más que un tiempo en el cual nos están bombardeando miles de pensamientos y sentimientos que emergen de los rincones más escondidos de nuestra mente ... Al principio, las muchas distracciones persisten en presentarse. Más tarde, a medida que reciben cada vez menos atención, se van lentamente.

—HENRI NOUWEN

Señor, a menudo se hace muy difícil encontrar tiempo de mi horario tan lleno para pasarlo contigo. Ayúdame a aprender, apreciar y hasta disfrutar esos momentos de soledad solo en tu presencia. Amén.

ORACIÓN POR OTROS

Oren en el Espíritu en todo momento, con peticiones y ruegos.
Manténganse alerta y perseveren en oración por todos los santos.

EFESIOS 6:18

La oración por otros es una forma de oración de petición que hace demandas profundas de la fe de una generación individualista que tanto ha perdido su sentido interior de comunidad. Sin embargo, no hay un punto en que toquemos los manantiales de la oración con más vitalidad que aquí. Porque cuando elevamos la vida de otro ante Dios, cuando la exponemos al amor de Dios, cuando oramos por su liberación del adormecimiento, el avivamiento de su salud interior, por el poder para echar fuera los hábitos destructivos, por la restauración de su libre y vital relación con sus compañeros, por su fortaleza para resistir la tentación, por su valor para seguir adelante en contra de la oposición aguda, solo entonces sentimos lo que significa participar en la obra de Dios, en su interés; solo entonces se derriban las paredes que nos separan de otros y sentimos que en el fondo todos estamos entrelazados en una familia grande e íntima.

—DOUGLAS V. STEERE, tomado de *Prayer and Worship*

*Padre celestial, no quiero ser egoísta en mis oraciones,
así que yo elevo las necesidades de otros a ti. Señor, por
medio de mis oraciones por tu pueblo tengo el privilegio
de participar en tu obra en esta tierra. Amén.*

EL PADRE NUESTRO

[Jesús dijo:] Venga tu reino, hágase tu voluntad en la tierra como en el cielo. Danos hoy nuestro pan cotidiano. Perdónanos nuestras deudas, como también nosotros hemos perdonado a nuestros deudores. Y no nos dejes caer en tentación, sino líbranos del maligno."

MATEO 6:10-13

Sea hecha tu voluntad, así en la tierra como en el cielo.

Que podamos amarte con todo nuestro corazón al pensar siempre en ti, con toda nuestra alma al desearte siempre, con toda nuestra mente al dirigir todas nuestras intenciones a ti, y con toda nuestra fuerza al emplear todas nuestras energías en tu servicio. Y que podamos amar a nuestro prójimo como a nosotros mismos ...

Danos hoy nuestro pan cotidiano.

En memoria y comprensión y reverencia del amor que nuestro Señor Jesucristo nos tiene, revelado por su sacrificio a nuestro favor en la cruz, te pedimos por el pan perfecto de su cuerpo.

Y perdónanos nuestros pecados.

Sabemos que tú nos perdonas, por medio del sufrimiento y la muerte de tu amado Hijo.

Como también nosotros hemos perdonado a nuestros deudores.

Capacítanos para perdonar perfectamente y sin reservas cualquier mal que se haya cometido contra nosotros.

—SAN FRANCISCO DE ASÍS

 Señor, gracias por proveerme un modelo de oración a seguir cuando paso tiempo en tu presencia. Cuando oro la oración que tú le enseñaste a tus discípulos, me siento atraído más cerca de ti y del Padre. Amén.

LA ORACIÓN DEL CORAZÓN

No se inquieten por nada; más bien, en toda ocasión, con
oración y ruego, presenten sus peticiones a Dios y denle
gracias. Y la paz de Dios, que sobrepasa todo entendimiento,
cuidará sus corazones y sus pensamientos en Cristo Jesús.

FILIPENSES 4:6-7

*Padre celestial, tu
Palabra dice que tú
eres Espíritu y que
debemos adorarte en
espíritu y en verdad.
Te busco con todo mi
corazón y sé que me oyes
cuando oro. Amén.*

Jesucristo dijo: *Dios es Espíritu, y
los que le adoran deben adorarlo en
espíritu y en verdad.* Entonces la oración en sí misma es un acto completamente espiritual, dirigido a él
quien es el Espíritu Supremo, el
Espíritu que ve todas las cosas y
está presente en todo y está, como
dice San Agustín, más íntimamente unido a nuestra alma que sus
profundidades más hondas. Si a
esta oración esencial le unimos
una actitud particular del cuerpo y ciertas palabras y demostraciones
exteriores, no tiene significado alguno por sí mismo y solo es agradable a Dios como una expresión de los sentimientos del corazón.

Para hablar con propiedad, es el corazón el que ora, y es la voz del
corazón la que Dios escucha y es al corazón al que él contesta, y
cuando hablamos del corazón queremos dar a entender la parte más
espiritual de nosotros. Es verdaderamente notable que en las Escrituras siempre se adscriba la oración al corazón.

—JEAN-NICOLAS GROU

ORA HOY EL PADRE NUESTRO

> Él les dijo: «Cuando oren, digan: "Padre,
> santificado sea tu nombre. Venga tu reino.
> LUCAS 11:2

Entonces, ¿qué significa hoy orar esta oración del reino? Significa, para comenzar, que cuando miramos la faz de nuestro Padre en el cielo y nos comprometemos a santificar su nombre, miramos inmediatamente al mundo que él hizo y lo vemos como él lo ve … Esto quiere decir verlo con el amor del Creador por su espectacularmente hermosa creación, y verlo con el profundo dolor del Creador por las condiciones de maltrato y cicatrices que sufre a causa de las batallas en las cuales ahora se encuentra el mundo …

Estamos orando, como Jesús estaba orando y actuando, por la redención del mundo … Y si oramos de esta manera, por supuesto que debemos estar preparados para vivir de esta manera.

Así que, cuando oramos por este mundo, también oramos por la iglesia … Haznos una comunidad de sanadores sanados, haznos una orquesta afinada para tocar la música del reino hasta que el mundo siga con el canto.

—N.T. WRIGHT, tomado de *Reflecting the Glory: Meditations for Living Christ's Life in the World*

*Padre, santifico tu nombre en este día y oro para
que venga tu reino a la tierra. Ayúdame a vivir de
la manera que tú quieres que viva y que sea una luz
brillante para ti dondequiera que vaya. Amén.*

11 DE MARZO

LA ORACIÓN MATUTINA

Por la mañana, SEÑOR, escuchas mi clamor; por la mañana te presento mis ruegos, y quedo a la espera de tu respuesta.

SALMO 5:3

El día entero recibe orden y disciplina cuando adquiere unidad. Esta unidad se debe buscar y encontrar en la oración matutina. Esto se confirma en el trabajo. La oración de la mañana determina el día. El tiempo que se derrocha del cual nos avergonzamos, las tentaciones ante las que sucumbimos, las debilidades y la falta de valor en el trabajo, la desorganización y la falta de disciplina en nuestros pensamientos y en nuestra conversación con otros hombres, todo tiene su origen, la mayoría de las veces en el abandono de la oración matutina.

El orden y la distribución de nuestro tiempo llegan a ser más firmes cuando se originan en la oración. Las tentaciones que acompañan al día de trabajo se conquistarán sobre la base de la comunicación matutina con Dios. Las decisiones que el trabajo demanda, llegan a ser más fáciles y simples cuando se hacen no en el temor de los hombres sino solamente a la vista de Dios … Aun el trabajo mecánico se hace de una manera más paciente si surge de un reconocimiento de Dios y su mandamiento. Los poderes para trabajar comienzan, por lo tanto, en el lugar donde hemos orado a Dios.

—DIETRICH BONHOEFFER

Señor, te busco en la mañana cuando el mundo está tranquilo, antes de las demandas apresuradas del día. Te entrego mi horario, toma mi día y vive tu vida a través de mí. Amén.

ÉL OYE NUESTRAS ORACIONES

Me sacó a un amplio espacio; me libró porque se agradó de mí.

SALMO 18:19

Cuando [un amigo] le dijo a Jesús de la enfermedad [de Lázaro] dijo: «Señor, el que amas está enfermo». No basó su apelación en el amor imperfecto de uno que tenía necesidad, sino en el amor perfecto del Salvador. No dijo, «El *que te ama* está enfermo», sino «Aquel a quien *tú amas* está enfermo». En otras palabras, el poder de la oración no depende del que hace la oración, sino de quien la oye.

Señor Jesús, gracias por tu amor por mí, el amor que me capacita para venir a ti con todas mis necesidades. Señor Dios, guíame hoy mientras elevo mis necesidades a ti. Amén.

Podemos y debemos repetir la frase en multitud de formas. «El que tú amas está cansado, triste, hambriento, solo, temeroso, deprimido». Las palabras de la oración varían, pero las respuestas nunca cambian. El Salvador oye la oración.

—MAX LUCADO, tomado de *La gran casa de Dios*

13 DE MARZO

ORA CON ESPONTANEIDAD

Confía siempre en él, pueblo mío; ábrele tu corazón
cuando estés ante él. ¡Dios es nuestro refugio!

SALMO 62:8

*Señor, me asombra
que a pesar de tú ser
un Dios tan poderoso
yo puedo orar a ti
con tanta libertad.
Gracias por tu amor
por mí. Oro que puedas
darme un amor más
grande por ti. Amén.*

Mi querida amiga Ney Bailey ... dice: «Luci, no edites tus oraciones». Ese pensamiento me encanta. Cuando un niño hala la falda de su madre para pedirle algo que necesita, él no se para allí pensando: *Ahora, ¿cómo debiera expresar esto ... déjame ver, empezaré con «yo quiero», o eso es una frescura?* De ninguna manera, el niño suelta sus pensamientos con espontaneidad, con total franqueza. La sinceridad de su corazón expone sus deseos más profundos, sus peticiones y anhelos al padre a quien ama y en quien confía. Orar de esa manera a nuestro Padre celestial fomenta un vínculo que es dulce y confortante.

—LUCI SWINDOLL, tomado de *Outrageous Joy*

EL ESPÍRITU DE LA ORACIÓN

Derramaré un espíritu de gracia y de súplica.

ZACARÍAS 12:10

El espíritu de oración es un espíritu santo, un espíritu cordial. Donde-quiera que haya un verdadero espíritu de súplica, allí está el espíritu de gracia. El verdadero espíritu de la oración no es otro que el de Dios habitando en los corazones de los santos. Y como este espíritu viene de Dios, con naturalidad se dirige a Dios en santos alientos y suspiros. Esto naturalmente conduce a Dios, para conversar con él por medio de la oración. Es por ello que se dice que el Espíritu intercede por los santos con gemidos indecibles (Romanos 8:26).

El Espíritu de Dios hace intercesión por ellos, ya que es ese Espíritu el que en algunos aspectos incita su oración y los guía a derramar sus almas ante Dios. Es por eso que se dice que los santos adoran a Dios en el Espíritu. Filipenses 3:3: «Porque la circuncisión somos nosotros, los que por medio del Espíritu de Dios adoramos». Juan 4:23: «Los verdaderos adoradores rendirán culto al Padre en espíritu y en ver-dad». El piadoso verdadero tiene el espíritu de adopción, el espíritu de un hijo, para quien es natural ir a Dios y llamarlo, llorando ante él como ante un padre.

—JONATHAN EDWARDS

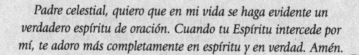

Padre celestial, quiero que en mi vida se haga evidente un verdadero espíritu de oración. Cuando tu Espíritu intercede por mí, te adoro más completamente en espíritu y en verdad. Amén.

15 DE MARZO

UN DIOS QUE OYE LA ORACIÓN

Tú oyes la oración.
SALMO 65:2 (RVR)

El carácter del Altísimo es que es un Dios que oye las oraciones.

Algunas veces él manifiesta su aceptación de las oraciones por descubrimientos especiales de su misericordia y suficiencia que hace durante la oración o inmediatamente después. Él le concede a su pueblo una comunión especial con él mediante la oración. Mientras que ellos están orando él viene a ellos y se les revela; les da dulces vistazos de su gloriosa gracia, pureza, suficiencia y soberanía. Y los capacita, con una gran quietud, para descansar en él, y dejarse a sí mismo y a sus oraciones en las manos de él, someterse a su voluntad y confiar en su gracia y fidelidad.

Parece que así se manifestó Dios a Ana mientras estaba en oración ... [Ella] vino y derramó su alma ante Dios, y habló conforme a la abundancia de su queja y dolor; luego leemos que salió y comió, y que su aspecto ya dejó de estar triste, lo que parece haber sido producto de algunos descubrimientos refrescantes que Dios le hizo de sí mismo para capacitarla tranquilamente a someterse a su voluntad y confiar en su misericordia por lo cual Dios le manifestó su aceptación.

—JONATHAN EDWARDS

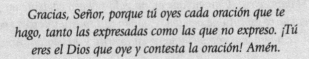

Gracias, Señor, porque tú oyes cada oración que te hago, tanto las expresadas como las que no expreso. ¡Tú eres el Dios que oye y contesta la oración! Amén.

LA ORACIÓN PODEROSA

La oración del justo es poderosa y eficaz.

SANTIAGO 5:16

Miles de personas solo oran cuando están bajo una gran tensión, o en peligro, sobrecogidos por la incertidumbre. Yo he estado en aviones en que uno de los motores dejó de funcionar; entonces la gente comenzó a orar. He hablado con soldados que me dijeron que ellos nunca oraron hasta que estuvieron en medio de una batalla. En el hombre parece haber un instinto de orar en tiempos de dificultad. Sabemos que «no hay ateos en las trincheras», pero la clase de cristianismo que no afecte nuestras vidas cotidianas nunca cambiará al mundo. Desarrolla el poder de la oración. Las respuestas a todos nuestros problemas se pueden resolver por medio de la relación con el Dios todopoderoso.

Señor Dios, hoy decido no confiar en mí mismo sino en entregarte todo en oración y confiar en tu fortaleza. Dios, estoy asombrado de tu poder. Amén.

—BILLY GRAHAM, tomado de *Día tras día con Billy Graham*

LUCHA POR ENTRAR AL REINO DE DIOS

La ley y los profetas se proclamaron hasta Juan. Desde
entonces se anuncian las buenas nuevas del reino
de Dios, y todos se esfuerzan por entrar en él.

LUCAS 16:16

*Señor, mi deseo más
grande es que tu reino
venga a esta tierra. Oro
para que tu voluntad se
haga hoy, tanto en mi vida
como en el mundo. Amén*

Primero se debe buscar el reino de Dios, por la extrema necesidad que tenemos de entrar al reino de los cielos. Tenemos una necesidad imperiosa de esto; sin eso estamos absoluta y eternamente perdidos ... En segundo lugar, debemos buscarlo debido a la brevedad e incertidumbre de la oportunidad para entrar en el reino ... Hay mucha dificultad para entrar al reino de Dios. En el camino hay dificultades tales que son pocos los que lo conquistan. La mayoría de los que lo intentan no tienen resolución, valor, sinceridad ni constancia suficientes; así que fracasan, se rinden y perecen ...

A pesar de que está acompañado de tantas dificultades, no es una cosa imposible. Dios es capaz de lograrlo, y tiene suficiente misericordia para ello; y por medio de Cristo hay suficiente provisión, para que Dios lo pueda lograr en coherencia con el honor de su majestad, justicia y verdad. Es apropiado buscar así el reino debido a su gran excelencia. Estamos dispuestos a buscar las cosas terrenales de valor insignificante; por lo tanto nos incumbe buscar con gran seriedad aquello que es de valor y excelencia infinitamente mayores.

—JONATHAN EDWARDS

UNIÓN EN LA ORACIÓN

> «Así dice el SEÑOR Todopoderoso: "Todavía vendrán pueblos y habitantes de muchas ciudades, que irán de una ciudad a otra diciendo a los que allí vivan: '¡Vayamos al SEÑOR para buscar su bendición! ¡Busquemos al SEÑOR Todopoderoso! ¡Yo también voy a buscarlo!' Y muchos pueblos y potentes naciones vendrán a Jerusalén —en busca del SEÑOR Todopoderoso y de su bendición."
>
> ZACARÍAS 8:20-22

En este texto tenemos el relato de cómo se producirá el adelanto futuro y glorioso de la iglesia de Dios: por multitudes en diferentes pueblos y países adoptando una resolución conjunta, y llegando a un acuerdo expreso y visible. Que ellos, por la oración unida y extraordinaria, busquen que Dios venga y se manifieste, y conceda las señales y los frutos de su presencia misericordiosa …

El bien que se buscará por la oración, el cual es el mismo Dios, es una cosa común en las Escrituras. «Buscar a Dios» implica que el mismo Dios es el gran bien deseado y buscado. Las bendiciones que se persiguen son la clemente presencia de Dios, las manifestaciones y comunicaciones benditas de sí mismo por el Espíritu Santo.

—JONATHAN EDWARDS

Oh Señor, te doy el sacrificio de mis oraciones y alabanza. Te busco a ti y solo a ti, porque tú eres el bien más grande y la fuente de todas las bendiciones sobre la tierra. Amén.

LA ORACIÓN TRAE AVIVAMIENTO

> Entonces ustedes me invocarán, y vendrán
> a suplicarme, y yo los escucharé.
>
> JEREMÍAS 29:12

Este avivamiento se cumplirá de esta manera: primero, al pueblo de Dios se le dará mucho de un espíritu de oración, disponiéndolos a llegar a un acuerdo expreso de orar unidos a Dios de una manera extraordinaria para que él aparezca a ayudar a su iglesia y tener misericordia para la humanidad, y derramar su Espíritu, revivir su obra y adelantar su reino espiritual en el mundo como él lo ha prometido. Esta disposición para orar así unidos gradualmente se extenderá más y más, y aumentará en mayores grados, lo cual a la larga gradualmente introducirá un avivamiento de religión.

Este tipo de acuerdo en la oración es literalmente «vayamos mientras vamos» ... Cuando [en Zacarías 8:21, RVR] se dice: «Vayamos mientras vamos a implorar el favor de Jehová» la fuerza de la expresión representa la seriedad de aquellos que hacen la propuesta, que ellos deben ir rápido, ser fervientes y constantes en esto, que se debe ejecutar por completo, de esto inferimos que orar unidos es una cosa muy apropiada y agradable a Dios.

—JONATHAN EDWARDS

Padre celestial; quiero que surja un avivamiento en mi familia, mi ciudad, mi nación, mi mundo. Ayúdame a perseverar en oración en tu presencia y haz que ocurra un avivamiento. Amén

ORACIÓN POR EL ESPÍRITU

—Ustedes, los que invocan al SEÑOR, no se den descanso;
ni tampoco lo dejen descansar, hasta que establezca a
Jerusalén y la convierta en la alabanza de la tierra.

ISAÍAS 62:6-7

*Padre celestial, gracias
por la dádiva de tu
Santo Espíritu, el don
más grande que nos
pudo haber dado jamás.
Te ruego que haya un
derramamiento mayor
del Espíritu en mi vida
y en mi mundo. Amén.*

Las Escrituras no solo nos dirigen y estimulan a orar por el Santo Espíritu sobre todas las demás cosas, sino que es la voluntad de Dios expresamente revelada que su iglesia esté muy dedicada a la oración para el glorioso derramamiento del Espíritu que va a ocurrir en los últimos días, y las cosas que se lograrán por esto. Dios, hablando de este bendito suceso, dice: «Todavía he de concederle al pueblo de Israel que me suplique» (Ezequiel 36:37). Esto implica, sin duda alguna, que es la voluntad de Dios que una oración extraordinaria por su misericordia preceda a la concesión de la misma ... ¡Y cuán alto es este llamamiento a la iglesia de Dios a ser ferviente e incesante en sus clamores a él por esta gran misericordia! ¡Cuán maravillosas son las palabras que se usan, concernientes a la manera en la que estos gusanos del polvo deben dirigirse al Alto y Majestuoso que habita en la eternidad! Y qué estímulo hay aquí para acercarse al trono de la gracia con la mayor libertad, el valor, la sinceridad. la constancia y la completa seguridad de fe, para buscar de Dios lo más grande que se pueda buscar en la oración cristiana.

—JONATHAN EDWARDS

ORACIÓN PIDIENDO MISERICORDIA

Jesús se puso de pie y exclamó:
—¡Si alguno tiene sed, que venga a mí y beba! De aquel que
cree en mí, como dice la Escritura, brotarán ríos de agua viva.

JUAN 7:37-38

No solo las Escrituras manifiestan en abundancia que es el deber del pueblo de Dios orar mucho por misericordia, sino que abunda también con variadas consideraciones para estimularlo en ello, y los anima con esperanzas de éxito. Quizá en la Biblia no haya otra cosa como esta que ocupe tanto tiempo en las promesas (para estimular la fe, la esperanza y las oraciones de los santos) la cual enseguida le concede al pueblo de Dios una evidencia más clara de que es su deber orar mucho por esta misericordia (porque sin duda alguna el pueblo de Dios debe abundantemente hacer el tema de sus oraciones aquello a lo que con tanta abundancia Dios hace el tema de sus promesas), y también concederles la seguridad más grande de que sus oraciones tendrán éxito. Con qué confianza podemos nosotros ir delante de Dios a orar por las tantas preciosas y gloriosas promesas que tenemos que solicitar.

—JONATHAN EDWARDS

Oh, Señor, busco tu misericordia y estoy sediento de
tu Espíritu, de los ríos de aguas vivas que me has
prometido. Derrama tu Espíritu en mi vida y déjame
experimentarte de una manera fresca y nueva. Amén.

FE Y ORACIÓN

«Se ha cumplido el tiempo —decía—. El reino de Dios
está cerca. ¡Arrepiéntanse y crean las buenas nuevas!»

MARCOS 1:15

La fe es el acto y sentido interior de los cuales la oración es la expresión, porque del mismo modo, la libertad de la gracia de acuerdo con el pacto del evangelio a menudo se muestra por esto, que aquel que cree recibe (Mateo 7:7-10) ...

Señor, yo creo en ti; ayuda mi incredulidad. Confío en ti para hacer que todas tus promesas se hagan realidad en mi vida. Amén.

A menudo se dice sencillamente que la oración es la expresión de la fe. Así que para su certeza: «Todo aquel que en él creyere, no será avergonzado. Porque todo aquel que invocare el nombre del Señor, será salvo» (Romanos 10:11-13). A la oración cristiana se le llama la oración de fe (Santiago 5:15), y al creer se le menciona como la vida y el alma de la oración verdadera (1 Timoteo 2:8; Hebreos 10:19, 22; Santiago 1:5-6).

La fe en Dios se expresa al orar a Dios. La fe en el Señor Jesucristo se expresa orando a Cristo, y orando en el nombre de Cristo (Juan 14:13-14). Y las promesas se cumplen cuando se piden en el nombre de Cristo de la misma forma en que se cumplen al creer en Cristo.

—JONATHAN EDWARDS

ORA Y PREVALECE

La oración del justo es poderosa y eficaz.
SANTIAGO 5:16

Cuando el pueblo de Israel se hizo el becerro de oro, Moisés se volvió al Señor y le dijo: «Que pecado tan grande ha cometido este pueblo … Sin embargo, yo te ruego que les perdones su pecado, pero si no … ¡bórrame del libro que has escrito!» (ÉXODO 32:31-32).

Eso fue persistencia. Moisés prefería morir antes que ver a su pueblo sin recibir el perdón.

Cuando Dios lo oyó y dijo que enviaría a su ángel con el pueblo, Moisés vino de nuevo. Él no estaría contento hasta que, como respuesta a su oración, el mismo Dios fuera con ellos. Dios le dijo: «Está bien, haré lo que me pides» (Éxodo 33:17). Después de eso, en respuesta a la oración de Moisés: «Déjame verte en todo tu esplendor» (Éxodo 33:18), Dios hizo que su bondad pasara ante él. Entonces Moisés comenzó a rogar enseguida: «Señor, quédate con nosotros» (Éxodo 34:9). «Y Moisés se quedó en el monte, con el Señor, cuarenta días y cuarenta noches» (Éxodo 34:28).

Padre celestial, quiero ser una persona que es persistente en la oración y que ve los resultados. Ayúdame a tener paciencia y a persistir hasta que se gane la victoria. Amén.

Moisés fue persistente con Dios y prevaleció.

¡Alabado sea Dios! Todavía él espera que nosotros lo busquemos. La fe en un Dios que oye la oración hará que el cristiano sea amante de la oración.

—ANDREW MURRAY

LA PERSISTENCIA EN LA ORACIÓN

Por eso les digo: Crean que ya han recibido todo lo
que estén pidiendo en oración, y lo obtendrán.

MARCOS 11:24

La persistencia tiene varios elementos, los principales son la perseverancia, la determinación y la intensidad. Comienza con rehusarte a aceptar la negación. Esto se desarrolla en una determinación para perseverar, para no escatimar tiempo ni dificultades, hasta que venga una respuesta. Esto crece en intensidad hasta que todo el ser se da a Dios en una súplica. La audacia surge para asirse de la fortaleza de Dios. En un tiempo es tranquilo y en otro, es audaz. En un punto espera con paciencia, pero en otro, clama enseguida por lo que desea. De cualquier forma, la persistencia siempre significa y sabe que Dios oye la oración; yo tengo que ser oído.

—ANDREW MURRAY

*Señor, algunas veces me desaliento si no veo de inmediato
la respuesta a mi oración. Ayúdame a confiar en ti y a
perseverar en oración hasta que reciba tu respuesta. Amén*

CRISTO: EL MILAGRO MÁS GRANDE

Porque a Dios le agradó habitar en él con toda su plenitud.
COLOSENSES 1:19

Cristo mismo es el milagro más grande de la historia. La encarnación, como el milagro central, nos ayuda a interpretar los milagros que él hizo «Yo soy»; Jehová con nosotros …

La pregunta es: ¿Todavía existen los milagros? ¡Sí! El milagro de la vida, nuestra salvación, la transformación de la personalidad, las intervenciones específicas de sanidad y la bendición. Un estudio de los milagros nos conduce a una clase de fe de «todas las cosas son posibles» para nuestro diario vivir y nuestras necesidades. El Gran Médico, por medio del Espíritu Santo, todavía hace diariamente las sanidades físicas, emocionales y espirituales.

Enfócate en las necesidades de las personas en el contexto del poder milagroso disponible para nosotros. Fyodor Dostoevsky tenía razón: «En el realista la fe no surge de los milagros, pero los milagros surgen de la fe». Creemos que la fe viene del Espíritu Santo enfocándonos en el amor y el perdón de la cruz; esa fe, entonces, se atreve a creer que como milagros de Dios podemos esperar y deleitarnos en los milagros que él ejecutará a nuestro alrededor.

—LLOYD JOHN OGILVIE

Señor, yo creo que tú eres un Dios que hace milagros. Tengo fe en que tú obrarás maravillas en mi vida. Amén.

LA META VERDADERA DE LA ORACIÓN

> ¡Ya se te ha declarado lo que es bueno! Ya se te ha
> dicho lo que de ti espera el SEÑOR: «Practicar la justicia,
> amar la misericordia, y humillarte ante tu Dios».
>
> MIQUEAS 6:8

Dios desea satisfacer tus necesidades, pero la satisfacción de las necesidades es parte de un proceso más grande. Dios siempre está buscando desarrollar una relación cada vez más íntima contigo. Él te está moldeando y formando para que seas la persona con la cual él desea pasar la eternidad. Él está tratando de atraerte cada vez más a sí mismo.

Señor Dios, tengo necesidades para presentártelas hoy, pero más que tu provisión quiero buscar tu rostro. Señor Dios, atráeme más cerca de ti hoy. Amén.

Muchas de las demoras de Dios en satisfacer nuestras necesidades tienen el propósito de llevarnos a un lugar donde estemos dispuesto a volvernos a Dios, confiar en Dios, pedir a Dios y depender de Dios. Su propósito es enseñarnos lo que significa estar en compañerismo con él y caminar cerca de él día tras día.

—CHARLE STANLEY

27 DE MARZO

LA ORACIÓN DIARIA POR LAS NECESIDADES DIARIAS

El Señor te guió a través del vasto y horrible desierto, esa
tierra reseca y sedienta, llena de serpientes venenosas
y escorpiones; te dio el agua que hizo brotar de la
más dura roca; en el desierto te alimentó con maná,
comida que jamás conocieron tus antepasados.

DEUTERONOMIO 8:15-16

Las verdaderas oraciones nacen de las pruebas presentes y de las necesidades presentes. El pan para hoy es suficiente. El pan que se nos da hoy es la promesa más fuerte de que mañana habrá pan. La victoria de hoy es la seguridad de la victoria de mañana. Nuestras oraciones necesitan enfocarse en el presente. Debemos confiar en Dios hoy y dejar el mañana enteramente con él. El presente es nuestro, el futuro pertenece a Dios. La oración es la tarea y el deber de cada nuevo día, la oración diaria para las necesidades diarias …

El maná de hoy es lo que necesitamos; mañana Dios se ocupará de suplir nuestras necesidades. Esta es la fe que Dios trata de inspirar.

—E.M. BOUNDS

*Señor, mientras oro, te pido por un fortalecimiento
diario de mi fe. Gracias por satisfacer cada una
de mis necesidades, un día a la vez. Amén.*

LA MENTE SOLO EN DIOS

Me buscarán y me encontrarán, cuando
me busquen de todo corazón.

JEREMÍAS 29:13

Dios no es uno entre muchos. Cuando oramos no estamos cubriendo nuestras bases. La oración no es una manera de probar un último recurso de ayuda potencial. Es comprensible que queramos explorar todas las opciones: escribimos cartas, hacemos llamadas telefónicas, visitamos, arreglamos entrevistas. No sabemos quién nos pueda ser útil en cualquier tiempo. Por supuesto cultivamos a Dios. Pero no en oración. Procuramos hacerlo, pero no funciona. La oración es exclusiva. La oración es central ... No podemos orar con un ojo puesto en la oportunidad terrenal principal y con el otro dándole solo un vistazo a Dios. La oración adiestra al alma a la exclusividad del foco: *solo* Dios.

> *Señor Dios, confieso que algunas veces te pido ayuda y luego comienzo a pensar qué haré si tú no me la dieras. Dios, te pido que tú desarrolles en mí una dependencia en ti, que pueda buscarte primero y solo a ti. Amén.*

—EUGENE H. PETERSON, tomado de *Where Your Treasure Is*

29 DE MARZO

SORPRESAS CONSTANTES

Toda la plenitud de la divinidad habita
en forma corporal en Cristo.
COLOSENSES 2:9

El segundo milagro más grande, después de Cristo, es lo que le ocurre a una persona que llega a conocer personalmente a Cristo. Cuando entregamos nuestras vidas a él y lo invitamos a vivir en nosotros, nuestros días se llenan con una constante sucesión de sorpresas. Él es Señor de toda la vida, tiene un poder ilimitado y puede arreglar los hechos y circunstancias para bendecirnos. Nuestra única tarea es someter a él nuestras necesidades y dejarle el resultado.

Cristo no usa la palabra «milagro». Él habló acerca de «las obras de Dios». A dondequiera que él fue, él hizo «obras» que desafiaron tanto lo esperado como lo anticipado. La razón era el poder de Dios, la «plenitud de la Deidad en forma corporal» (Colosenses 2:9).

¿Dónde necesitas un milagro que te parece imposible? ¡Persiste! No te rindas. A todo costo hazte camino hacia el Maestro. Dile tu necesidad, y luego déjala con él. Aún mayor que el milagro que buscas será el milagro que tú llegarás a ser al buscarlo, tocarlo y experimentar su amor que no tiene igual.

—LLOYD JOHN OGILVIE

Señor, tú eres asombroso. Tus obras son poderosas y asombrosas.
Te adoro por lo que eres: un Dios obrador de milagros. Amén.

ANTES DE QUE COMIENCE EL DÍA

> Muy de madrugada, cuando todavía estaba
> oscuro, Jesús se levantó, salió de la casa y se fue
> a un lugar solitario, donde se puso a orar.
>
> MARCOS 1:35

Personalmente encuentro muy práctico comenzar cada día entregándolo silenciosamente en las manos de Dios. Le doy gracias porque le pertenezco, y le doy gracias porque él sabe lo que ese día me tiene deparado. Le pido que tome mi vida en ese día y la use para su gloria. Le pido que me limpie de cualquier cosa que estorbe su obra en mi vida. Y luego yo salgo con fe, sabiendo que su Espíritu Santo me está llenando continuamente mientras que yo confío en él y obedezco su Palabra.

Señor, ahora mismo vengo a ti y a ti te entrego mi día. Te ruego que me guíes a través del día de hoy, enseñándome lo que quieras enseñarme y usándome para mostrar tu gracia a otros. Amén.

—BILLY GRAHAM

CONFIANZA EN MEDIO DE LA CRISIS

—Hombres de poca fe —les contestó—,
¿por qué tienen tanto miedo?

MATEO 8:26

Padre celestial, es en tiempos de crisis que muestro mi verdadera creencia en ti. Ayúdame a tener fe en ti, no importan las circunstancias en que me encuentre. Amén.

Cuando tenemos temor, lo menos que podemos hacer es orar a Dios ... Sin embargo, hasta cierto punto nuestra confianza está puesta solo en Dios, luego regresamos a las oraciones elementales golpeadas por el pánico de aquellas gentes que ni siquiera conocen a Dios. Llegamos al extremo de nuestra comprensión mostrando que no tenemos ni la más ligera cantidad de confianza en él o en su control soberano del mundo. Para nosotros él parece estar dormido, y no podemos ver nada sino las olas gigantescas rompiéndose en el mar que tenemos frente a nosotros ...

Y qué dolor tan agudo nos atraviesa cuando de repente nos damos cuenta que pudimos haber producido en el corazón de Jesús un gozo completo y absoluto con solo haber permanecido confiando en él completamente, a pesar de lo que estábamos enfrentando ...

Cuando surge la crisis es que revelamos instantáneamente en quién dependemos. Si hemos estado aprendiendo a adorar a Dios y a colocar nuestra confianza en él, la crisis revelará que podemos ir al punto de quebrantamiento, aunque sin romper nuestra confianza en él.

—OSWALD CHAMBERS

¡DIOS TIENE UN PLAN!

Cuando Jesús alzó la vista y vio una gran multitud
que venía hacia él, le dijo a Felipe:
—¿Dónde vamos a comprar pan para que coma
esta gente? Esto lo dijo sólo para ponerlo a prueba,
porque él ya sabía lo que iba a hacer.

JUAN 6:5-6

En esta misma hora puedes enfrentarte a una tremenda necesidad, y
Cristo permanece a tu lado mirándola y preguntándote acerca de ella.
En efecto, él dice: «¿Cómo vas a enfrentarla?» Él te está escudriñan-
do ... vigilando con una tierna y bondadosa simpatía. ¡Cuántos de
nosotros hemos fallado en la prueba! Hemos sacado nuestro lápiz y
nuestro papel y hemos comenzado a calcular los doscientos peniques
de pan; o hemos corrido acá y acullá a los amigos fuertes y acauda-
lados para que nos libren, o nos hemos sentado con una depresión
absoluta; o hemos murmurado contra él por traernos a tal posición.
¿No nos debíamos haber vuelto hacia Cristo con un rostro alegre y
diciendo: «*¡Tú tienes un plan! Tuya es la responsabilidad y tú debes decirme
lo que tengo que hacer. He llegado muy lejos en el sendero de la obediencia
a tu Espíritu Guiador; y ahora, ¿Qué vas a hacer?*»

—C.G. MOORE

*Padre celestial, hoy tengo una necesidad. Ayúdame a confiar
en que tú ya tienes un plan para satisfacer mi necesidad, y que
tú tienes todo bajo control. Yo deposito mi fe en ti. Amén*

UNA OPORTUNIDAD
PARA BENDECIR

Ellos objetaron:
—No tenemos aquí más que cinco panes y dos pescados.
—Tráiganmelos acá —les dijo Jesús.

MATEO 14:17-18

Señor, traigo mis necesidades a ti, el Gran Proveedor para la necesidad. Te doy la oportunidad de obrar en mi vida. Gracias por tu provisión y tu cuidado. Amén.

¿En este momento estás rodeado de necesidades y casi sobrecogido por causa de las dificultades, pruebas y emergencias? Todas estas son las vasijas que divinamente provee el Espíritu Santo para que se llenen y si tú comprendiste correctamente su significado, estas pudieran convertirse en oportunidades para recibir bendiciones y liberaciones nuevas que no puedes conseguir de ninguna otra forma.

Trae esas vasijas a Dios. Manténlas continuamente ante él con fe y oración. Quédate tranquilo y haz que tu propia intranquilidad deje de obrar hasta que él comience a hacerlo. No hagas nada que él no te haya mandado a hacer. Dale la oportunidad de obrar, y él lo hará con seguridad; y las mismas pruebas que amenazaban con sobrecogerte con el desaliento y el desastre, llegarán a ser la oportunidad de Dios para revelar su gracia y gloria en tu vida, y conocerlo como nunca antes tú lo conociste a él.

—A.B. SIMPSON

MI GRACIA ES SUFICIENTE

Tres veces le rogué al Señor que me la quitara; pero
él me dijo: «Te basta con mi gracia, pues mi poder se
perfecciona en la debilidad.» Por lo tanto, gustosamente
haré más bien alarde de mis debilidades, para que
permanezca sobre mí el poder de Cristo.

2 CORINTIOS 12:8-9

Si tienes alguna prueba que parece intolerable, ora, ruega que te sea
quitada o cambiada. No hay daño en eso. Podemos orar por cualquier cosa, que no sea mala en sí misma, con perfecta libertad, si no
oramos egoístamente. Si una persona no puede cumplir con su deber
por causa de una enfermedad, puede orar pidiendo salud de manera
que pueda hacer su trabajo; o si uno está rodeado de impedimentos
internos puede orar pidiendo liberación, pidiendo servir mejor a la
verdad y a lo recto. O si tenemos un pecado que nos acosa, podemos
orar para que se nos libre de él, para servir a Dios y a los hombres y
no ser nosotros diablos para engañar y destruir. Pero la respuesta a
la oración puede ser, como fue para Pablo, no quitar la espina, sino
en su lugar, una idea cada vez más clara de su significado y valor. La
voz de Dios en nuestra alma puede mostrarnos, cuando miramos a
él, que su fortaleza nos capacita para que podamos soportarla.

—J.F. CLARK

*Señor, te pido que me concedas tu perspectiva acerca de
mis pruebas. Te ruego que cada día tu propósito se cumpla
en mi vida, a través de cada circunstancia. Amén.*

ORACIÓN Y PACIENCIA

Hermanos míos, tened por sumo gozo cuando
os halléis en diversas pruebas, sabiendo que la
prueba de vuestra fe produce paciencia.

SANTIAGO 1:2-3 (RVR)

*Señor Dios, aun
en medio de las
frustraciones y molestias
diarias, sé que tú
estás en el proceso de
moldearme. Señor, hoy
te entrego mi corazón
y te pido tu paciencia
perfecta en mí. Amén.*

Los muchos problemas en tu casa propenden a tu edificación, si luchas por llevarlos todos con amabilidad, paciencia y bondad. Siempre mantén esto ante ti, y recuerda constantemente que los ojos amorosos de Dios están sobre ti en medio de todos estas pequeñas preocupaciones y molestias, vigilando si tú las tomas como él desea. Ofrécele tales ocasiones a él, y si algunas veces estás fuera de ti y das lugar a la impaciencia, no te desalientes, sino trata de rápidamente recobrar tu compostura perdida.

—FRANCISCO DE SALES

DEJAR IR

No se inquieten por nada; más bien, en toda ocasión, con
oración y ruego, presenten sus peticiones a Dios y denle
gracias. Y la paz de Dios, que sobrepasa todo entendimiento,
cuidará sus corazones y sus pensamientos en Cristo Jesús.

FILIPENSES 4:6-7

Una vez que hayas orado, deja ir
tus preocupaciones. Esto no significa que no puedas orar acerca
de lo mismo otra vez, sino que
una vez que hayas finalizado una
oración, entrega el problema en
sus manos de modo que puedas
descansar y estar en paz. No te
preocupes acerca de si él te oyó o
si lo hiciste bien. Confía en que él

*Señor, tú eres mi
sanador y mi consolador.
Te traigo todas mis
preocupaciones y
las deposito a tus
pies. Amén.*

se encargará de eso. Aprende a *asociarte* con Dios. «El SEÑOR recorre
con su mirada toda la tierra, y está listo para ayudar a quienes le son
fieles» (2 Crónicas 16:9). Si solo te asocias con Dios, verás más poder
en tus oraciones cuando te asocias con otros.

—STORMIE OMARTIAN, tomado de *El poder de orar juntos*

NUESTRA AYUDA SIEMPRE PRESENTE

Dios es nuestro amparo y nuestra fortaleza, nuestra
ayuda segura en momentos de angustia.

SALMO 46:1

*Señor Dios, gracias
otra vez porque tú oyes
mis oraciones. Gracias
por el favor inmerecido
que tú has derramado
en mí al llamarme tu
hijo. Te doy gracias
por el gozo de tenerte
como mi Padre. Amén.*

Nuestro Padre celestial está disponible para nosotros en todas las ocasiones. Él nunca está demasiado ocupado para oír nuestras oraciones. Nunca está tan preocupado con otros asuntos que llegue al punto de rechazar nuestra presencia. Por el contrario, él se deleita en tener una íntima y cercana comunión con nosotros. Cada vez que estamos dispuestos a pasar un tiempo con él, él está dispuesto a pasarlo con nosotros ...

No importa cómo te sientas. No importa si otros te han rechazado. No importa lo herido o solo que te sientas, *siempre* tienes al Señor. Él es todo suficiente.

—CHARLES STANLEY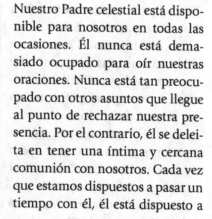

Esperanza en Él

Consciente de esto, Jesús se retiró de aquel lugar. Muchos
lo siguieron, y él sanó a todos los enfermos,
MATEO 12:15

¡Qué variedad de enfermedades deben haberse presentado a la mirada de Jesús! Pero no leemos que él se disgustara sino que con mucha paciencia atendió cada caso. ¡Qué combinación de males debe haber encontrado a sus pies! ¡Cuántas úlceras asquerosas y llagas putrefactas! Él estaba listo para cada nueva forma del monstruo del mal y fue vencedor sobre él en cada una de sus formas ... Ese sigue siendo el caso en el día de hoy. Cualquiera que pueda ser mi propia condición, el Médico amado puede sanarme; y cualquiera que pueda ser el estado de otros a quienes pueda recordar en oración en este momento, puedo tener esperanza en Jesús que él será capaz de sanarles de sus pecados. Mi hijo, mi amigo, aquel a quien amo, puedo tener esperanza para cada uno, para todos, cuando recuerdo el poder sanador de mi Señor; y de mi parte, a pesar de mis luchas severas con el pecado y las enfermedades, puedo aún regocijarme y tener confianza. Él, quien en la tierra caminaba los hospitales, todavía dispensa su gracia y obra maravillas entre los hijos de los hombres: Permítaseme ir a él inmediata y fervientemente.

—CHARLES SPURGEON

*Jesús. Tú eres tan Sanador hoy como lo fuiste hace 2000
años. Espero en tu amor y poder para sanarme a mí y
a todos los amados que confío a tu cuidado. Amén.*

8 DE ABRIL

SU MISIÓN

Así que toda la gente procuraba tocarlo, porque
de él salía poder que sanaba a todos.
LUCAS 6:19

¿No estuvo él siempre listo para sanar las enfermedades de los cuerpos durante su estadía en esta tierra? ¿Y piensas que ahora él no desea ministrar a las almas afligidas? Que perezca ese pensamiento. Él siempre estuvo a la disposición del lisiado, el ciego, el paralítico, sí, también del leproso repulsivo. Siempre estuvo preparado, sin quejarse, para aliviar el sufrimiento, aunque le costara algo, «porque de él salía poder» (Lucas 6:19), a pesar de que aquellos que eran sus amigos expresaban mucha incredulidad. Fue parte de su misión sanar a los enfermos, como también es ahora parte de su ministerio vendar a los quebrantados de corazón. ¡Qué Salvador es el nuestro! El Dios todopoderoso, el Hombre todo ternura. El que está infinitamente encima de nosotros en su naturaleza original y en su gloria actual. Y, sin embargo, él es el que se convirtió en carne y sangre, vivió en el mismo plano que nosotros, experimentó las mismas dificultades y sufrió como nosotros, aunque infinitamente con más severidad. Entonces, ¡cuán capacitado está él para suplir cada una de tus necesidades! Deposita en él todas tus cargas sabiendo que él tiene cuidado de ti.

—ARTHUR W. PINK

¡Qué Salvador tan asombroso eres tú, Jesús! Estás listo
para sanar y salvar. Deposito en ti todas mis cargas,
porque sé cuánto tú te interesas en mí. Amén.

VIVIMOS

Movido a compasión, Jesús extendió la
mano y tocó al hombre, diciéndole:
—Sí quiero. ¡Queda limpio!
Al instante se le quitó la lepra y quedó sano.

MARCOS 1:41-42

Es digno de notar con devoción que Cristo tocó al leproso. Esta persona impura había roto las regulaciones de la ley ceremonial y había entrado a la casa, pero Jesús, muy lejos de reprenderlo, traspasó la ley para encontrarse con él. Hizo un intercambio con el leproso porque mientras él lo limpiaba, contraía una contaminación levítica por haberlo tocado. De esa forma Cristo se hizo pecado por nosotros, aunque él nunca conoció pecado, para que nosotros pudiéramos ser hechos justicia de Dios en él. Ojalá que los pobres pecadores pudieran ir a Jesús, creyendo en el poder de su bendita obra de sustitución, y que pronto pudieran aprender el poder de su toque de gracia. Esa mano que multiplicó los panes, que salvó a Pedro cuando se hundía, que sostiene a los santos afligidos, que corona a los creyentes, esa misma mano tocará a cada pecador que le busca y en un momento lo hará limpio. El amor de Jesús es la fuente de la salvación. Él nos ama, nos mira, nos toca, NOSOTROS VIVIMOS.

Jesús, tú no conociste pecado, te hiciste pecado por mí. Tomaste todas mis enfermedades y dolencias en la cruz. Tú eres mi salvación, Señor y mi misma vida. Amén.

—CHARLES SPURGEON

ÉL ESTÁ ALLÍ PARA TI

Un día, mientras enseñaba, estaban sentados allí algunos
fariseos y maestros de la ley … Entonces llegaron unos
hombres que llevaban en una camilla a un paralítico.
Procuraron entrar para ponerlo delante de Jesús.

LUCAS 5:17, 19

> *Señor, qué pensamiento
> asombroso: ¡Tú estás
> allí para mí! Tú oyes
> mis oraciones y me
> contestas cuando yo te
> necesito más. Amén.*

Con el don especial de la imaginación, aproxímate a la multitud que rodea a Jesús. Anhelas abrirte paso hacia él para interceder por alguien a quien amas. Ahora ves que la multitud se abre paso y hay un corredor abierto, hecho para ti, directamente al Señor. Él está allí para ti. Ahora estás ante él cara a cara, corazón a corazón. Él está esperando que le pidas aquello que está dispuesto a darte. Cuéntale acerca de la persona o personas que te preocupan en tu corazón. Luego espera por su respuesta. En este mismo momento en que oraste, dice Jesús, mi poder salió hacia la persona por la cual intercediste. Mi voluntad será hecha, en mi tiempo y de acuerdo con mi plan y para la bendición ahora y para siempre de tu ser amado. Tú y yo ahora somos de un mismo corazón. Ambos amamos y tenemos cuidado. Ahora ve por tu camino con fidelidad.

—LLOYD JOHN OGILVIE

LISTO PARA AYUDAR

En ese mismo momento Jesús sanó a muchos
que tenían enfermedades, dolencias y espíritus
malignos, y les dio la vista a muchos ciegos.

LUCAS 7:21

Esta doctrina es un gran estímulo para que miren a Cristo todas las personas que están en dificultades y aflicciones de distintas clases, especialmente al considerar lo que él hizo por aquellos necesitados cuando estuvo aquí en la tierra. En la historia de Cristo tenemos el relato de un gran número de personas bajo una gran variedad de aflicciones y dificultades que recurrieron a él para buscar ayuda. Y no tenemos noticia de que él rechazara una persona que viniera amigablemente buscando ayuda, bajo cualquier dificultad. Por el contrario, la historia de su vida está llena principalmente con los milagros que obró para el alivio de tales personas ... Y él ayudó a las personas completamente, librándolas de las dificultades bajo las cuales laboraban. Y por la doctrina del texto aprendemos que aunque ahora él no está en la tierra, sino en el cielo, aun así es el mismo que antes fue. Es capaz de ayudar y está listo para ayudar bajo toda clase de dificultad.

—JONATHAN EDWARDS

Señor, tú estás listo para ayudar, esperando que me vuelva a ti. No importa cuál sea mi problema o dificultad, tú tienes la respuesta. Me vuelvo a ti para todo lo que necesito. Amén.

LA ORACIÓN CENTRADA EN DIOS

A ti clamo, Señor, roca mía.

SALMO 28:1

Los Salmos no lo oraron personas que trataban de comprenderse a sí mismas. No son el registro de personas que estaban buscando el significado de la vida. Fueron oraciones de personas que comprendieron que Dios tenía que ver con ellos en todo. Dios, no sus sentimientos, era el centro. Dios, no sus almas, era el asunto. Dios, no el significado de la vida, era lo crítico.

Los sentimientos, las almas y los significados no se excluyeron, eran muy evidentes, pero no eran la razón para las oraciones. Las experiencias humanas pueden provocar las oraciones, pero estas nos las condiciona *como* oraciones.

—EUGENE H. PETERSON, tomado de *Answering God*

 Padre, en este peregrinaje de oración algunas veces hago cosas que son más acerca de mí que de ti. Corrige mi visión, Señor, y ayúdame a ver mi vida como centrada alrededor de ti. Amén.

PON TUS OJOS EN ÉL

Jesús se puso en camino y las multitudes lo apretujaban.

LUCAS 8:42

Jesús pasa en medio de la multitud al dirigirse a la casa de Jairo para resucitar a la hija del gobernante. Es tan desmesurado en su bondad que obra otro milagro en su camino hasta allá ... ¡Qué estímulo tan deleitoso nos ofrece esta verdad! Si nuestro Señor está tan dispuesto a sanar al enfermo y a bendecir al necesitado, entonces, alma mía, no tardes en ponerte en su sendero

Señor, yo «armo mi tienda» en tu presencia, esperando por tu toque sanador. Te llamo mientras estás cercano. Gracias por oír mi oración. Amén.

para que él pueda sonreírte. No seas perezosa en pedir, ya que él es tan generoso en dar. Atiende con cuidado su Palabra ahora y en todo tiempo, de modo que Jesús te pueda hablar por medio de ella a tu corazón. Arma tu tienda donde él esté para que puedas obtener su bendición. Cuando él está presente para sanar, ¿no te sanará? Puedes estar seguros de que él está presente incluso ahora, porque él siempre viene a los corazones que lo necesitan. Y, ¿tú no lo necesitas? Él sabe la extensión de tu necesidad; así que vuelve tu mirada, mira tu aflicción y llámalo en tanto que está cercano.

—CHARLES H. SPURGEON

ORACIONES DE FE

De hecho, todo lo que se escribió en el pasado se escribió
para enseñarnos, a fin de que, alentados por las Escrituras,
perseveremos en mantener nuestra esperanza.

ROMANOS 15:4

¿Basaste tu fe ...

en lo que alguien te ha dicho que Dios quiere hacer por ti?

o en lo que has visto que él ha hecho por otra persona?

o en lo que piensas que es justo y amable?

o en lo que piensas que es el mejor interés de aquellos involucrados?

o en la recomendación del médico para el tratamiento?

Tú y yo debemos orar con fe, o nuestras oraciones no serán agradables a Dios. Si al orar tu fe se basa en *cualquier otra cosa* que no sea la fe en la promesa específica que Dios te ha dado en su Palabra, entonces tu oración tiene una base temblorosa. Así que pide a Dios que te dé una promesa de su Palabra sobre la cual puedas orar con fe.

—ANNE GRAHAM LOTZ, tomado de *Why?*

Señor, quiero que mi vida sea una historia de tu bondad,
amor y poder. Hoy te pido que te reveles en mí, que mi fe se
fortalezca y que yo pueda conocer mejor tu carácter. Amén.

SIN RESERVAS

Al llegar a su tierra, comenzó a enseñar a la gente en la
sinagoga ... Y se escandalizaban a causa de él ... Y por la
incredulidad de ellos, no hizo allí muchos milagros.

MATEO 13:54, 57-58

Cuando Jesús estaba en Nazaret
tenía el mismo poder para sanar,
para cambiar la dirección de las vidas de los hombres, para enseñar,
para obrar milagros, que el que había demostrado en otros pueblos
en los cuales él pasó temporadas.
Pero las gentes en su pueblo natal
tenían tanta indiferencia, escep-
ticismo, incredulidad, que él no
pudo hacer obras poderosas.

*Señor Jesús, vengo a ti
sin reservas. Creo que
tú eres capaz de hacer
obras poderosas en mi
vida cuando pongo mi
confianza y fe en ti.
Coopero completamente
con tu voluntad en
mi vida. Amén.*

Parece razonable suponer que Dios
tiene el mismo poder para contestar la oración en nuestras vidas como
lo tuvo para contestarla en las vidas de muchísimos otros. Pero nosotros tenemos el poder de hacer que su poder no tenga efecto. Si oramos con reservas mentales ponemos una pared de piedra entre el que
ora y Dios. Si oramos por un proyecto que no apoyamos con nuestro
dinero, si oramos por personas con las cuales no estamos dispuestas a
comer o trabajar, estamos haciendo oraciones que derrotan las obras
poderosas de Dios. Es inconcebible pensar en dejar de cooperar con
el médico o el abogado después de pagarles para que nos ayuden, sin
embargo, cuando tratamos con el todopoderoso Dios, andamos con
reservas mentales.

—MARGUERITTE HARMON BRO

EL CAMINO ESTÁ ABIERTO

Cuando estaba por entrar en un pueblo, salieron a su
encuentro diez hombres enfermos de lepra. Como
se habían quedado a cierta distancia, gritaron:
—¡Jesús, Maestro, ten compasión de nosotros!
Al verlos, les dijo:
—Vayan a presentarse a los sacerdotes. Resultó que,
mientras iban de camino, quedaron limpios.

LUCAS 17:12-14

*Señor, me alcanzaste cuando
nadie más pudo hacerlo.
Tengo fe en ti, que tú
satisfarás cada una de mis
necesidades. Espero tu voz y
confío en que harás una obra
poderosa a mi favor. Amén.*

La lepra es una enfermedad devastadora. Destruye las células, desprendiendo las extremidades …

Pero en los tiempos bíblicos la consecuencia más terrible para los leprosos quizá fue el aislamiento porque la lepra es contagiosa. Vivían en cuevas, apiñados, envueltos en harapos, privados de toda sociedad excepto la de los leprosos.

No es de asombrarse que Jesús se compadeciera de los diez leprosos. No es de maravillarse que él contestara su oración …

De alguna manera todos somos como los leprosos. A veces vivimos con nuestros sentimientos adormecidos por las duras realidades de la vida; a veces sentimos los efectos devastadores de la guerra del enemigo y otras veces nos sentimos amargamente aislados de los demás.

Pero en esta historia el Señor nos mostró que el camino a su sanación está abierto cuando oramos de la manera en que lo hizo el leproso samaritano: con fe para pedir al Señor lo que necesitamos. Fe para escuchar sus instrucciones y seguirlas. Y fe para regresar a él con gratitud en nuestros corazones.

—CLAIRE CLONINGER, tomado de *Dear Abba:
A Ten-Week Journey to the Heart of God.*

¿QUÉ QUIERES?

—¿Qué quieres que haga por ti?
—Señor, quiero ver.

LUCAS 18:41

La pregunta de Jesús deja perpleja a alguna gente. Si en realidad él es el Mesías, entonces, ¿por qué tenía que *preguntar* al hombre lo que necesitaba? ¿Eso no era obvio? No hace falta ser médico para identificar a un mendigo ciego que durante años ha estado arrastrándose por los alrededores buscando limosnas. ¿Por qué Jesús *preguntó* «¿Qué quieres que te haga?»

Señor Jesús, deposito todas mis necesidades ante ti, específica y explícitamente. No temo decirte todas mis preocupaciones, porque sé que tú te interesas y anhelas satisfacer mis necesidades. Yo confío en ti. Amén.

Primero, debemos recordar que a menudo Dios hace preguntas, no para obtener información sino para hacer que admitamos nuestra necesidad ... Segundo, la Biblia hace claro que mientras «para Dios todo es posible» (Marcos 10:27), nos recuerda que no podemos esperar aprovechar su poder para obrar milagros sin la oración explícita ... Así que Jesús se volvió a este hombre ciego y preguntó: «¿Qué quieres que te haga?»

El hombre no esperó para responder. Él sabía su necesidad. Creía que estaba hablando con el prometido Mesías de Israel desde hacía tanto tiempo. Y entonces dijo con sencillez: «Señor, que reciba mi vista» ... ¡Ojalá que podamos tener la perspicacia espiritual del hombre conocido *anteriormente* como el mendigo ciego de Jericó!

—GREG LAURIE, tomado de *Discipleship: The Next Step in Following Jesus*

NINGUNA ORACIÓN SE PIERDE

La oración de fe sanará al enfermo y el Señor lo
levantará. Y si ha pecado, su pecado se le perdonará.

SANTIAGO 5:15

*Señor, ayúdame a
confiar en ti, aunque
mis oraciones no tengan
los resultados que busco.
Ayúdame a recordar que
el verdadero propósito de
la oración es llevarme
más cerca de ti. Amén.*

Las Escrituras nos dicen que «la oración de fe salvará al enfermo» (Santiago 5:15). Sin embargo, no hay duda alguna de que todos nosotros podemos recordar las veces, las muchas veces, que hemos orado por una sanidad que nunca ocurrió … ¿Significa eso que Dios no estaba escuchando? ¿Que tu fe era demasiado débil? ¿O que tus oraciones no fueron lo suficientemente fervientes? Yo pienso que no, pero también pienso que es infructuoso tratar de encontrar una respuesta al por qué algunas personas se sanan y otras no.

Mucho de lo que pasa en nuestro peregrinaje terrenal permanecerá siendo un misterio hasta que obtengamos la vida resucitada …

No pienso que jamás podamos decir que la oración se desperdició. Aunque la oración no cambie una situación ni nos dé el milagro que queremos, *la oración nos cambia.* Por medio de la oración encontramos recursos y fuerzas interiores que no sabíamos que teníamos. Por medio de la oración ya no enfrentamos solos nuestros temores y dolores: Dios está a nuestro lado, renovando nuestro espíritu, restaurando nuestra alma y ayudándonos a llevar la carga cuando esta se vuelve muy pesada para que la llevemos solos.

—RON DELBENE CON MARY Y HERB MONTGOMERY,
tomado de *The Breath of Life: A Simply Way to Pray*

MENTES SANADAS

Un día le llevaron un endemoniado que estaba ciego y
mudo, y Jesús lo sanó, de modo que pudo ver y hablar.
MATEO 12:22

Para aquellos que vieron las manifestaciones exteriores de un epilép-
tico o algún desorden mental que hace a un hombre violentamente
destructivo, no era antinatural pensar que estaba poseyendo o siendo
poseído por un «diablo». Efectivamente, aquellos de nosotros que hemos estado alguna vez en la presencia de un loco y mirado a sus ojos
podemos con facilidad estar de acuerdo en que algún poder maligno
parece estar poseyendo al paciente. Parece que en muchos casos Jesús
llegaba al centro de la tormenta de la perturbación y la resolvía con
un amor autoritativo. Aún no sabemos hasta dónde la mente afecta
al cuerpo (o el cuerpo a la mente) o cuán lejos cada uno de ellos está
influenciado por algún poder espiritual, como por la oración de intercesión, por ejemplo. Sabemos con bastante exactitud cómo «curar»
ciertas enfermedades, pero lo que realmente estamos haciendo es
quitando los obstáculos que están impidiendo la habilidad natural
de sanarse a sí mismo que poseen tanto el cuerpo humano como la
mente. En lo más mínimo me parece irrazonable que un hombre de
poder espiritual concentrado pueda ser capaz de quitar estos obstáculos instantáneamente.

—J.B. PHILLIPS

Padre celestial, gracias por tu poder sanador que has
colocado tanto dentro de mi cuerpo como de mi mente.
Gracias que la oración puede hacer una diferencia y
causar que se efectúe la sanidad genuina. Amén.

JESÚS DA ESPERANZA

[El espíritu maligno] se había apoderado de él muchas veces y, aunque le sujetaban los pies y las manos con cadenas y lo mantenían bajo custodia, rompía las cadenas y el demonio lo arrastraba a lugares solitarios.

LUCAS 8:29

Este individuo peligroso y aterrador provee un cuadro de la meta suprema de Satanás, su «producto terminado». Solo podemos imaginar los pasos que conducen a este estado, pero aquí vemos el «paquete completo», el pecado, Satanás y la muerte trabajando juntos. El poder de Satanás estaba tan entretejido en este hombre que la mayoría de los observadores no podían ver, allá en lo profundo, su alma herida. Cuando lo miraban, solo veían a un maníaco loco y con instintos suicidas, merodeando por las tumbas.

Jesús, gracias por tu poder transformador que puede cambiar mi vida. Traigo todos mis «demonios» ante ti y te pido que me liberes. Amén.

La meta de Satanás era la de destruir a este hombre.

¿Y qué hizo Jesús por el hombre? Lo buscó en el pequeño y espeluznante cementerio y le ofreció esperanzas ...

Todavía Jesús está en el negocio de cambiar a las personas. Me conmueve mirar a algunos cristianos y saber lo diferente que son ahora de lo que fueron una vez ...

Ninguno de nosotros tiene el poder de vencer a Satanás por su propia fuerza. Ni tampoco podemos contar con que la sociedad nos dé la ayuda que necesitamos. Pero si clamamos a Jesús, él puede dar un paso y transformarnos, no importa la clase de «demonios» ni cuántos de ellos puedan atormentarnos.

—GREG LAURIE, tomado de *Discipleship: The Next Step in Following Jesus*

EN EL DESIERTO

Por haber sufrido él mismo la tentación,
puede socorrer a los que son tentados.

HEBREOS 2:18

En la historia de Jesús en el desierto nuestro Señor aprendió a discernir entre la religión que usa a Dios y la espiritualidad que entra dentro de lo que Dios hace, y fue de esa manera que él se preparó para ser nuestro Salvador, no simplemente nuestro ayudador o consejero o el que nos entretiene.

En la historia de David en el desierto vemos a un joven odiado y perseguido como un animal … forzado a decidir entre una vida de blasfemia y una vida de oración, y escogió la oración. Al escoger la oración, él entró en la práctica de la santidad. Una santidad muy terrenal, pero santidad de todas maneras.

—EUGENE H. PETERSON, tomado de *Leap Over a Wall*

*Señor, durante esas épocas en la vida que prueban
mi fe y mi fortaleza, algunas veces me canso y
quiero desistir. Ayúdame a recordar que tú usas los
tiempos de prueba para hacerme santo. Amén.*

EL LUGAR DE LA ORACIÓN

Tuyo es el día, tuya también la noche.
SALMO 74:16

Querido Señor, yo sé que tú estás dondequiera, hasta en las actividades más mundanas de mi día. Padre Dios, más que cualquier otra cosa, yo quiero que mi vida refleje tu presencia. Te ruego que transformes mis momentos «ordinarios» en hechos que hablen de tu gloria. Amén.

La vida de David es la historia de la vida más exuberante en todas las Escrituras, quizá la más exuberante en toda la historia del mundo. También es la historia que se narra con mas extensión en nuestra Biblia. Sabemos más acerca de David que de ninguna otra persona en las comunidades bíblicas de fe ...

La persona en la Biblia cuya historia se contó con más extensión es la misma persona que se muestra haber estado más en oración ...

Fue un pastor, luchador de guerrilla, músico de la corte y político. Toda su vida la vivió de manera sagrada aunque corriente, lo que nosotros erróneamente llamamos secular. El lugar regular de oración es la vida ordinaria.

—EUGENE H. PETERSON

LA ORACIÓN COMO VOCACIÓN

En conclusión, ya sea que coman o beban o hagan
cualquier otra cosa, háganlo todo para la gloria de Dios.

1 CORINTIOS 10:31

Debemos recordar que Jesús empleó la mayor parte de su vida terrenal
en lo que hoy llamaríamos un obrero. No esperó hasta su bautismo
en el Jordán para descubrir a Dios. ¡Lejos de eso! Una y otra vez Jesús
hizo valer la realidad de Dios en la carpintería antes de hablar de la
realidad de Dios en su ministerio como rabí.

Muchos en el día de hoy ven su vocación como un impedimento para
orar … Pero la oración no es otro deber que tengamos que añadir a
un horario ya más que lleno. Al orar lo ordinario, nuestra vocación,
lejos de ser un estorbo, es una ventaja.

¿Cómo es esto? … Nuestra vocación es una ventaja para orar porque
nuestro trabajo *se convierte* en oración. Es la oración en acción. El ar-
tista, el novelista, el cirujano, el plomero, el secretario, el abogado, el
ama de casa, el campesino, el maestro, todos están orando al ofrecer
su trabajo a Dios.

—RICHARD J. FOSTER, tomado de *Finding the Heart's True Home*

*Dios, yo sé que una vida de oración floreciente surgirá de un
amor intenso por ti y un deseo de estar en tu presencia. Te ruego
que me guíes mientras trato de pensar todo el día en tus grandes
misericordias y que me des un amor más grande por ti. Amén.*

PERSEVERA

Una mujer cananea de las inmediaciones salió a su encuentro,
gritando: «¡Señor, Hijo de David, ten compasión de mí!
Mi hija sufre terriblemente por estar endemoniada».

MATEO 15:22

Señor, enséñame a «perseverar» aunque la respuesta a mi oración parezca demorarse. Sé que en tu tiempo tú honrarás mi fe y contestarás mi clamor. Amén.

Al principio parecía que Jesús no estaba atendiendo a su agonía, e ignoraba su clamor por ayuda.

No le dio ni una mirada, ni la oyó, ni le dijo una palabra. Un profundo y frío silencio saludó su grito apasionado. Pero ella no se apartó, ni se descorazonó. Ella perseveró ...

Este último clamor ganó su caso, su hija sanó en la misma hora. Esperanzada, urgente y sin vacilación, se mantuvo cerca del maestro, insistiendo y orando hasta que se le dio la respuesta.

Qué estudio sobre la importunidad, la sinceridad, la persistencia, promovida e impulsada bajo condiciones que hubieran descorazonado a cualquier alma que no hubiera sido heroica y constante ...

La cantidad de fe que va con la oración es la condición para una respuesta. Para probar esto, él demora la respuesta. El orante superficial se hunde en el silencio cuando la respuesta se demora. Pero el hombre de oración persevera y persevera. El Señor reconoce y honra su fe. Y le da una respuesta rica y abundante a su oración de fe evidente e importuna.

—E.M. BOUNDS

FALTA DE ORACIÓN

Ya les rogué a tus discípulos que lo expulsaran, pero no pudieron.

LUCAS 9:40

¿Dónde estaba la dificultad con estos hombres? Habían sido laxos en cultivar su fe por medio de la oración, y como consecuencia, su confianza falló en lo absoluto. Ellos no confiaron ni en Dios ni en Cristo, ni en la autenticidad de su misión o de la suya propia. Desde entonces, esto ha sucedido muchas veces en más de una crisis en la iglesia de Dios. El fallo ha venido por carecer de confianza, o por debilidad en la fe, y esto, a su vez, por carencia de oración. Esta es la misma causa que se encuentra en los fallos de muchos esfuerzos de avivamiento. No se han alimentado con fe y no se han llenado de poder por medio de la oración. La negligencia en la cámara interior da como resultado la mayoría de los fallos espirituales. Y esto es cierto en nuestras luchas personales con el diablo, como en el caso en que queremos echar *fuera* los demonios. Permanecer sobre nuestras rodillas en comunión privada con Dios es la única seguridad que podemos tener de que él estará con nosotros ya sea en nuestras luchas personales como en nuestros esfuerzos por convertir a los pecadores.

—E.M. BOUNDS

> *Señor, cuando no empleo tiempo contigo, falla mi fe.*
> *Quiero ser victorioso en mi vida espiritual, así que*
> *enséñame a pasar tiempo sobre mis rodillas. Amén.*

CONFÍA EN ÉL EN TODO MOMENTO

Éstos confían en sus carros de guerra, aquéllos
confían en sus corceles, pero nosotros confiamos
en el nombre del SEÑOR nuestro Dios.

SALMO 20:7

*Señor Dios, sé que tú
eres bueno. Sé que me
sostienes en tu mano.
Padre, hoy te pido
una mayor confianza
en ti. Amén.*

A veces nuestra comprensión es limitada. Simplemente tenemos que confiar en nuestro Padre celestial para saber mejor. Tenemos que confiar en los silencios de Dios, respetar los misterios de Dios y esperar por las respuestas de Dios.

Cuando oramos por la sanidad de un ser querido, y muere ...

Cuando oramos para librarnos de nuestra carga financiera y vamos a la bancarrota ...

Cuando oramos por la reconciliación, y se nos entregan los papeles de divorcio ...

Cuando oramos por nuestra carrera, y se nos deja cesantes ...

Cuando oramos por protección y nos roban ...

Sencillamente tenemos que confiar en él. Confiar en él.

¡Confiar en él!

—ANNE GRAHAM LOTZ, tomado de *El clamor de mi corazón*

DEBES PEDIR

Pero este género no sale sino con oración y ayuno.

MATEO 17:21 (RVR)

Este maestro divino de oración se presentó a sí mismo para hacer claro y fuerte que Dios contesta la oración con seguridad, certeza e inevitablemente; que es el deber del hijo pedir e insistir, y que el Padre está obligado a contestar, y a dar aquello que se pide. En la enseñanza de Cristo la oración no es la ejecución estéril y vana, ni un mero rito, una forma, sino una petición por una respuesta, una súplica que obtener, la búsqueda de un gran bien de Dios. Es una lección de conseguir aquello que pedimos, de encontrar lo que buscamos y de entrar por la puerta a la que llamamos.

Tenemos una ocasión notable cuando Jesús bajó del Monte de la Transfiguración. Encontró a sus discípulos derrotados, humillados y confundidos en presencia de sus enemigos ...

Su fe no se había cultivado por la oración. Fallaron en orar antes de que fallaran en su habilidad para hacer la obra. Fallaron en la fe porque fallaron en la oración. La única cosa que era necesaria para hacer la obra de Dios era la oración. La obra que Dios nos envía no se puede hacer sin oración.

—E.M. BOUNDS

*Padre celestial, no quiero ser un fracaso en la oración
ni en cualquier otra cosa que tú me pidas que haga.
Divino Maestro, instrúyeme en tu voluntad mientras
paso tiempo contigo en oración. Amén.*

LA MEJOR RESPUESTA

Entonces Jesús le dijo: «Yo soy la resurrección y la vida».
JUAN 11:25

En pie, junto a la tumba de su hermano, María y Marta lamentaban su pérdida. Marta pone en duda el momento que escogió Jesús. Marta dijo: «Si hubieras estado aquí, ¡mi hermano no hubiera muerto!»

Pero Jesús nunca llega tarde. Amablemente le recuerda a Marta su asombroso poder e ilimitado amor. Le dijo: «Yo soy la resurrección y la vida». Luego llamó a Lázaro, el muerto, y le ordenó salir. Y Lázaro lo hizo, todavía envuelto en sus ropas fúnebres.

¿Qué pérdida amenaza con deshacer tu vida? Cuando permaneces entre las tumbas, ¿qué preguntas o demandas tienes para el Señor? Recuerda, Jesús nunca llega tarde. En su infinita comprensión, momento perfecto y profundo interés, él oirá tu clamor, contestará tu oración y traerá vida. En el medio tiempo, manténte descansando en su soberanía y confiando en su amor.

—DAVE VEERMAN, tomado de *How to Apply the Bible*

Jesús, ayúdame a recordar que tú nunca llegas tarde; tus respuestas siempre llegan en el momento oportuno. Confío en ti y creo que aunque la respuesta que busco no ha llegado, todavía tú lo tienes todo bajo tu control. Amén.

ÉL NUNCA LLEGA TARDE

Entonces Jesús le dijo: «Yo soy la resurrección y la vida.
El que cree en mí vivirá, aunque muera; y todo el que
vive y cree en mí no morirá jamás. ¿Crees esto?»

JUAN 11:25-26

Algunas oraciones van seguidas por el silencio porque son erróneas y otras porque son más grandes de lo que podemos comprender. Jesús permaneció donde él estaba: una estancia positiva, porque él amaba a Marta y a María. ¿Haría regresar a Lázaro? Ellas obtuvieron infinitamente más; llegaron a conocer la verdad más grande que los seres humanos jamás habían conocido, que Jesucristo es la resurrección y la vida. Para algunos de nosotros será un momento maravilloso estar ante Dios y encontrar que las oraciones por las que clamamos en los primeros días e imaginamos que nunca fueron contestadas, lo habían sido en la forma más asombrosa, y que el silencio de Dios fue la señal de la respuesta.

Señor, el silencio es la respuesta más difícil que tenemos de ti. Enséñame que aun en tiempos de silencio, tú todavía estás allí. Amén.

—OSWALD CHAMBERS

LA CONCLUSIÓN ERRADA

Pero nosotros abrigábamos la esperanza de que era él quien redimiría a Israel. Es más, ya hace tres días que sucedió todo esto.

LUCAS 24:21

Cada hecho que los discípulos citaron estaba correcto, pero las conclusiones a las que llegaron acerca de los mismos estaban erradas. Cualquier cosa que tenga tan siquiera un indicio de desaliento espiritual siempre es erróneo ... ¿Qué estoy esperando o confiando en que Dios podría hacer? Hoy es el «tercer día» y él todavía no ha hecho lo que yo esperaba. Y, por lo tanto, ¿estoy justificado por estar desalentado y por culpar a Dios? Cada vez que insistimos en que Dios debiera darnos una respuesta a la oración nos salimos de la senda. El propósito de la oración es que nos agarremos de Dios, no de la respuesta ...

Buscamos visiones del cielo y sucesos que conmuevan la tierra para ver el poder de Dios. Hasta el hecho de que estemos desalentados es prueba de que hacemos esto. Pero nunca nos damos cuenta de que durante todo el tiempo Dios está obrando en nuestros sucesos diarios y en las personas que nos rodean. Si solo obedecemos y hacemos la tarea que él ha puesto cerca de nosotros, lo veremos. Una de las revelaciones más asombrosas de Dios llega a nosotros cuando aprendemos que en las cosas cotidianas de la vida es que podemos percibir la magnífica deidad de Jesucristo.

—OSWALD CHAMBERS

Señor, muéstrame cómo te mueves en los sucesos diarios de mi vida, y enséñame a reconocer tu mano amante alrededor de mí. Amén.

EL ESCÉPTICO

—¡Señor mío y Dios mío! —exclamó Tomás.
JUAN 20:28

Tomás también era un escéptico que necesitaba fe. Aun después de que sus mejores amigos regresaran de la tumba vacía y le describieran lo que habían visto, Tomas rehusó creer. . Fue solo cuando Jesús apareció a los discípulos una semana después e invitó a Tomás a tocar sus heridas y satisfacer sus dudas que Tomás encontró la fe que él requería.

El Maestro le dijo: «Pon aquí tu dedo, y mira mis manos; y acerca tu mano, y métela en mi costado; y no seas incrédulo, sino creyente». Y Tomás exclamó, «¡Señor mío y Dios mío!» (Juan 20:24-28).

Señor, algunas veces dudo. Algunas veces encuentro difícil creer en ti. Gracias por oír mi oración honesta y ayudar mi incredulidad. Amén.

La Biblia invita a cualquiera de nosotros que carezca de fe a orar las palabras del padre que dudó: «Creo Señor; ayuda mi incredulidad».

Esta es una oración que Dios se deleita en contestar. La fe es un regalo que él se deleita en dar. Dios sabe de lo que carecemos y sabe lo que necesitamos. No nos hizo como somos, y en nuestro carácter está la materia prima que él usará para hacer de nosotros lo que podemos llegar a ser.

—CLAIRE CLONINGER, tomado de *Dear Abba:*
A Ten-Week Journey to the Heart of God

ORACIONES NUEVAS

Por eso, de la manera que recibieron a Cristo Jesús como
Señor, vivan ahora en él, arraigados y edificados en él,
confirmados en la fe como se les enseñó, y llenos de gratitud.

COLOSENSES 2:6-7

> *Señor, como a veces
> tropiezo en mis
> oraciones, yo sé que tú
> escuchas mi corazón.
> Señor Dios, te ruego que
> hoy escuches mi gratitud.
> Gracias por salvarme y
> cambiar mi vida. Amén.*

Escucha cómo oran los cristianos nuevos. Tú sabes, aquellos que están recién nacidos y gracias a Dios todavía no han aprendido «cómo hacerlo». Ellos le hablan a Dios como a un amigo, usan términos de la calle que cualquiera puede entender, y en ocasiones se ríen o lloran. Eso es bello. Otro indicio que puede añadir una dimensión nueva a tu oración es el uso de la música. Canta a Dios … En ocasiones, nuestra familia emplea unos cuantos minutos antes de la comida diciendo alguna cosa que sucedió ese día, luego el que ora le menciona a Dios dos o tres de esos asuntos. El punto está claro: Guárdate de la palabrería sin significado.

—CHARLES SWINDOLL, tomado de *Afirme sus valores*

VER NO ES CREER

—¡Señor mío y Dios mío! —exclamó Tomás.
—Porque me has visto, has creído —le dijo Jesús—;
dichosos los que no han visto y sin embargo creen.

JUAN 20:28-29

No siempre ver es creer: interpretamos lo que vemos a la luz de lo que creemos. La fe es la confianza en Dios antes de ver a Dios emergiendo, por eso la naturaleza de la fe es que se le debe probar. Decir: «Oh, sí, creo que Dios triunfará», puede ser una creencia embadurnada de fraseología religiosa; pero cuando tú estás pasando por problemas es otra cosa decir: «creo que Dios triunfará en esto». La prueba de nuestra fe nos da una buena cuenta bancaria en los lugares celestiales, y cuando viene la próxima prueba nuestra riqueza allá nos capacita para soportar las dificultades. Si confiamos en Dios más allá de los horizontes terrenales, veremos la mentira en el corazón del temor, y nuestra fe triunfará por medio de cada detalle. Jesús dijo que los hombres debían orar siempre y no «desmayar». «No mires al horizonte inmediato y no tomes los hechos que ves y digas que ellos son la realidad, ellos son la actualidad; la realidad está detrás con Dios».

—OSWALD CHAMBERS

Dios de toda gracia, te agradezco que las pruebas en
mi vida me muestren lo que realmente creo. Ayúdame
a permanecer fuerte en mi fe, no importa qué
circunstancias presente la vida a mi camino. Amén.

Ayuda en tiempos difíciles

El Espíritu mismo intercede por nosotros con gemidos
que no pueden expresarse con palabras.
ROMANOS 8:26

¡Oh, las cargas que queremos cargar y no podemos comprender! ¡Oh, los deseos inarticulados de nuestros corazones por cosas mas allá de los límites que no podemos comprender! Y, sin embargo, sabemos que ellos son un eco del trono y un susurro del corazón de Dios. Y a menudo es una queja más bien que un cántico, una carga, antes que un ala flotante. Pero es una carga bendita, y es un quejido cuyo trasfondo es alabanza y un gozo indecible. Es un gemido «que no se puede articular». No siempre pudiéramos expresarlo por nosotros mismos, y algunas veces no comprendemos más que solo el hecho de que Dios está orando en nosotros por algo que necesita su toque y que él comprende.

Y, por lo tanto, sencillamente podemos derramar la plenitud de nuestro corazón, la carga de nuestro espíritu, la tristeza que nos oprime, y sabemos que él oye, él ama, él comprende. Él recibe y él separa de nuestra oración todo lo que es imperfecto, ignorante y erróneo y presenta el resto, con el incienso del Sumo Sacerdote, ante el trono del altísimo; y nuestra oración es oída, aceptada y contestada en su nombre.

—A.B. SIMPSON

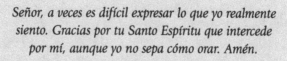

*Señor, a veces es difícil expresar lo que yo realmente
siento. Gracias por tu Santo Espíritu que intercede
por mí, aunque yo no sepa cómo orar. Amén.*

ESPERA Y ORA

[Jesús dijo:] Pidan lo que quieran, y se les concederá.
JUAN 15:7

Debemos darnos cuenta de que solo orando mucho podremos cumplir con nuestro llamamiento para llevar mucho fruto. En Cristo están todos los tesoros que una persona necesita; en él todos los hijos de Dios son bendecidos con todas las bendiciones espirituales; él está lleno de gracia y de verdad. Pero para que esas bendiciones desciendan hace falta la oración, mucha oración, una oración fuerte y creyente …

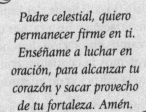

Padre celestial, quiero permanecer firme en ti. Enséñame a luchar en oración, para alcanzar tu corazón y sacar provecho de tu fortaleza. Amén.

Reclamémosla como una de las revelaciones de nuestra maravillosa vida en Cristo. Él nos dice que si pedimos en su nombre, en virtud de nuestra unión con él, se nos dará cualquier cosa que pidamos. Las almas están pereciendo porque hay muy poca oración. Los hijos de Dios están débiles porque hay muy poca oración. La fe de esta promesa nos fortalece para orar; no descansemos hasta que esto haya entrado en lo más profundo de nuestro corazón y nos haya llevado en el poder de Cristo a continuar y trabajar y luchar en oración hasta que la bendición venga con poder.

—ANDREW MURRAY

PERSISTE EN LA ORACIÓN

El fruto del justo es árbol de vida; y el que gana almas es sabio.

PROVERBIOS 11:30 (RVR)

Cada cristiano nacido de nuevo posee una medida del Espíritu de Cristo, lo suficiente del Espíritu Santo para guiarnos a la verdadera consagración e inspirarnos con la fe que es esencial para que prevalezcamos en oración. Entonces, no contristemos ni resistamos, sino aceptemos la comisión, consagrémosnos con todo lo que tenemos para la salvación de nuestro grande y único trabajo en la vida.

Vayamos ante el altar, con todo lo que tenemos y somos, y situémonos allí y persistamos en oración hasta que recibamos la previsión.

Ahora bien, observemos esto, la conversión a Cristo no se debe confundir con la aceptación de su comisión para convertir al mundo. Lo primero es una transacción personal entre el alma y Cristo relacionada con la salvación del alma. Lo segundo es la aceptación del alma del servicio en el cual Cristo propone emplearla. Cristo no nos pide que hagamos ladrillos sin la paja. A quien él da la comisión también le da la admonición y la promesa. Si se acepta la comisión sinceramente, si se cree la promesa, si el consejo de esperar en el Señor hasta que nuestra fortaleza se renueve se cumple, recibiremos la previsión.

—CHARLES G. FINNEY

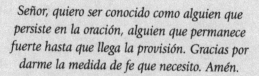

Señor, quiero ser conocido como alguien que persiste en la oración, alguien que permanece fuerte hasta que llega la provisión. Gracias por darme la medida de fe que necesito. Amén.

ENSÉÑANOS A ORAR

«Señor, enséñanos a orar».

LUCAS 11:1

Un día los discípulos le dijeron a Jesucristo: «Señor, enséñanos a orar». Fue el Espíritu Santo quien los inspiró a hacer esta petición. El Espíritu Santo los convenció de su falta de habilidad para orar con sus propias fuerzas, y movió sus corazones para acercarse a Jesús como a su único Maestro que podía enseñarles cómo debían orar. Entonces el Señor les enseñó el Padre nuestro.

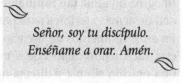

Señor, soy tu discípulo.
Enséñame a orar. Amén.

No hay un cristiano que no esté en el mismo caso de los discípulos … ¡Ah, si solo estuviéramos convencidos de nuestra ignorancia y de nuestra necesidad de un maestro como Jesucristo! ¡Si solo pudiéramos acercarnos a él con confianza, pidiéndole que él mismo nos enseñe y deseando que su gracia nos enseñe cómo conversar con Dios!

Cuán pronto seríamos diestros en ello y cuántos de sus secretos podríamos descubrir. No se nos permita decir que sabemos orar la oración que ellos aprendieron de él. Puede ser que sepamos las palabras, pero sin la gracia no podemos comprender el significado, no podemos pedir ni recibir lo que ella expresa.

—JEAN NICOLAS GROU

En el silencio hay esperanza

«Quédense quietos, reconozcan que yo soy Dios».
SALMO 46:10

Imagina un alma tan íntimamente unida a Dios que no tenga necesidad de actos exteriores para permanecer atenta a la oración interior. En estos momentos de silencio y paz cuando no hace caso de lo que está sucediendo dentro de sí misma, ora y ora excelentemente, con una oración simple y directa que Dios comprenderá perfectamente por la acción de la gracia.

El corazón estará lleno de aspiraciones hacia Dios sin ninguna expresión clara. Si el corazón es el que ora, es evidente que algunas veces y aun continuamente, este puede orar por sí mismo sin la ayuda de las palabras, expresadas o no. Aquí hay algo que pocas personas comprenden. Aunque las oraciones pueden eludir hasta nuestras propias conciencias, estas no escaparán al conocimiento de Dios.

Esta oración, tan vacía de todas las imágenes y percepciones, aparentemente tan pasiva y aun así tan activa, es, hasta donde lo permiten las limitaciones de esta vida, pura adoración en espíritu y en verdad … Esto es lo que se llama la oración de silencio o de quietud o solo de fe.

—JEAN NICOLAS GROU

Padre, con tanta frecuencia se hace difícil sentarse
tranquilo y esperar quietamente por tu respuesta.
Enséñame a estar quieto y a esperar en ti. Amén.

LA NECESIDAD DE SILENCIO

Guarda silencio ante el Señor, y espera en él con paciencia;
SALMO 37:7

El silencio en la oración no es la ausencia de sonido que ocurre cuando no tenemos nada que decir. No es el quedarse sin decir palabra por el bochorno que resulta de la timidez. Es algo positivo, algo productivo. Es estar más interesado en lo que Dios va a decir que en expresarle mi discurso. Es la preferencia de oír la palabra de Dios antes que decir mi palabra …

Señor Dios, sé que la oración verdadera no es acerca de mis palabras, sino la de tener una relación contigo. Hoy yo aquieto mi corazón ante ti. Te ruego que me hables, Señor Dios. Amén.

Hablar en la oración es esencial pero también es parcial. El silencio también es esencial.

—EUGENE H. PETERSON, tomado de *Where Your Treasure Is*

EL DON DE LA ORACIÓN

Depositen en él toda ansiedad, porque él cuida de ustedes.

1 PEDRO 5:7

Señor Jesús, gracias por el privilegio de venir a ti en oración. Gracias por el don de hablar contigo y de recibir tus bendiciones. Señor, te ruego que me des un deseo renovado de pasar tiempo contigo. Amén.

No hay nada como los momentos de reflexión tranquila para estimular el que dejen de colarse las presiones de nuestra sangre, que nuestros corazones regresen a su ritmo, que se detenga el girar de nuestras mentes. Entonces, añade a todo eso los beneficios no expresados de los intercambios cariñosos con nuestro Dios, quien todo lo sabe, lo ve y lo puede. Aquel que señala nuestros días y redime nuestras pérdidas tiene una manera de calmar nuestras ansiedades y aun de sanar nuestras enfermedades …

Jesús hace posible nuestra entrada al Padre. Él sabía que necesitaríamos tiempo en su presencia para salir del remolino y entrar en su compañía consoladora. Es allí, mientras apoyamos nuestras cabezas sobre su pecho, que se nos escucha y se nos comprende profundamente.

—PATSY CLAIRMONT, tomado de *Adventurous Prayer*

ORA LAS ESCRITURAS

Jesús les contó a sus discípulos una parábola para
mostrarles que debían orar siempre, sin desanimarse.

LUCAS 18:1

«Orar las Escrituras» es una manera extraordinaria de tratar con las Escrituras; incluye tanto la lectura como la oración. Ve a las Escrituras, escoge algún pasaje que sea sencillo y bastante práctico. Luego, ve al Señor. Ve quieta y humildemente. Allí, ante él, lee una pequeña porción del pasaje de las Escrituras que tienes abierto.

Sé cuidadoso al leer. Toma lo que estás leyendo en su totalidad, con gentileza y con cuidado. Gústalo y digiérelo mientras lo lees …

Para llegar al Señor por medio de «orar las Escrituras» no leas rápidamente; lee muy despacio. No vayas al próximo pensamiento hasta que te hayas dado cuenta del mismo centro de lo que has leído. Puede que entonces quieras tomar esa porción de las Escrituras que te ha tocado y convertirla en una oración.

Cuando termines tu tiempo con el Señor, te sorprenderás al descubrir que te sientes más atraído hacia él.

—MADAME GUYON

*Padre, gracias por tu Palabra que me trae vida. Enséñame a orar
las Escrituras de modo que pueda acercarme más a ti. Amén.*

PIDE CON ESPERANZA

*Cualquier cosa que ustedes pidan en mi nombre, yo
la haré; así será glorificado el Padre en el Hijo.*

JUAN 14:13

¡Bendito Jesús! Tú eres el que le has abierto a tu pueblo las puertas de la oración. Sin ti ellas debían haber estado cerradas para siempre. Fue el mérito de tu expiación en la tierra el que primero las abrió; es tu obra intercesora en el cielo la que todavía las mantiene abiertas.

Cuán ilimitada es la promesa «¡Cualquier cosa que pidas!» Esta es la garantía que todos los creyentes e incrédulos necesitan. Parece que él nos dice a nosotros sus siervos fieles: «Trae tus peticiones y bajo mi firma, escribe lo que quieras». Y, entonces, más adelante él endosa cada petición con las palabras, «yo lo haré» …

Lector, ¿conoces tú la bendición de confiar a los oídos del Salvador cada necesidad, cada preocupación, cada una de tus tristezas y de tus cruces? Él es el Admirable Consejero. Con tierna simpatía él puede entrar a las profundidades más íntimas de tu necesidad. Esa necesidad puede ser grande, pero los brazos eternos están por debajo de todo.

—JOHN MCDUFF

*Jesús, tú eres mi mayor esperanza, mi Admirable
Consejero, el Único que se interesa por cada una de
mis necesidades. Gracias por tu promesa de que cuando
pido en tu nombre, tú contestas mi oración. Amén.*

ORA DE LO MÁS PROFUNDO DE TU CORAZÓN

A ti, Señor, elevo mi alma; mi Dios, en ti confío.

SALMO 25:1-2

La oración no es solo *pedir*, ni tampoco es *simplemente* un asunto de pedir por lo que queremos. Dios no es un mayordomo cósmico o un arréglalo todo, y el propósito del universo no es cumplir mis deseos y necesidades. Por otro lado, yo oro por lo que me interesa, y mucha gente encontró que la oración es imposible porque ellos pensaron que solo debían orar por las necesidades maravillosas aunque remotas en las cuales ellos tienen muy poco o ningún interés y ni tan siquiera tienen conocimiento de las mismas.

La oración simplemente *muere* por los esfuerzos de orar acerca de «cosas buenas» que honestamente no nos importan. La manera de conseguir oraciones significativas para esas cosas buenas es comenzar a orar por lo que verdaderamente nos interesa. El círculo de nuestros intereses crecerá inevitablemente en la grandeza del amor de Dios.

—DALLAS WILLARD, tomado de *The Divine Conspiracy: Rediscovering Our Hidden Life in God*

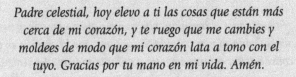

Padre celestial, hoy elevo a ti las cosas que están más cerca de mi corazón, y te ruego que me cambies y moldees de modo que mi corazón lata a tono con el tuyo. Gracias por tu mano en mi vida. Amén.

CÓMO IR A DIOS

El Espíritu del SEÑOR omnipotente está sobre mí.

ISAÍAS 61:1

Con frecuencia [el hermano Lorenzo] discutía conmigo, con toda sinceridad de corazón, concerniente a su manera de ir a Dios, de entrar a su presencia. Para hacerlo así, debe haber una renuncia completa de todo lo que no nos conduzca a Dios y una conversación continua con él, con libertad y sencillez. Reconoceremos que Dios está íntimamente presente con nosotros, importunándonos para que nos dirijamos a él, para que podamos pedir su ayuda para conocer su voluntad en cosas dudosas y para que ejecutemos correctamente las que sencillamente vemos que él demanda de nosotros.

En esta conversación con Dios, nosotros también alabamos, adoramos y lo amamos incesantemente por su infinita bondad y perfección ...

Es una gran ilusión pensar que los tiempos de oración deben diferenciarse de otros tiempos. También es una gran ilusión creer que estamos obligados a adherirnos a Dios por la acción en el tiempo de la acción o por la oración en su momento.

—HERMANO LORENZO

Señor, como el hermano Lorenzo, yo quiero practicar tu presencia cada día en mi vida. Enséñame que la oración es una conversación continua contigo, durante todo el día. Amén.

DEMASIADO OCUPADO PARA ORAR

«No será por la fuerza ni por ningún poder, —sino por mi Espíritu» —dice el SEÑOR Todopoderoso—.

ZACARÍAS 4:6

La oración es una conversación de dos vías; es hablarle a Dios y que Dios nos hable. Como cristiano, tienes un Padre celestial que oye y contesta la oración. Jesús dijo: «Si ustedes creen, recibirán todo lo que pidan en oración». Cada hombre o mujer cuya vida ha contado para la iglesia y para el Reino de Dios ha sido una persona de oración. No puedes permitirte el lujo de estar demasiado ocupado para orar, Un cristiano que no ora es un cristiano sin poder. Jesucristo empleó muchas horas en oración. Algunas veces él pasaba toda la noche en la cima de una montaña en comunión solitaria con Dios, el Padre. Si él sentía que tenía que orar, ¡cuánto más necesitamos orar nosotros!

Señor, sé que para ser efectivo en mi fe, debo pasar tiempo en oración. Señor Dios, te ruego que dirijas mis pensamientos hacia ti durante el día y que enriquezcas mis momentos de oración de modo que conozca tu corazón. Amén.

—BILLY GRAHAM, tomado de *Día tras día con Billy Graham*

EL HÁBITO DE SENTIR A DIOS

La actitud de ustedes debe ser como la de Cristo Jesús.

FILIPENSES 2:5

Padre celestial, quiero vivir en un estado de constante comunión contigo. Me doy completamente a ti y a tu voluntad. Amén.

En muchos libros había encontrado tantos métodos diferentes de ir a Dios, tantas prácticas diferentes de la vida espiritual, que reconocí que tanta instrucción solo me confundía. Dicho de forma sencilla, todo lo que estaba buscando era cómo llegar a ser totalmente de Dios.

Esto me hizo resolver darle mi todo. Así que, después de darme completamente a Dios, es decir, hacer satisfacción por los pecados renunciando a ellos, renuncié a ellos por amor a él, y comencé a vivir como si no hubiera nadie más en el mundo sino él y yo.

Algunas veces me consideraba ante él como un pobre criminal a los pies de su juez; otras veces lo contemplaba en mi corazón como mi Padre, como mi Dios. Lo adoraba tan a menudo como podía, manteniendo mi mente en su santa presencia y recordándolo cada vez que descubría que me estaba alejando de él. No encontré el más mínimo dolor en este ejercicio y aún continúo haciéndolo. Hice de esto mi negocio, tanto durante todo el día como en los tiempos señalados de oración. Saqué de mi mente todo lo que era capaz de interrumpir mis pensamientos de Dios.

—HERMANO LORENZO

QUE DIOS SEA DIOS

Porque el SEÑOR tu Dios está en medio
de ti como guerrero victorioso.
—Se deleitará en ti con gozo, te renovará con
su amor, —se alegrará por ti con cantos.

SOFONÍAS 3:17

Dios se propone exaltarse a sí mismo al obrar por aquellos que esperan en él. La oración es la actividad esencial de esperar por Dios, reconociendo nuestra incapacidad para defendernos y su poder, llamándolo para encontrar ayuda, buscando su consejo. Dado que su propósito en el mundo es ser exaltado por su misericordia, es evidente por qué Dios ordena con tanta frecuencia que se ore. La oración es el antídoto para la enfermedad de la autoconfianza, la cual se opone a la meta de Dios de glorificarse al obrar en favor de aquellos que esperan en él.

Dios no está buscando a personas que trabajen para él, tanto como busca a personas que permitan que él obre a favor de ellas ... El evangelio nos manda a darnos por vencidos y a colgar afuera un anuncio de «se necesita ayuda» (este es el significado básico de la oración). Entonces el evangelio promete que si lo hacemos así, Dios obrará por nosotros. Él no va a entregar la gloria de ser el Dador.

—JOHN PIPER, tomado de *Desiring God*

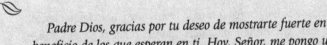

*Padre Dios, gracias por tu deseo de mostrarte fuerte en
beneficio de los que esperan en ti. Hoy, Señor, me pongo una
señal de «se necesita ayuda» y escojo esperar en ti. Amén.*

ESPERA Y ORA

Dispónganse para actuar con inteligencia.
1 PEDRO 1:13

Es riesgoso orar y el peligro es que nuestras mismas oraciones se colocan entre Dios y nosotros. La gran cosa es no orar sino ir directamente a Dios. No hay tal cosa como una clase de oración en la cual no haces absolutamente nada. Si no estás haciendo nada, tú no estás orando.

La oración es el movimiento de confianza, de gratitud, de adoración o de tristeza, que nos coloca ante Dios, viéndolo a él y a nosotros mismos a la luz de su infinita verdad y moviéndonos a pedirle misericordia, fortaleza espiritual, la ayuda material que todos necesitamos.

El hombre [o la mujer] cuya oración es tan pura que nunca pide algo a Dios, no conoce quién es Dios y no se conoce a sí mismo: porque no conoce su propia necesidad de Dios.

Toda oración verdadera de alguna manera confiesa nuestra dependencia absoluta del Señor de la vida y de la muerte. Ella es por lo tanto un contacto vital y profundo con él a quien conocemos no solo como Señor sino como Padre. Cobramos una verdadera existencia cuando oramos de verdad.

—THOMAS MERTON

*Precioso Señor, traigo a ti todo lo que soy y todo lo que tengo.
Soy solo tuyo. Enséñame a depender de ti por completo. Amén.*

EL FIN PRINCIPAL DE LA ORACIÓN

[Jesús oró así:] «Padre, … Glorifica a tu Hijo, para
que tu Hijo te glorifique a ti … Yo te he glorificado
en la tierra … glorifícame en tu presencia.

JUAN 17:1, 4-5

Esta fue la meta de Jesús cuando él estuvo en la tierra: «No busco mi propia gloria: busco la gloria del que me envió». En tales palabras tenemos la clave de su vida …

Hagamos de su propósito el nuestro. Dejemos que la gloria del Padre sea el vínculo entre nuestro pedir y nuestro hacer.

*Padre celestial, en última
instancia es tu gloria
lo que busco. Ayúdame
a poner a un lado mis
propios intereses egoístas
y a enfocarme solamente
en tu voluntad. Amén.*

Las palabras de Jesús vienen en verdad como una espada de dos filos, dividiendo el alma y el espíritu, y discerniendo rápidamente los pensamientos y las intenciones del corazón. En sus oraciones en la tierra, su intercesión en el cielo, y su promesa de contestar nuestras oraciones, la gloria de su Padre es el primer objeto de Jesús. ¿Es este el nuestro también? ¿O son el interés y la voluntad propias los motivos más fuertes que nos urgen a orar? Un anhelo distinto, consciente por la gloria del Padre debe animar nuestras oraciones. Aprendamos a orar bien por amor a la gloria de Dios. Cuando buscamos nuestra propia gloria entre los hombres, haces imposible la fe. Es esencial entregarnos a Dios y anticipar que él mostrará su gloria al oírnos. Solo el que busca la gloria de Dios la verá en la respuesta a su oración.

—ANDREW MURRAY

20 DE MAYO

OREMOS CON TODO NUESTRO SER

Dedíquense a la oración: perseveren en ella con agradecimiento.

COLOSENSES 4:2

Querido Padre celestial, hoy vierto mi corazón ante ti. Hoy te pido que me satures en oración y en tu Espíritu. Amén.

La oración del reino y su eficacia tiene que ver totalmente con mantener lo más íntimo del corazón abierto y honesto delante de Dios. Es un asunto de lo que estamos diciendo con la totalidad de nuestro ser; moverse con una intención resuelta y con claridad de mente dentro de la corriente de la acción de Dios. En el aprendizaje de Jesús esta es una de las cosas más importantes que aprendemos a hacer. Él nos enseña cómo ser en oración lo que somos en la vida y cómo ser en la vida lo que somos en la oración.

—DALLAS WILLARD, tomado de *The Divine Conspiracy: Rediscovering Our Hidden Life in God*

UN CORAZÓN PURO

¿Quién puede subir al monte del SEÑOR? ¿Quién puede estar
en su lugar santo? Sólo el de manos limpias y corazón puro.

SALMO 24:3-4

Si tu deseo y propósito es alcanzar el destino del sendero y el hogar
de la verdadera felicidad, de gracia y gloria por un camino derecho y
seguro, entonces aplica tu mente con seriedad a buscar la pureza constante del corazón, la claridad de la mente y la calma de los sentidos.
Reúne los deseos del corazón y fíjalos continuamente allá arriba, en
el Señor Dios. Para hacerlo así, debes apartarte tanto como puedas
de amigos y de los demás y de las actividades que te estorben para
tal propósito ...

Simplifica tu corazón con todo cuidado, diligencia y esfuerzo, para
que así, tranquilo y en paz, puedas permanecer siempre con el Señor
adentro, como si ya tu mente estuviera en al ahora de la eternidad. De
esta manera serás capaz de comprometerte completa y totalmente con
Dios en todas las dificultades y eventualidades y estar dispuesto a so-
meterte con paciencia a su voluntad y buen placer en todo tiempo.

No puede haber una felicidad mayor que la de colocarse uno totalmente en él quien no carece de nada. Arrójate, todo tú, con confianza
en Dios y él te sustentará, sanará y te hará salvo.

—ALBERTO EL GRANDE

*Señor, oro para que hagas puro mi corazón ante ti. Arrojo
todo mi ser en ti, porque sé que tú me sustentarás. Amén.*

22 DE MAYO

ESPERA EN DIOS

Bueno es esperar calladamente a que el SEÑOR venga a salvarnos.

LAMENTACIONES 3:26

Aquellos que tratan con Dios encontrarán que no es vano confiar en él; porque él es bueno para aquellos que lo hacen. Sus tiernas misericordias están por encima de todas sus obras; todas sus criaturas disfrutan de su bondad. Pero él es particularmente bondadoso con aquellos que esperan en él …

Mientras que esperamos en él por la fe, debemos buscarlo en oración; nuestras almas deben buscarlo, de otro modo no desearemos descubrirlo. Nuestra búsqueda nos ayudará a mantenernos esperando. Dios será cordial con los que esperan y buscan así. Él les mostrará su maravillosa bondad amorosa.

Y, en segundo lugar, quien así lo hace encontrará que esto es bueno para ellos. Es bueno mantener la esperanza y calladamente esperar la salvación del Señor; mantener la esperanza de que esto sucederá mediante las dificultades que están en el camino. Esperar hasta que la salvación venga, aunque sea largamente dilatado, y mientras esperamos, estemos tranquilos y silenciosos, no peleando con Dios, ni inquietándonos.

Si nos ponemos a pensar, «Padre, sea hecha tu voluntad», debemos tener la esperanza de que al final todo terminará bien.

—MATHEW HENRY

Padre celestial, cuando espero con paciencia en ti, aprendo a confiar en ti cada vez más. Sé que tu voluntad es lo mejor para mí, y te ruego que tu voluntad sea hecha en todas las cosas. Amén.

HAY ESPERANZA EN LA ORACIÓN

Ésta es la confianza que tenemos al acercarnos a Dios: que si pedimos conforme a su voluntad, él nos oye.

1 JUAN 5:14

La oración que se contesta es aquella que está de acuerdo con la voluntad de Dios. Y la razón para esto es clara. La voluntad de Dios es lo que Dios desea. Y cuando un hombre hace lo que Dios quiere, está haciendo lo que Dios desea que se haga. Por lo tanto, la voluntad de Dios tiene que hacerse a cualquier costo, a cualquier sacrificio.

Señor, enseña a mi corazón que tu voluntad es lo mejor. Cuando busco mi propio camino, muéstrame las bendiciones que tú tienes para mí cuando oro, «Sea hecha tu voluntad». Amén.

Hay miles de oraciones que nunca se contestan, simplemente porque Dios no las desea contestar. Si oramos por una cosa o cualquier cantidad de cosas que estamos seguros que Dios desea que sucedan, podemos estar seguros que nuestras oraciones serán satisfechas. Porque nuestros deseos solo son la reflexión de los de Dios. Y el deseo en nosotros es casi equivalente a la respuesta. Eso es la respuesta proyectando su sombra por detrás. Ya la cosa está hecha en la mente de Dios. Esta proyecta dos sombras: una por detrás y la otra hacia adelante. La sombra de atrás es el deseo antes de que se realice la petición la cual se vierte en oración. La sombra delantera es el gozo después que la petición se ha hecho y entonces se vierte en alabanza.

—HENRY DRUMOND

CONOCE LA VOLUNTAD DE DIOS

No se amolden al mundo actual, sino sean transformados
mediante la renovación de su mente. Así podrán comprobar
cuál es la voluntad de Dios, buena, agradable y perfecta.

ROMANOS 12:2

Cuando le pido a Dios específicamente que me deje conocer si algo
es bueno o malo para mí, él me da una respuesta. Si no tengo respuesta, entonces supongo que necesito hacer un poquito más de
investigación ... En su oportunidad llegaré a un punto donde *oiré* la
clara respuesta de Dios en mi espíritu: «Sí, esto es algo bueno para
ti», o «No, esto es algo que debes evitar».

Una persona que verdaderamente está buscando al Señor por medio
de la lectura extensa y diaria de la Palabra de Dios y por medio de
la oración y de la comunicación diaria con el Señor, deseando oír la
respuesta de Dios y saber la definición de Dios de la bondad, va a
desear y a pedir a Dios las cosas que son buenas en sus ojos.

—CHARLES STANLEY

*Señor Dios, realmente quiero conocer tu voluntad. Te pido que
tú guíes cada uno de mis pasos y me ayudes a conocer tu corazón
lo suficientemente bien como para discernir tu voluntad. Amén.*

DE ACUERDO CON TU VOLUNTAD

> Por eso, desde el día en que lo supimos no hemos dejado de orar por ustedes. Pedimos que Dios les haga conocer plenamente su voluntad con toda sabiduría y comprensión espiritual,
>
> COLOSENSES 1:9

Cuando oro, en la iglesia o fuera de ella, en mi rincón de oración en el hogar, o en la calle mientras camino arriba y abajo, ruego que se haga la voluntad de Dios y lo pido con especial fervor durante esos momentos frecuentes cuando no soy capaz de discernir la voluntad de Dios. ¿Es este el hombre correcto para la joven que yo amo? O viceversa. ¿Se puede salvar este matrimonio? ¿Se puede salvar esta vida? ¿Debo decir sí o no a esta petición? A menudo yo no lo sé, y entonces me dejo caer sobre la voluntad de Dios.

Señor, miles de veces al día simplemente no sé qué es lo mejor. Hoy me entrego para hacer tu voluntad, y oro que puedas gobernar y reinar en mi vida cada día. Amén.

—MADELEINE L'ENGLE, tomado de *The Rock that is Higher*

RECONOCE LA PRESENCIA DE DIOS

¿Adónde podría huir de tu presencia?

SALMO 139:7

> *Oh, Señor, mientras reconozco tu presencia en mi vida diaria, acércame más a ti. Me entrego durante todo el día a tu voluntad. Amén.*

Es una falsa ilusión muy grande pensar que durante nuestro día los tiempos de oración se deben diferenciar de otros tiempos. De acuerdo con él, la oración es reconocer la presencia de Dios; esto no es diferente de cualquier otro tiempo en tu día. Si pasa tu tiempo de oración señalado, él no encuentra diferencia, porque todavía él sigue con Dios, alabándolo y bendiciéndolo con toda su fuerza, así que él pasa su vida en un gozo continuo; aunque espera que Dios le dé algo por lo cual sufrir cuando debe fortalecerse.

Debemos, una vez por todas, poner sinceramente toda nuestra confianza en Dios y hacer una entrega total de nosotros mismos a él, con la seguridad de que no nos engañará.

No debemos estar hastiados de hacer cosas pequeñas por amor a Dios, el cual no considera la grandeza de la obra, sino el amor con lo cual se realiza. No nos debemos maravillar si, al principio, fallamos a menudo en nuestras empresas, aunque al fin obtengamos el hábito, el cual naturalmente produce sus actos en nosotros, sin nuestro cuidado y para nuestro superabundante gran deleite.

—HERMANO LORENZO

LAS NECESIDADES SUPLIDAS

Así que mi Dios les proveerá de todo lo que necesiten,
conforme a las gloriosas riquezas que tiene en Cristo Jesús.

FILIPENSES 4:19

Si es un trono de gracia, entonces se suplirán todas las necesidades de todo el que viene a él. El Rey desde tal trono no dirá: «Debes traerme regalos; debes ofrecerme sacrificios». Este no es un trono para recibir tributo, es un trono para dispensar dádivas.

Entonces ven, tú que eres tan pobre como la misma pobreza; ven tú que no tienes méritos y estás destituido de virtudes, ven tú que estás reducido a una bancarrota mendigante por la caída de Adán y por tus propias transgresiones.

... Ven ahora, y recibe el vino y la leche, los que se te dan gratuitamente. Sí, ven, compra vino y leche sin dinero y sin precio. Todas las necesidades de los que piden se suplirán porque este es un trono de gracia.

Y el que está en el trono es tu salvación. Cuando los pecadores se acercan a su trono, él les extiende una mano de bienvenida y les dice: «Ven a mí». ¿Y el Apóstol Pablo? Él te recuerda quién está aquí esta noche: «Mi Dios suplirá todas tus necesidades».

—CHARLES SPURGEON

Rey de Majestad, me acerco a tu trono con confianza, sabiendo que tú me recibes en tu amor. Gracias por satisfacer todas mis necesidades, de acuerdo a tus riquezas en gloria. Amén.

ORACIÓN Y PROMESA

Yo les daré un corazón íntegro, y pondré
en ellos un espíritu renovado.
EZEQUIEL 11:19

Las grandes promesas encuentran su cumplimiento en el curso de las líneas de oración. Ellas inspiran la oración y a través de la oración fluyen las promesas a su completa realización y llevan los frutos más maduros ...

Dios prometió por medio de sus profetas que la venida del Mesías debía tener un precursor.

¿Cuántos hogares y vientres en Israel han anhelado la venida de este gran honor? ¿Cuánta esperanza se ha amontonado sobre este suceso? Por ventura, Zacarías y Elisabet fueron los únicos que estuvieron tratando de obtener esta gran dignidad y bendición mediante la oración. Por lo menos sabemos que el ángel le dijo a Zacarías, cuando le anunció al anciano la venida del Mesías: «Tu oración ha sido oída».

Entonces la palabra del Señor, como dicha por los profetas y las oraciones de un sacerdote anciano y de su esposa, trajeron a Juan el Bautista dentro del vientre marchito y dentro de hogar sin hijos de Zacarías y Elisabet.

Nunca Dios ha puesto su Espíritu dentro de un corazón humano que no haya orado ardientemente por ello.

—E.M. BOUNDS

Padre celestial, sé que cumples todas tus promesas. Anhelo un espíritu nuevo, uno que sea puro y que te adore sin limitación. Sé que si me vuelvo a ti, tú crearás un corazón nuevo dentro de mí. Amén.

LA LUZ DE LA ESPERANZA

Dios es luz y en él no hay ninguna oscuridad.

1 JUAN 1:5

Ven a Dios con todos tus deseos e instintos, todos tus nobles ideales, todos tus anhelos de pureza y generosidad, todas tus ansias de amor y de ser verdadero, todas tus aspiraciones después del autoolvido y tu inocencia como un niño; ven a él con todas tus debilidades,

Padre celestial, te traigo todo mi ser. Toma mi corazón y hazlo tuyo. Amén.

con todas tus vergüenzas, con todas tus inutilidades; con todas tus incapacidades sobre tus propios pensamientos ... Estáte seguro de esto, él aceptará cuidar de ti y de todas tus miserias para que halles libertad en su ilimitado corazón. Él es luz, y en él no hay ningunas tinieblas. Si fuera rey o gobernador, si el nombre que lo describiera fuera el Todopoderoso, tú podrías muy bien dudar si pudiera haber suficiente luz en él para ti y tus tinieblas. Pero él es tu Padre, y más Padre de lo que puede significar la palabra en labios de cualquiera menos en los de él que dijo: «Mi padre y tu padre, mi Dios y tu Dios».

—GEORGE MACDONALD

CONVIÉRTELO TODO EN ORACIÓN

Oren en el Espíritu en todo momento, con peticiones y ruegos.
Manténganse alerta y perseveren en oración por todos los santos.

EFESIOS 6:18

Señor, sé que cada suceso es una oportunidad para orar. Sé que no hay nada pequeño a tus ojos. Dios, te ruego que me induzcas a orar durante todo el día. Amén.

Después de una cuantas oraciones introductorias en el Apocalipsis, nos encontramos con Juan en el lugar de oración y práctica de esta (1:9-10) …

Al final del libro él todavía está orando: «Amén, ¡ven Señor Jesús!» (22:20). San Juan escucha a Dios, está en silencio ante Dios, canta a Dios, hace preguntas a Dios …

San Juan no pierde mucho. Él lee y asimila las Escrituras; él lee y siente el impacto de las noticias del día. Pero ni la antigua Escritura ni el suceso corriente se quedan en la misma forma que llegaron a su puerta; todo se convierte en oración.

—EUGENE H. PETERSON, tomado de *The Contemplative Pastor*

LA ORACIÓN CONTESTADA

Al recordarte de día y de noche en mis oraciones,
siempre doy gracias a Dios, a quien sirvo con una
conciencia limpia como lo hicieron mis antepasados.

2 TIMOTEO 1:3

Permítanme contar cómo Dios contestó las oraciones de mi querida madre por mi conversión …

Se levantó de la mesa donde estaba comiendo con un ansia intensa por la conversión de su muchacho. Fue a su cuarto, lo cerró con llave, decidida a no dejar el lugar hasta que sus oraciones fueran contestadas …

Señor, elevo a ti a todos mis seres queridos que no te conocen. Por tu Santo Espíritu acércalos a ti. Ayúdalos a ver su necesidad de ti. Gracias por sus vidas y su salvación. Amén.

Yo, en el medio tiempo, fui guiado a tomar un pequeño tratado y mientras lo leía me tocó la oración: «La obra consumada de Cristo». Inmediatamente se prendieron a mi mente las palabras «consumado es». ¿Qué estaba consumado?

Vino esto a mi mente, si la obra completa de la salvación fue consumada y la deuda total pagada, entonces, ¿qué se deja para que yo haga? Con esto amaneció la convicción gozosa, cuando la luz resplandeció en mi alma por el Espíritu Santo, que no había nada en el mundo que hacer sino caer de rodillas y aceptar a este Salvador y su salvación y alabarle para siempre. Así que mientras mi querida madre estaba alabando a Dios sobre sus rodillas en su recámara, yo lo estaba alabando en el viejo almacén …

Mi querida madre me aseguró que ninguna fuente humana le había enseñado el valor de la esperanza ni el poder de la oración.

—HUDSON TAYLOR

EL NOVIO AUSENTE

> Por las noches, sobre mi lecho, busco al amor
> de mi vida; lo busco y no lo hallo.
>
> CANTAR DE LOS CANTARES 3:1

La novia desposada ha aprendido a amar a su señor, y no la satisface ninguna otra compañía que no sea él. Tal vez las visitas de él sean ocasionales y breves, pero son momentos preciosos de regocijo. Su recuerdo es muy querido en los intervalos y ansía su repetición. En su ausencia no hay una verdadera satisfacción y, sin embargo, él viene y va. Su experiencia decae y fluye, como la marea que siempre está cambiando. Quizá la regla sea la inquietud y la satisfacción, la excepción. ¿No hay ayuda para esto? ¿Debe continuar siempre así? ¿Ha creado él estas ansias inextinguibles solo para atormentarnos? Si así fuera el caso, esto sería muy extraño.

El novio te está esperando todo el tiempo. Las condiciones que impiden su llegada son todas creadas por ti. Colócate en el lugar correcto ante él, y él estará más que dispuesto y más que feliz de satisfacer tus más ansiadas añoranzas y suplir todas tus necesidades.

—HUDSON TAYLOR

Oh, gran Novio, me encanta emplear tiempo en tu presencia. ¡Tú eres mi gozo para siempre! Amén.

AMOR Y ORACIONES

[Jesús dijo:] «Pero yo les digo: Amen a sus enemigos
y oren por quienes los persiguen».

MATEO 5:44

Somos egoístas por naturaleza, y nuestro egoísmo es muy dado a adherirse a nosotros aunque seamos convertidos. Tenemos la tendencia de pensar solo en nuestras almas, en nuestros conflictos espirituales, nuestros progresos en la religión y olvidarnos de los demás. En contra

> *Señor, quítame el egoísmo. Mientras oro, ayúdame a enfocarme en las necesidades de los demás. Amén.*

de estas tendencias, todos nosotros necesitamos vigilar y luchar, y no menos durante nuestras oraciones. Debemos tratar de llevar en nuestros corazones a todo el mundo, los incrédulos, el cuerpo de los verdaderos creyentes, las iglesias, el país en el que vivimos, la congregación a la cual pertenecemos, los hogares que visitamos, los amigos y las relaciones que tenemos. Por todos y cada uno de estos, debemos rogar. Este es el amor más supremo. Los que mejor me quieren son los que me quieren en sus oraciones.

—J.C. RYLE

3 DE JUNIO

HABLARLE A DIOS

*Con fe y amor en Cristo Jesús, sigue el ejemplo
de la sana doctrina que de mí aprendiste.*

2 TIMOTEO 1:13

La madre de Sojourner Truth habló con ella acerca de Dios. Como resultado de estas conversaciones, su mente llegó a la conclusión de que Dios era un gran hombre, que estaba localizado muy alto en el cielo, que podría ver todo lo que transcurría en la tierra. Ella creyó que él no solo veía sino que también anotaba en un gran libro todas las acciones de ella.

Al principio ella escuchó que se mencionaba a Jesús en las lecturas o en los discursos, pero de lo que escuchaba recibió la impresión de que él no era nada más que un hombre eminente, como un Washington o un Lafayette. Ahora él parecía ser tan manso, tan bueno y tan amoroso en todo sentido, y ¡él la amaba tanto! Y qué extraño que él siempre la amara y que ella nunca lo supiera. Y qué gran bendición él le confería al estar entre ella y Dios. Y Dios dejó de ser un terror para ella.

A la luz de su gran felicidad, el mundo se vestía de una nueva belleza, el aire mismo brillaba como diamantes y daba una impresión celestial.

—SOJOURNER TRUTH

*Jesús, por tu vida y muerte yo puedo llegar al Padre
libremente. ¡Qué gozo es venir a ti! Amén.*

AMOR Y SALVACIÓN

«Que los que aman tu salvación digan
siempre: «¡Cuán grande es el Señor!»
SALMO 40:16

¿Dirías tú que temes venir a Dios? Tus temores son innecesarios. No te excluirás si vienes mediante la fe en Cristo. Nuestro Dios no es un hombre austero. Nuestro Padre celestial está lleno de misericordia, amor y gracia. Nadie desea más que yo promover el amor, la misericordia y la ternura de Dios el Padre.

Sabemos que Dios es santo. Sabemos que él es justo. Creemos que él puede tener ira con los que siguen pecando. Pero también creemos que para aquellos que se acercan a él en Cristo Jesús, él es el más misericordioso, amoroso, tierno y compasivo. Te digo que la cruz de Jesucristo fue el resultado y consecuencia de ese amor.

Acércate con fe al Padre mediante ese camino viviente, Cristo Jesús. Como hizo el padre con el hijo pródigo cuando corrió para encontrarse con él, rodearlo por el cuello y besarlo, también Dios, el Padre, lo hará con esa alma que se le acerca en el nombre de Cristo.

—J.C. RYLE

*Padre celestial, me acerco a ti mediante Jesucristo tu
Hijo. Estoy sobrecogido por tu amor y compasión cuando
me das la bienvenida con los brazos abiertos. Amén.*

Intercede en amor

*Así que recomiendo, ante todo, que se hagan plegarias,
oraciones, súplicas y acciones de gracias por todos.*
1 TIMOTEO 2:1

Algunos olvidan este deber de orar por otros porque rara vez recuerdan orar por ellos mismos. Incluso aquellos que constantemente están orando a su Padre a veces son tan egoístas en sus peticiones que no las extienden para el bienestar de sus compañeros cristianos.

La intercesión llenará tu corazón del amor de los unos por los otros. Él, que todos los días intercede de todo corazón al trono de la gracia por toda la humanidad, no puede sino llenarse en breve del amor y la caridad por los demás. El ejercicio frecuente del amor de esta manera gradualmente aumentará su corazón. Se llenará de gozo, paz, mansedumbre, longanimidad y todas las demás gracias del Espíritu Santo. Al poner con frecuencia los deseos de su vecino ante Dios, él será tocado con una sensación de solidaridad por ellos. Todas las bendiciones otorgadas sobre otros, en lugar de incitar la envidia de él, se verá como una respuesta a su intercesión particular y llenará su alma con un gozo inexplicable y una plenitud de su gloria.

—GEORGE WHITEFIELD

*Señor, ante ti elevo las necesidades de mis amigos y
vecinos, sabiendo que tú satisfaces las necesidades. Gracias
por tu gracia cuando contestas mi oración. Amén.*

PASA UN TIEMPO EN LA GALERÍA DEL AMOR

«Haré con ustedes un pacto eterno, conforme
a mi constante amor por David».

ISAÍAS 55:3

Busca el sentimiento y lo perderás. Alégrate de vivir sin este, y tendrás todo lo que tú requieres. Si siempre estás notando los latidos de tu corazón, traerás enfermedades del corazón. Si siempre estás protegiéndote en contra del frío, estarás sujeto a escalofríos. Si perpetuamente piensas acerca de tu salud, inducirás enfermedades. Si siempre estás consultando tus sentimientos vivirás en una tierra seca y sedienta.

Señor Jesús, enséñame a pasar tiempo en tu presencia, donde hay plenitud de gozo y vida. Amén.

Sé indiferente a la emoción. Si está allí, sé agradecido. Si está ausente, ve y haz la voluntad de Dios, contando con él y hablando bien de él. Es imposible apurarse ante la presencia de Dios, obtener cualquier cosa que se nos antoje e irnos con eso. Intentar esto terminará en una mera desilusión y desánimo. La naturaleza no le quitará el velo de su belleza más insólita al turista casual.

Los cuadros que son el resultado del trabajo de una vida no revelan su secreta belleza a aquellos que pasean por una galería. Y lo mejor de Dios no puede ser nuestro sin la paciente espera en su santa presencia.

Ve a la presencia de Jesús, y su voluntad se te dirá con claridad y sin errores.

—F.B. MEYER

PERMANECE EN LAS PROMESAS DE AMOR

*¿No ha escogido Dios a los que son pobres según
el mundo para que sean ricos en la fe y hereden
el reino que prometió a quienes lo aman?*

SANTIAGO 2:5

Podemos perder el corazón y la esperanza, nuestra cabeza se puede marear, nuestro corazón fallar, y las voces burladoras de nuestros enemigos sugieren que Dios nos ha olvidado o nos ha abandonado. Pero él permanece fiel. Él no se puede negar a sí mismo. Él no puede echar a un lado las responsabilidades que ha asumido. Con frecuencia yo he acudido a Dios en una necesidad desesperada, agravada por la depresión nerviosa y la enfermedad del corazón, y dije: «Mi fe está flaqueando. Sus manos parecen paralizadas, sus ojos ciegos, su vieja canción alegre se silenció para siempre. Pero tú eres fiel, y yo cuento contigo».

Al alma le encanta apoyarse en las promesas de Dios. No tenemos dificultad en confiar en nuestros amigos porque abrimos nuestros corazones, como ventanas, para recibir su amor. ¿Dónde estarían nuestras dificultades acerca de la fe si dejáramos de preocuparnos acerca de esta y nos ocupáramos en el objeto de la fe, Jesucristo, nuestro Señor?

—F.B. MEYER

*Señor, tú eres fiel y yo estoy contando contigo.
Gracias por tu eterna fidelidad. Amén.*

ESCENA DE AMOR DE LOS VIAJES DE PABLO

*Luego de despedirnos, subimos a bordo y
ellos regresaron a sus hogares.*

HECHOS 21:6

Seguida a su visita a Éfeso, Pablo llegó a Tiro, en donde se quedó durante unos días. Aquí encontró a algunos discípulos que le rogaron a Pablo que no fuera a Jerusalén, diciendo mediante el Espíritu que él no debía ir a esa ciudad. Pero Pablo se adhirió a su propósito original de ir a Jerusalén. El relato dice: «Pero al cabo de algunos días, partimos y continuamos nuestro viaje. Todos los discípulos, incluso las mujeres y los niños, nos acompañaron hasta las afueras de la ciudad, y allí en la playa nos arrodillamos y oramos».

Padre celestial, yo sé que los momentos que paso en oración son los más bellos de mi vida. Antes de cualquier aventura que haga en la vida, recuérdame primero pasar tiempo contigo en oración. Amén.

¡Qué vista para observar en la playa! Aquí está un cuadro familiar de amor y devoción, donde esposos, esposas y hasta hijos están presentes, y la oración se hace al aire libre. La nave estaba lista para salir, pero la oración debe haber cimentado sus afectos y bendecido a las esposas y a los niños, y bendecido su partida, una partida que sería final en lo que a este mundo se refiere. Nunca una playa vio un cuadro más grande ni fue testigo de una vista más hermosa: Pablo arrodillado sobre la arena de la playa, invocando la bendición de Dios sobre estos hombres, mujeres y niños.

—E.M. BOUNDS

AGRADA AL PADRE

Atrapen a las zorras, a esas zorras pequeñas —que
arruinan nuestros viñedos, nuestros viñedos en flor.

CANTAR DE LOS CANTARES 2:15

*Padre celestial, te quiero
agradar en cada aspecto
de mi vida. No permitas
que algo se interponga
entre tu maravillosa
presencia y yo. Amén.*

¿No somos todos demasiados propensos a buscarlo a él más bien para nuestras necesidades que por el gozo y el placer de él? No debiera ser así. No admiramos a los hijos egoístas que solo piensan en lo que pueden obtener de sus padres y no piensan en el placer que pueden dar o el servicio que pueden rendir. ¿Pero no estamos en peligro de olvidar que agradar a Dios significa darle placer? Algunos de nosotros miramos atrás, al tiempo cuando las palabras «agradar a Dios» no significaban más que no pecar contra él y no atribularlo. Sin embargo, ¿el amor de los padres terrenales se satisface con la mera ausencia de la desobediencia? ¿O estaría satisfecho un novio si su novia solo lo buscara para suplir las necesidades de ella?

—HUDSON TAYLOR

EL PODEROSO AMOR DEL PADRE

El Señor ama a los que odian el mal; él protege la vida
de sus fieles, y los libra de manos de los impíos.

SALMO 97:10

Con frecuencia hemos caminado por el campo temprano en la mañana y hemos notado cómo el sol mientras sube ha convertido cada gota
de rocío en una gema brillante. Un rayo con su luz brillante hace un
pequeño sol de cada una de las millones de gotas que cuelgan de las
hojas y brillan por todas partes. Pero es útil recordar que la gloriosa
orbe solar contiene muchísima más luz que todas las gotas de rocío
tuvieron o jamás reflejarán.

Y así es nuestro Padre celestial. Él es la gran fuente de todo lo que
es noble y verdadero y todo lo que siempre ha sido amoroso y confiable. Cada hermoso rasgo de cada hermoso carácter es nada más
que el opaco reflejo de algún rayo de la gran perfección de Dios. Y
la suma total de toda bondad humana y ternura y amor es como la
gota de rocío en comparación con el sol. Que bendición es confiar
en el amor infinito e inmutable de un Padre tal como nuestro Padre
en los cielos.

—HUDSON TAYLOR

*Padre celestial, tú eres el amor más grande que jamás yo haya
conocido. Te alabo por todo lo maravilloso que eres. Amén.*

UNA INVITACIÓN PARA ORAR

*Clama a mí y te responderé, y te daré a conocer
cosas grandes y ocultas que tú no sabes.*

JEREMÍAS 33:3

Juan dice que la única razón por lo que amamos a Dios es porque él nos amó primero. De la misma forma, no podemos orar a nuestro Padre celestial si primero él no nos pide que lo hagamos. «Llámame», nos invita el Padre celestial. Esta es una invitación para orar. Él está disponible para nosotros 24/7/365. Él extendió la alfombra de bienvenida. Nos ha dado la luz verde. Tenemos una línea directa a la habitación de su trono. Tenemos una hoja de permiso, un pase para el camerino, una invitación grabada. Él tiene un plan de acción de puerta abierta para todos sus hijos. Y cuando llamamos su nombre, él nos da su atención ininterrumpida.

—CHRISTA KINDE, tomado de *Adventurous Prayer*

*Padre, me maravilla que tú me permitas venir a ti tan
libremente. Gracias por tu invitación a orar y pasar
tiempo contigo. Ayúdame a ver la oración como el
privilegio que es, y llamarte todo el día. Amén.*

RESPONSABILIDAD PERSONAL POR LOS PERDIDOS

Porque el Hijo del hombre vino a buscar y
a salvar lo que se había perdido.

LUCAS 19:10

Con frecuencia he pensado que la razón por la que muchos oran solo por costumbre y no de corazón por la salvación de las almas es que a ellos les falta el amor como es el amor de Dios por las almas de los que perecen ...

Te debe impresionar el ver que las almas son preciosas. Sin ese sentido del valor de las almas, tú no orarás con un deseo ferviente, fuerte. Sin una aprensión justa de su culpa, peligro y remedio, tú no orarás con fe por la gracia mediadora de Dios.

Tú necesitas amar el mundo de manera que tu amor te motive para hacer sacrificios y labores similares. El amor por las almas, el mismo amor que Dios tuvo al darnos a su Hijo para que muriera y como el que Cristo tuvo al venir felizmente para convertirse en la ofrenda, es el amor que cada siervo de Dios debe tener. De lo contrario, tus oraciones tendrán muy poco corazón y ningún poder con Dios. Este amor por las almas siempre está implícito en la oración aceptable, que Dios enviaría obreros a su cosecha.

—CHARLES G. FINNEY

 Señor Jesús, dame un corazón por los perdidos del mundo.
Quiero amarlos de la misma manera que tú los amas.
Envíame como un obrero de tu cosecha. Amén.

UN CORAZÓN DISPUESTO

Entonces oí la voz del Señor que decía:
«¿A quién enviaré? ¿Quién irá por nosotros?»
Y respondí: «Aquí estoy. ¡Envíame a mí!»
ISAÍAS 6:8

Vamos todos a inclinar nuestras almas y decir: «¡He aquí a la sierva del Señor!» Vamos a elevar nuestros corazones y preguntar: «Señor, ¿qué quieres que haga?» Entonces la luz del cielo abierto se derramará sobre nuestras tareas diarias, revelándonos los granos de oro, donde ayer todo parecía ser polvo. Una mano nos sostendrá a nosotros y a nuestras cargas diarias, para que así, sonriendo a los temores de ayer, podamos decir: «Esto es fácil, esto es ligero», y cada «león en el camino», al acercarse, se verá como encadenado y dejará abierta las puertas del Hermoso Palacio. Y a nosotros, incluso a nosotros, endebles y fluctuantes como somos, nos asignarán ministerios y por medio de nuestras manos conduciremos las bendiciones en las cuales los espíritus de hombres justos hechos perfectos podrán deleitarse.

—ELIZABETH RUNDLE CHARLES

*Señor, sé que tú puedes hacer cosas poderosas por medio de
tus siervos ordinarios. Pero también sé que yo necesito tener
un corazón dispuesto para hacer todas las cosas para las cuales
tú me puedes usar. Señor, hoy te abro mi corazón. Amén.*

EL AMOR CONQUISTA EL EGOÍSMO

Pues Dios no nos ha dado un espíritu de timidez,
sino de poder, de amor y de dominio propio.

2 TIMOTEO 1:7

Nada excepto el amor puede sacar y conquistar nuestro egoísmo. El ego es la gran maldición, ya sea en su relación con Dios o para nuestro compañero o para el compañero cristiano. Pero, alabado sea Dios, Cristo vino a redimirnos del ego. La liberación del egoísmo significa ser una vasija que sobreabunda con el amor para todos durante todo el día. Muchos oran por el poder del Espíritu Santo, y ellos obtienen algo, pero tan pequeño. Oran por poder para trabajar y poder para bendecir, pero no han orado para obtener el poder para realizar una completa liberación del ego. Una gran mayoría de nosotros a veces procura amar. Tratamos de forzarnos a amar y yo no digo que eso esté mal, es mejor que nada. Pero el final siempre es muy triste. «Fallé continuamente» debe confesar uno.

¿Y cómo puedo aprender a amar? Nunca aprenderé hasta que el Espíritu de Dios llene mi corazón con el amor de Dios y comience a ansiar ese amor en un sentido muy diferente al que yo había buscado tan egoístamente como un consuelo, un gozo, una felicidad y un placer para mí mismo.

—ANDREW MURRAY

Padre celestial, llena mi corazón con tu amor de manera que no quede nada de mi egoísmo. Amén.

AMOR QUE SANA

«Si logro tocar siquiera su ropa, quedaré sana».

MARCOS 5:27-28

> *Oh, Cordero de Dios, tu toque sanador me hace íntegro. Tú eres todo lo que necesito. Amén.*

El Dios paciente, manso y amoroso es el Dios de mi corazón. La inclinación y deseo de mi alma es buscar toda mi salvación en y mediante los méritos y mediación del manso, humilde, paciente, resignado, sufrido Cordero de Dios. Solo él tiene poder para realizar el nacimiento bendito de estas virtudes celestiales en mi alma …

Qué consuelo es pensar que este Cordero de Dios, Hijo del Padre, luz del mundo, gloria del cielo y gozo de los ángeles está cerca a nosotros, realmente él está en la presencia de nosotros, al igual que está en presencia del cielo. Un deseo de nuestro corazón que se esfuerza para acercarse a él, anhelando recoger una pequeña chispa de su naturaleza celestial, tendrá tanta seguridad de encontrarlo, tocarlo y sacar de él poder como la mujer que se sanó gracias al anhelo de tocar el borde de su manto.

—WILLIAM LAW

AMA A OTROS A TRAVÉS DE LA ORACIÓN

¡Bendito sea Dios, que no rechazó mi
plegaria ni me negó su amor!

SALMO 66:20

¿Estamos orando como Cristo oró? ¿Son nuestros ruegos y espíritu el desborde de su espíritu y ruegos? ¿Es el amor el que gobierna el espíritu, un amor perfecto? Como nuestra gran ejemplo en la oración, nuestro Señor pone amor como una condición primaria, un amor que ha purificado el corazón de todos los elementos de odio, venganza y hostilidad. El amor es la condición suprema de la oración, una vida inspirada por el amor.

La oración contestada es el manantial del amor y es la motivación directa para orar. Unas pocas oraciones breves, débiles, han sido siempre una señal de una condición espiritual baja. La gente debe orar mucho y aplicarse a esto con energía y perseverancia. Los cristianos eminentes fueron eminentes en la oración. Las cosas profundas de Dios no se aprenden en ningún otro lugar. Las cosas grandes para Dios se hacen con grandes oraciones. Una persona que ora mucho, estudiará mucho, amará mucho, trabajará mucho y hará mucho para Dios y la humanidad.

—E.M. BOUNDS

*Señor, quiero orar como tú hiciste, con amor,
perseverancia y poder. ¡Quiero ser alguien que haga
grandes cosas a través de la oración! Amén.*

AMOR Y ORACIONES CONTESTADAS

Pero yo, Señor, te imploro en el tiempo de tu buena voluntad.
—Por tu gran amor, oh Dios, respóndeme;
por tu fidelidad, sálvame.

SALMO 69:13

Dios todopoderoso es el modelo más supremo, y ser como él significa poseer un carácter supremo. La oración nos moldea a la imagen de Dios y al mismo tiempo tiende a moldear a otros a la misma imagen exactamente en la proporción en que oremos por ellos. Orar significa ser como Dios, y ser como Dios es amar a Cristo y amar a Dios, ser uno con el Padre y el Hijo en espíritu, carácter y conducta.

Dios tiene mucho que ver con los creyentes que tienen una fe viviente y transformadora en Jesucristo. Esos son hijos de Dios. Un padre ama a sus hijos, suple sus necesidades, escucha sus llantos y responde sus peticiones. Un hijo cree en su padre, lo ama, confía en él y le pide lo que necesita, creyendo sin dudar que su padre escuchará sus peticiones. Dios tiene que ver con contestar la oración a sus hijos. Sus problemas le conciernen a él, y sus oraciones lo despiertan. Sus voces son dulces para él. A él le encanta escucharlos orar y nunca está más feliz que cuando contesta sus oraciones.

—E.M. BOUNDS

Padre celestial, te doy gracias porque te gusta escuchar mis oraciones. Yo soy tu precioso hijo, y a mí me gusta pasar tiempo en tu presencia. Amén.

¿POR QUÉ ORAR?

Así que no se preocupen diciendo: "¿Qué comeremos?"
o "¿Qué beberemos?" o "¿Con qué nos vestiremos?"
Porque los paganos andan tras todas estas cosas, y el
Padre celestial sabe que ustedes las necesitan.

MATEO 6:31-32

Algunos se preguntan si Dios nos necesita como consejeros. Después de todo, si ya él sabe acerca de nuestros problemas y es lo suficientemente sabio para saber lo que necesitamos, ¿por qué molestarse en orar? ...

Cualquiera que se haga estas preguntas no entiende por qué el Señor nos enseñó a orar. No es tanto por su bien como por el nuestro. La gente fiel en la Biblia estaban seguros de que Dios era misericordioso y bondadoso. Pero mientras más lo reconocían, con más fervor oraban. Elías es un ejemplo de esto. Él confiaba en que Dios terminaría una sequía y traería la lluvia que tan desesperadamente necesitaban. En su confianza oró con ansiedad con la cara entre sus rodillas ... De ningún modo dudó que Dios enviaría la lluvia. Él comprendió que era su obligación entregar sus deseos ante Dios ...

Es cierto que Dios está despierto y nos vigila continuamente. A veces nos ayudará aunque no se lo pidamos. Pero orar constantemente es para nuestro bien. Cuando lo hacemos, comenzaremos a comprender que es Dios quien está a cargo. Orar nos mantendrá libres de malos deseos porque aprenderemos a colocar todos nuestros deseos ante su vista. Más importante aún, nos preparará para comprender que Dios es el dador, y nosotros estaremos llenos de una genuina gratitud y acción de gracias.

—JUAN CALVINO

> Señor, la oración hace más por mí que por ti. Cuando paso tiempo en tu presencia, tú suavizas mi corazón e inclinas mi voluntad hacia la tuya. Te rindo todos mis deseos y me someto a ti. Amén.

LA ORACIÓN QUE TRANSFORMA

Así, todos nosotros, que con el rostro descubierto
reflejamos como en un espejo la gloria del Señor,
somos transformados a su semejanza con más y más
gloria por la acción del Señor, que es el Espíritu.

2 CORINTIOS 3:18

Esa oración que no tuvo éxito en moderar nuestros deseos, en cambiar el deseo apasionado en una quieta sumisión, la expectativa tumultuosa y ansiosa en una rendición silente, no fue una verdadera oración y prueba que no tenemos el espíritu de la verdadera oración. La vida es más santa cuando hay menos peticiones y deseos y más espera en Dios; es más santa cuando las peticiones se transforman en acción de gracias. Ora hasta que la oración te haga olvidar tu deseo y lo deje o lo una a la voluntad de Dios. La sabiduría divina nos ha dado la oración no como un medio para obtener las cosas buenas de la tierra, sino como un medio por el cual aprendemos a vivir sin estas; no como un medio para escapar del mal, sino como un medio por el cual nos fortalecemos para hacerle frente.

—FREDERICK W. ROBERTSON

> *Dios, cuando paso tiempo contigo en oración,*
> *tú me cambias y me moldeas. Te pido hoy el*
> *poder transformador en mi vida. Amén.*

LA ORACIÓN QUE NOS ALIMENTA

Muy de madrugada, cuando todavía estaba
oscuro, Jesús se levantó, salió de la casa y se fue
a un lugar solitario, donde se puso a orar.

MARCOS 1:35

Lo propio para nosotros es siempre pensar en Dios y orar sin cesar. Si no somos capaces de lograr esto, por lo menos podemos apartar un tiempo especial para orar todos los días. En estos momentos designados nos podemos enfocar por completo en Dios ...

Desde luego, esto solo es un comienzo. No debemos pensar en estos momentos de oración como en un ritual. Esto tampoco significa que no necesitemos orar durante otras horas del día. Piensa en esos momentos como nada más que una disciplina por tu debilidad espiritual. Es un estímulo para tu alma aturdida. Habrá momentos en que tendrás tensiones, momentos en que estarás consciente de otros en dificultades. De inmediato vuélvete a Dios en oración. Ofrece oraciones de gratitud durante todo el día.

Cuando tú oras, no le pongas límites a Dios. No es asunto tuyo decirle a Dios cómo contestar tus oraciones. Este no es el momento de regatear ni tampoco establecer condiciones. Antes de decirle a Dios lo que tú quieres o necesitas, pídele que se haga su voluntad. Esto hace que tu voluntad se someta a la de él.

—JUAN CALVINO

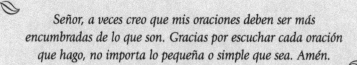

Señor, a veces creo que mis oraciones deben ser más
encumbradas de lo que son. Gracias por escuchar cada oración
que hago, no importa lo pequeña o simple que sea. Amén.

LÁGRIMAS Y ORACIONES

El Señor dice: «Este pueblo me alaba con la boca y me honra con los labios, pero su corazón está lejos de mí. Su adoración no es más que un mandato enseñado por hombres.

ISAÍAS 29:13

> *Señor, gracias por aquellos que han sido fieles orando por mí. Enséñame cómo ser fiel al orar por otros. Amén.*

Mi madre lloró con toda fidelidad a ti más de lo que las madres lloran por sus hijos muertos. Tú la escuchaste, Señor. Tú la oíste. Pasaron nueve años. Durante todo ese tiempo esta fiel viuda continuó su llanto y lamento. Ella oró en cada hora. Pero a pesar de todos sus esfuerzos, tú me permitiste permanecer en las tinieblas.

Tú por lo menos le diste dos grandes seguridades. En un sueño, tú le dijiste que estarías conmigo. Y por medio de un sacerdote, tú le explicaste que no tenía sentido tratar de discutir conmigo para sacarme de mis errores. Yo todavía no estaba listo para las instrucciones. Estaba demasiado entusiasmado por la novedad de mi herejía. «Déjalo quieto», él le dijo a ella. «Solo ora a Dios por él. Al leer él descubrirá cuán grande es su error. No es posible que perezca el hijo de estas lágrimas».

—SAN AGUSTÍN

LA ORACIÓN QUE HACE UNA DIFERENCIA

Y a mí, pobre y necesitado, quiera el Señor tomarme en cuenta. Tú eres mi socorro y mi libertador; ¡no te tardes, Dios mío!

SALMO 40:17

Si alguien está seguro de ser indefenso a solas y puede sobrevivir solo con la ayuda de Dios, esa persona es como el salmista que confiesa que es pobre y necesitado.

Haz tuyo este Salmo. No lo cantes como estrofas que compuso otra persona. Permite que nazca en tus propias oraciones. Cuando provienen de tus labios, entiende que simplemente no se cumplieron durante la temporada en que se escribieron por primera vez. Se han estado cumpliendo ahora en tu vida diaria … Si tú tienes la misma actitud que el salmista tuvo cuando escribió o cantó esta poesía, verás el significado antes de pensar en esto. La fuerza de las palabras te golpearán antes que tú las examines con tu intelecto.

Los Salmos expresan cada sentimiento religioso importante. Estas palabras son como un espejo para nuestra propia experiencia moral. Una vez que veamos esto no escucharemos las palabras tanto como percibiremos el significado. En lugar de recitarse de memoria, estas surgirán de lo más profundo de nuestro ser.

—JUAN CASSIAN

Señor, mi orgullo a veces se interpone en mi camino. No quiero aceptar ayuda de nadie; todo lo quiero hacer por mi cuenta. Enséñame a apropiarme de los Salmos. Sé conmigo a medida que aprendo a entregarme todo a ti. Amén.

OBSTÁCULOS PARA ORAR

[Jesús dijo:] «Pidan, y se les dará; busquen,
y encontrarán; llamen, y se les abrirá».

MATEO 7:7

El resentimiento forma una nube sobre tus oraciones. Por eso Cristo nos dijo que dejáramos nuestras ofrendas ante el altar y primero nos reconciliáramos con un enemigo. Si tú reúnes daños y resentimientos y piensas que todavía puedes orar, es probable que estés echando agua en un cubo lleno de huecos.

Aprende la paciencia, y tus oraciones serán gozosas ...

¡Ten cuidado! Mientras que intentas sanar a otro, tú puedes enfermarte. Si restringes tu ira descubrirás cómo orar bien. La ira es como un día nublado para el alma que destruirá tu vida de oración.

El que está encadenado no puede correr. De la misma manera una mente que es esclava para la emoción tendrá un tiempo difícil para descubrir la oración genuina ...

Cuando sabemos que estamos en la presencia divina, se calman los pensamientos negativos. Nuestro espíritu se envuelve en una tranquilidad profunda. Nuestras oraciones son puras.

Querido Dios, yo tropiezo conmigo mismo. Mis emociones nublan mi juicio y esparcen mis oraciones en pedacitos. Si no soy capaz de controlarme, permite que tu Espíritu Santo se haga cargo de mis oraciones. Haz por mí lo que yo no puedo hacer por mí mismo. Amén.

Sin embargo, la mayor parte del tiempo luchamos entre la oración y los pensamientos molestos. Nuestras emociones se interponen en el camino de nuestras oraciones. Sigue intentándolo. Si tocamos a la puerta lo suficientemente fuerte, esta se abrirá.

—EVAGARIO PONTICO

LA NATURALEZA DE LA ORACIÓN

Oren en el Espíritu en todo momento, con peticiones y ruegos.

EFESIOS 6:18

Existen tres tipos de oración. La primera es la oración hablada con un texto preparado, como por ejemplo el Padre Nuestro y otras oraciones especiales. Es útil decir estas oraciones vocales con tanta devoción como sea posible. Nunca las digas descuidadamente ni a regañadientas. Dichas oraciones te pueden elevar a Dios.

> *Señor, enséñame cómo orar. Yo soy tu estudiante enseñable. Amén.*

La segunda clase de oración es hablada, pero sin un texto preparado. Esta es cuando un hombre o una mujer se sienten devotos y le hablan a Dios como si estuvieran parados uno junto al otro. Las palabras corresponden a una indicación interna y reflejan las varias preocupaciones del momento. Esta clase de oración le agrada a Dios. Como brota del corazón nunca se aleja sin alguna porción de la gracia de Dios.

El tercer tipo de oración solamente está en el corazón. Es en silencio y trae con ella un gran descanso del cuerpo y del alma. Algunos pueden orar en el corazón continuamente, glorificando y alabando a Dios.

—WALTER HILTON

BENDECIDO PARA SER
UNA BENDICIÓN

¿No tiene derecho el alfarero de hacer del mismo barro unas vasijas para usos especiales y otras para fines ordinarios?

ROMANOS 9:21

Aquí hay una pregunta para el rico. ¿Cómo es que tú llegaste a ser rico? ¿Es porque Dios te bendijo? ¿Por qué medio recibiste esta bendición? ¿Es a través de la oración? ¿Tú oraste pidiendo riquezas y Dios te dio riquezas? Muy bien.

Pero contesta otra pregunta. ¿Por qué otros, que no son ricos, permanecen en oración? ¿Acaso ellos no oran de la misma forma en que tú lo haces? Si todos oran pidiendo riquezas, entonces debe ser que tus riquezas no son solamente el resultado de tus propias oraciones, sino también de otros que ayudaron a orar ... y como tú no recibiste tus riquezas solo mediante tus propias oraciones, sino a través de las oraciones del pobre, entonces tú estás obligado a aliviar la pobreza en cualquier forma que te sea posible.

... ¿Por qué Dios le da a algunos cientos y a otros miles y a algunos nada? Aquí está el significado. Los ricos deben distribuir sus riquezas entre los pobres. Aquellos que son ricos son oficiales de Dios, tesoreros de Dios. «Es *Dios*, no nosotros, quien ha dado el crecimiento» (1 Corintios 3:5, adaptado).

—HUGH LATIMER

Señor, el problema es que ninguno de nosotros jamás piensa que somos ricos. Pero enséñame a dar una mirada clara de mi situación. ¿Tengo algo que pueda compartir? Déjame ser tu tesoro y compartir en tu nombre. Amén.

PERMANECE EN ORACIÓN

Alégrense en la esperanza, muestren paciencia en
el sufrimiento, perseveren en la oración.

ROMANOS 12:12

Con una actitud apropiada hacia Dios será fácil aprender a perseverar en oración. Descubriremos maneras de refrenar nuestros deseos y esperar con paciencia por el Señor. Podemos estar seguros de que siempre él estará con nosotros. Podemos estar confiados en que realmente él escucha nuestras oraciones incluso cuando la única respuesta inmediata es el silencio.

Es un error ser como niños impacientes que necesitan la gratificación de inmediato. Hay veces cuando Dios no responde tan rápido como nos gustaría. Este no es el momento de desanimarse. No quiere decir que Dios está molesto contigo o indiferente hacia ti. Ciertamente no es el momento de darse por vencido en la oración. En lugar de desanimarte, sigue orando.

Las Escrituras recomiendan mucho esta perseverancia en la oración. En los Salmos leemos cómo David y otros llegaron a estar casi agotados de orar. Ellos se quejaron de que Dios no estaba respondiendo a sus oraciones. Pero entendieron que la fe persistente era un requisito, y continuaron orando.

—JUAN CALVINO

 Señor, puede parecer como una idea religiosa trillada pero yo
sé que es verdad: A veces tu bondadosa respuesta a mi ruego
es «No». O quizás: «Todavía no». Gracias por cualquiera
que sea la respuesta que tú decidas darme. Amén.

PON TU MIRADA EN LO ALTO

Pero yo clamaré a Dios, y el SEÑOR me salvará.

SALMO 55:16

Cuando Jesús nos dijo que amáramos a Dios con todo nuestro corazón, alma y mente, nos dio una tarea desafiante, imposible, que cualquiera de nosotros que somos terrenales la podría cumplir. No obstante, nuestro Señor nos dijo que amáramos de esta manera. Su propósito (como lo señaló San Bernardo) es que debemos admitir nuestras debilidades y buscar misericordia.

Cuando tú oras, intenta hacer tu oración tan completa y honesta como puedas. Si estás insatisfecho con los resultados de tu esfuerzo, no te pongas demasiado bravo contigo mismo. No te quejes de que Dios no te haya dado la clase de devoción que le da a otros. Por el contrario, reconoce tus debilidades, considéralas como una oración válida, y confía en que, en su misericordia, Dios lo hará para el bien …

Clama por misericordia mientras confías en perdonar. No hay necesidad de luchar, déjala ir. Ve a algún buen trabajo y resuelve orar mejor la próxima vez. Hay muchos que nunca se sienten capaces de sentirse cómodos con la calidad de sus oraciones. Tienen problemas con sus pensamientos durante toda una vida.

—WALTER HILTON

 Nada que valga la pena hacer se domina con rapidez. Si quiero hacer algo bien, debo practicar, practicar, practicar. Señor, dame la paciencia de practicar la oración. Manténme haciendo esto. Asegúrame que tú estás escuchando incluso cuando yo tartamudeo en mi alma. Amén.

CUANDO DIOS DICE NO

El SEÑOR es sol y escudo; Dios nos concede honor y gloria.
—El SEÑOR brinda generosamente su bondad
a los que se conducen sin tacha.

SALMO 84:11

Dios nos evitará cualquier cosa que pidamos que no sea para nuestro bien. Y, ciertamente, en esto no hay menos amor que cuando nos da lo que deseamos debidamente. ¿No será que el mismo amor que te insta a hacer el bien, es el que te insta a retener lo que es para el mal? Si en nuestra ceguera, sin saber qué pedir, oramos pidiendo cosas que en nuestras manos se convertirían en tristeza y muerte, ¿no nos lo negaría nuestro Padre por amor? Cuán mala sería nuestra suerte si nuestros deseos se convirtieran en realidades; si tuviéramos el poder para efectuar todo lo que deseáramos; si la inclinación de nuestra voluntad estuviera seguida por el cumplimiento de nuestros deseos apurados, y si siempre se otorgaran los anhelos repentinos. Un día lo bendeciremos, no tanto por lo que él nos ha dado como por lo que nos ha negado.

Padre celestial, yo sé que tú eres bueno y que tu bondad es todo lo que necesito. Ayúdame a recordar tus bondades y misericordias mientra oro hoy. Amén.

—H.E. MANNING

EN LA MEDITACIÓN

En mi lecho me acuerdo de ti; pienso en ti toda la noche.

SALMO 63:6

No se puede dar ninguna regla específica para guiar la meditación de cada uno. El Señor inspira una variedad de meditaciones en el alma de una persona. Al principio de uno convertirse, hay fuertes recuerdos de pecados mundanos y carnales … Hay una búsqueda ferviente de misericordia y perdón. Estos pecados tendrán un peso sobre el alma. Un poco de dolor aquí es un pequeño precio que pagar por la misericordia del Señor que desea perdonar …

Otra meditación es sobre la humanidad de Cristo … Te puedes imaginar estar presente cuando arrestaron a Jesús, atado como un ladrón, golpeado y condenado a morir. Casi puedes verlo llevando su cruz. Tu corazón está lleno de compasión … Tú entiendes que él está sufriendo este dolor por ti. Luego el Espíritu Santo tal vez abra tus ojos espirituales y percibirás al Cristo divino. Una persona ordinaria no contempla la divinidad de Cristo sin primero usar la imaginación para percibir su humanidad …

Hay una cosa que vale la pena hacer, y esto es que una persona vaya a sí misma, para conocer su propia alma y sus habilidades, su hermosura y su inmundicia.

—WALTER HILTON

Señor, ayúdame a descubrir la realidad de la vida espiritual. Muéstrame cómo ver con claridad mi pecado y tu gracia a través de las meditaciones que tú inspiras en mi alma. Amén.

ESCUCHA A DIOS

Pero lo que da entendimiento al hombre es el espíritu
que en él habita; ¡es el hálito del Todopoderoso!

JOB 32:8

Una forma en la que Dios puede despertar un alma es con una voz interior. Esta «voz» viene en muchas maneras y es difícil de definir …

Hay algunos indicios que te ayudarán a determinar si Dios es la fuente. La primera y mejor indicación está en el *poder y la autoridad* de la voz. Las cosas son mejores porque se escucharon. Se hacen algunas diferencias, por ejemplo, la calma reemplaza la angustia.

La segunda señal es una *tranquilidad pacífica* en el alma combinada con una ansiedad de cantar alabanzas a Dios.

La tercera señal es que *las palabras se graban mejor en la memoria* que la conversación ordinaria. Hay una fe fuerte en la verdad de lo que se escuchó …

Ahora bien, si la voz interior solo es el producto de la imaginación, ninguna de estas señales estará presente. No habrá seguridad, ni paz, ni gozo.

Si lo que crees ser una «voz interior» manda una acción que tendrá horrendas consecuencias para ti y para otros, no hagas nada hasta que consigas un consejero competente.

—TERESA DE ÁVILA

Permite que tu Santo Espíritu me inspire. Hazme receptivo. Pero te ruego, Señor Dios, líbrame de asignar tu nombre a los complejos pensamientos, deseos y motivos de mi propio corazón. Amén.

1 DE JULIO

BENDICIONES ABUNDANTES

Pon tu esperanza en el Señor; ten valor,
cobra ánimo; ¡pon tu esperanza en el Señor!

SALMO 27:14

Querido Señor, gracias por ser mi Padre y escucharme cuando te llamo. Fortalece mi fe, Señor, a medida que busco venir a ti humildemente, solo necesitando tu provisión y presencia. Amén.

Nuestro trabajo es exponer nuestras peticiones ante el Señor, y con la simplicidad de un niño derramar nuestros corazones ante él, diciendo: «Yo no merezco que tú me escuches y contestes mis oraciones, pero por causa de mi precioso Señor Jesús; por amor a él, contesta mi oración. Y dame la gracia para esperar con paciencia hasta que a ti te plazca concederme mi petición. Porque yo creo que tú lo harás en tu tiempo y manera».

«Y todavía lo alabaré» (Salmo 43:5). Más oración, más ejercicio de nuestra fe y más paciencia conducen a las bendiciones, bendiciones abundantes.

—L.B. COWMAN, tomado de *Manantiales en el desierto*

ORACIÓN DE LIMPIEZA

Ante ti, Señor, están todos mis deseos;
no te son un secreto mis anhelos.
SALMO 38:9

La oración es el medio más efectivo a nuestra disposición para limpiar nuestras mentes y emociones. Esto sucede porque la oración coloca la mente en la luz brillante de Dios y las emociones en su tierno amor. La oración es como el agua que hace que las plantas crezcan y extingue el fuego.

Mejor que todo es la oración en silencio, la oración interior, especialmente si esta refleja el sacrificio amoroso de nuestro Señor. Si tú piensas en él con frecuencia, él ocupará tu alma. Tú te apoderarás de su manera de vivir y pensar. Comenzarás a vivir y pensar como él. Es exactamente como los niños aprenden a caminar, escuchando a sus mamás y luego haciendo los sonidos con sus voces.

No hay otra forma. La oración es esencial. Busca una hora cada día, por la mañana si es posible y ora.

—FRANCISCO DE SALES

Señor, tu sacrificio ha cambiado mi vida, y te ruego
que tú continúes esa obra de transformación a medida
que yo oro. Espíritu Santo, te ruego que cuando yo
venga a ti hoy limpies mi corazón y mente. Amén.

ORACIÓN EN SILENCIO

Cantaré al Señor toda mi vida; cantaré salmos a mi
Dios mientras tenga aliento. Quiera él agradarse de mi
meditación; yo, por mi parte, me alegro en el Señor.

SALMO 104:33-34

Comienza toda oración en la presencia de Dios. Sé estricto acerca de esto y pronto verás su valor. No apures tus oraciones. Decir una vez el Padre Nuestro comprendiéndolo es mejor que muchas oraciones dichas de prisa.

Si puedes hacerlo, en tu interior, una oración en silencio es mejor. Si puedes recitar una oración normal y encontrar que tu corazón llega a lo más profundo, por favor, deja atrás la oración hablada y sigue con la silente. No te preocupes por dejar sin terminar la oración formal. Al Señor le agrada mucho más tu oración en silencio y esta será mejor para tu alma.

Sé diligente acerca de esto. No dejes pasar una mañana sin un momento de oración en silencio. Pero si las exigencias de los negocios o alguna otra responsabilidad lo impide, entonces asegúrate esa noche de reparar el daño. Haz un voto para mañana comenzar de nuevo tus prácticas regulares de la oración en la mañana.

—FRANCISCO DE SALES

*Querido Señor, gracias por estas ideas de la
oración en silencio. Permite que mis oraciones
interiores cobren una vida vibrante. Amén.*

COLÓCATE EN LA PRESENCIA DE DIOS

Al despertar Jacob de su sueño, pensó: «En realidad, el SEÑOR está en este lugar, y yo no me había dado cuenta.» Y con mucho temor, añadió: «¡Qué asombroso es este lugar! Es nada menos que la casa de Dios; ¡es la puerta del cielo!»

GÉNESIS 28:16-17

Tal vez a ti no te sea posible orar en silencio. Hoy muchas personas son pobres en este aspecto. Aquí hay una manera fácil para comenzar. Hay varias maneras en las que tú puedes colocarte en la presencia de Dios.

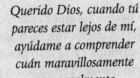

Querido Dios, cuando tú pareces estar lejos de mí, ayúdame a comprender cuán maravillosamente cerca realmente estás tú. Amén.

Considera cómo Dios está presente en todas las cosas y en todos los lugares … Ya que no podemos ver a Dios físicamente presente, necesitamos activar nuestras conciencias. Antes de orar, necesitamos recordar la verdadera presencia de Dios. Una buena manera de hacer esto es con versículos de la Biblia. «Si subiera al cielo, allí estás tú; —si tendiera mi lecho en el fondo del abismo, también estás allí» (Salmo 139:8).

También recuerda que Dios no solo está en donde tú estás, él realmente está en tu corazón, en el centro de tu espíritu. «Puesto que en él vivimos, nos movemos y existimos» (Hechos 17:28) …

Cuando tú sabes que Dios está presente, tu alma se postrará ante su majestad y pedirá ayuda. «No me alejes de tu presencia ni me quites tu santo Espíritu» (Salmo 51:11).

—FRANCISCO DE SALES

Armonía celestial

[Jesús oró:] Venga tu reino, hágase tu voluntad
en la tierra como en el cielo.

MATEO 6:10

¿Por qué nuestro Señor nos enseñó a orar esto? De la misma manera
que los ángeles en el cielo viven en armonía, es deseable para nosotros vivir unidos. El amor se comparte en el cielo. Hay acuerdos. El
orgullo no interfiere. No se pretende nada. Hay cosas por las cuales
vale la pena orar aquí y ahora.

«De hecho, aunque el cuerpo es uno solo, tiene muchos miembros, y
todos los miembros, no obstante ser muchos, forman un solo cuerpo»
(1 Corintios 12:12). Tú puedes hacer tu parte mientras que otros hacen su trabajo. Los ojos ven para todo el cuerpo. Las manos trabajan
y los pies caminan para toda la criatura. Si un miembro sufre, todos
sufren.

Por lo tanto, el que ora, no debe criticar al que está ocupado trabajando porque no están orando. El que se afana no debe juzgar a los que
están orando porque no estén trabajando. Deja que cada uno haga lo
que esté haciendo para la gloria de Dios.

—SEUDO-MACARIO

*Querido Dios, líbrame de pensar que yo soy el único
que hace las cosas correctas. Déjame valorar la
variedad de contribuciones de los demás. Amén.*

LA MEDITACIÓN CRISTIANA

María, por su parte, guardaba todas estas cosas
en su corazón y meditaba acerca de ellas.

LUCAS 2:19

Lee un pasaje de este Evangelio. Imagínate la escena como si realmente estuviera sucediendo frente a ti. Colócate, por un instante, a los pies de la cruz. Esto evitará que tu mente se distraiga de la misma forma que una jaula limita a un pájaro.

Después que tu imaginación te haya ayudado a prepararte, comienza a meditar mentalmente. Si un pensamiento capta tu interés, sigue con este. Las abejas no vuelan de flor en flor. Ellas se quedan hasta que reúnen toda la miel que pueden obtener de cada una. Si no encuentras nada después de intentar un pensamiento en particular, sigue con el próximo. Pero no apures el proceso.

Termina tus meditaciones con un humilde agradecimiento y ofreciéndote a Dios. Ofrece oraciones y luego recoge un ramillete de devociones. Permíteme explicar lo que quiero decir con esto. Cuando la gente ha estado pasando por un hermoso jardín, por lo general agarran cuatro o cinco flores para llevarlas durante el día … Cuando nuestras almas han vagado en meditación a través de un jardín espiritual, podemos escoger dos o tres ideas que parecen brindar más ayuda y luego pensar en estas ocasionalmente durante todo el día.

—FRANCISCO DE SALES

*Señor Dios, yo sé que la sencillez es posible. Padre, te
ruego que me permitas enfocarme en ti. Amén.*

MANTÉN EL ENFOQUE DE LA ORACIÓN

Un día estaba Jesús orando en cierto lugar.
Cuando terminó, le dijo uno de sus discípulos:
—Señor, enséñanos a orar, así como Juan enseñó a sus discípulos.

LUCAS 11:1

Señor, no sé qué pedir de ti. Tú sabes lo que necesito. Tú me amas más de lo que yo me amo a mí mismo. Otórgale a tu hijo lo que él no sabe cómo pedir. Amén.

Para el cristiano no hay nada más esencial, ni más descuidado que la oración. A la mayoría de las personas no les entusiasma la oración. La consideran un ritual cansón que prefieren mantener tan breve como sea posible. Incluso cuando se nos guía a orar por responsabilidades o ansiedades, nuestras oraciones a menudo son aburridas e inefectivas.

Muchas palabras son innecesarias. Orar es decir: «no se cumpla mi voluntad, sino la tuya» (Lucas 22:42). Orar es elevar tu corazón a Dios, estar apenada por tus debilidades, arrepentirte de tus torpezas constantes. La oración de esta clase no requiere una fórmula especial. Ni siquiera tienes que dejar de hacer lo que te mantiene ocupado. Todo lo que necesita es un movimiento del corazón hacia Dios y un deseo de que lo que estás haciendo se haga para su gloria.

—FRANÇOIS DE FÉNELON

SENCILLEZ EN LA ORACIÓN

> Y al orar, no hablen sólo por hablar como hacen los gentiles,
> porque ellos se imaginan que serán escuchados por sus
> muchas palabras. No sean como ellos, porque su Padre
> sabe lo que ustedes necesitan antes de que se lo pidan.
>
> MATEO 6:7-8

Muchas de las palabras en nuestras oraciones provienen de la carne. Nuestras oraciones pueden estar llenas de muchas palabras que no son reales ni efectivas. Con frecuencia, en nuestro tiempo de oración, damos varias vueltas alrededor del mundo usando tiempo y energía sin obtener ninguna respuesta a la verdadera oración. Aunque tú hayas orado mucho, tus oraciones no recibirán respuesta ni tampoco serán efectivas. Tú simplemente empleas tu tiempo y esfuerzo de una manera poco aconsejable. La oración no necesita ser larga. No hay necesidad de insertarles muchos discursos. Ten cuidado de no tener muchos argumentos en tu oración. Solo necesitamos presentarle a Dios los deseos de nuestro corazón. Eso solo es suficiente. No debemos agregarle muchas otras cosas.

Querido Padre, hoy haré una oración breve. Gracias. Te quiero y te necesito. Amén.

—ANDREW MURRAY

TODOS NOSOTROS NECESITAMOS ORACIÓN

Atemorizado, Josafat decidió consultar al SEÑOR y proclamó
un ayuno en todo Judá. Los habitantes de todas las ciudades
de Judá llegaron para pedir juntos la ayuda del SEÑOR.

2 CRÓNICAS 20:3-4

Tal vez te hayas quejado de tener poco interés en la oración, que te aburre, que cuando intentas orar tu mente divaga. Quizás sea más difícil para aquellos que están involucrados en los asuntos de orar y meditar que para los que viven en monasterios, pero es también mucho más necesario. Emplea algún tiempo para estar con Dios. Nota cómo Jesús invitó a sus discípulos a un retiro en una montaña después de haber regresado de testificar por él en las ciudades. Si vivimos y trabajamos en un lugar muy ocupado donde la gente habla y se comporta como si Dios no existiera, es mucho más importante que volvamos a nuestro Señor y restauremos nuestra fe y amor. Si él, que no tenía pecado, no cesó de orar, ¿cuánto más los pobres pecadores como nosotros debemos empeñarnos en orar?

Cuando tú oras, pide lo que quieres con una fe firme. Si cuando oras no tienes confianza, obtendrás muy poca de esta. Dios ama el corazón que confía en él. Él nunca ignorará a esos que colocan toda su confianza en él. Es como un padre escuchando a sus hijos.

—FRANÇOIS DE FÉNELON

*Señor, a veces es un desafío para mí sentarme a orar.
Pero sé que es absolutamente imposible vivir una vida
que te agrade sin orar. Aumenta mi fe, Señor Dios, y
ayúdame a buscarte mediante la oración. Amén.*

LA ORACIÓN Y LA NEGACIÓN DE ESTA

No hagan nada por egoísmo o vanidad; más bien, con humildad
consideren a los demás como superiores a ustedes mismos.

FILIPENSES 2:3

El ego quiere estar emocionado, que se le entretenga, gratifique, que se le mime, reasegure, premie, desafíe y que se le den gustos. Hay personas disponibles para manipular y comerciar con esos impulsos mediante la seducción y la persuasión.

El ego norteamericano tiene la característica de escoger anunciantes en lugar de los apóstoles como

Señor, sé que necesito que tu santo Espíritu me capacite para realmente morir a mi ego. Señor, mientras persevero en oración, te pido que me cambies, me formes y me guíes. Amén.

guías. De hecho, la autoafirmación, es un eufemismo para una manera de vida que se deja dominar por el impulso y la presión. El ego se mueve alternadamente desde dentro de acuerdo a lo que ocurre en las emociones y glándulas y desde afuera de acuerdo a lo que se presente en las modas y últimas novedades. A medida que practicamos la oración, esas bagatelas nos dejan de motivar.

—EUGENE H. PETERSON, tomado de *Where Your Treasure Is*

CAMBIOS DE VELOCIDAD

> ¡El corazón me ardía en el pecho! —Al meditar en
> esto, el fuego se inflamó y tuve que decir: «Hazme
> saber, SEÑOR, el límite de mis días, y el tiempo que me
> queda por vivir; hazme saber lo efímero que soy».
>
> SALMO 39:3-4

Después de un tiempo de meditación, se comienza de inmediato a poner en práctica las resoluciones que has tomado. No esperes otro día para comenzar. Sin esta aplicación, la meditación puede ser inservible o incluso perjudicial. Si meditas en una virtud sin practicarla, te engañarás al creer que en realidad eres alguien que no eres …

Cuando termines de orar en silencio, quédate quieto durante unos momentos. Haz gradualmente tu transición a otras responsabilidades. Quédate durante un rato en el jardín. Camina con cuidado por la senda hasta la puerta para que no derrames el precioso bálsamo que llevas. No seas poco natural delante de otras personas, pero guarda tanta oración en ti como puedas.

Hay un arte para hacer la transición de la oración a salir para ganarte la vida. Un abogado debe ir de la oración a la sala del tribunal, el comerciante a la tienda, una ama de casa a las responsabilidades señaladas con un movimiento gentil que no le cause angustia. Tanto la oración como tus otras responsabilidades son dones de Dios.

—FRANCISCO DE SALES

> *Quizá algún día, oh, Señor, mi vida de trabajo y*
> *oración se mezclarán. Por ahora simplemente te*
> *pido que la una beneficie a la otra. Amén.*

¿SE PUEDE PONER LA ORACIÓN EN PALABRAS?

Mañana, tarde y noche clamo angustiado, y él me escucha.

SALMO 55:17

Lo mejor para nuestras almas es no intentar elevarse mediante los propios esfuerzos. Si el pozo está seco, no somos capaces de poner agua en este. Presta atención a eso. Si el alma procura ir adelante, realmente puede ir para atrás. El fundamento para orar es la humildad. Mientras más nos acerquemos a Dios, más humildad necesitaremos. Hay una clase de orgullo que nos hace querer ser más espirituales. Ya Dios está haciendo más por nosotros de lo que merecemos.

Cuando digo que la gente no debe intentar levantarse al menos que Dios los levante, estoy usando un lenguaje espiritual. Algunos me entenderán. Si tú no puedes entender lo que estoy diciendo, no conozco ninguna otra forma para explicarlo.

Siento pena por aquellos que comienzan solo con los libros. Hay una gran diferencia entre comprender algo y saberlo por medio de la experiencia. Yo he leído muchos libros religiosos que tratan de este asunto. Ellos explican muy poco. Si el alma de uno ya no ha acumulado alguna práctica en la oración, los libros no serán de mucha ayuda.

—TERESA DE ÁVILA

Mi Señor, yo sé que tú estuchas mis palabras y escuchas el corazón detrás de ellas. Yo sé que el «trabajo» de la oración es precisamente para dirigirme a ti. Ahora sé conmigo mientras me siento a orar. Amén.

ORA A NUESTRO PADRE

Alaba, alma mía, al SEÑOR; alabe todo mi ser su santo
nombre. Tan compasivo es el SEÑOR con los que le
temen como lo es un padre con sus hijos.

SALMO 103:1, 13

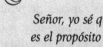

*Señor, yo sé que este
es el propósito real de
la oración: conocerte
más profundamente
como mi Padre. Dios,
te ruego que quites mi
ansiedad acerca de
cómo orar, recuérdame
lo que significa vivir
como tu hijo. Amén.*

La meta del creyente no es solo ser
un cristiano sino cultivar una relación íntima, devota, con el Padre
celestial.

Dios quiere que tú lo conozcas, lo
disfrutes, que vivas continuamente a la luz de sus favores, sabiduría
y verdad. Él desea una relación genuina contigo, su hijo. La adoración y la oración diaria son el cló-
set espiritual donde tú y el Padre
se encuentran en una intimidad
personal. Allí, el amor de Dios por
ti y tu amor por él se convierten en el lecho de roca de tu fe.

—CHARLES STANLEY

UNA QUIETA INSPIRACIÓN

Tras el terremoto vino un fuego, pero el SEÑOR tampoco estaba
en el fuego. Y después del fuego vino un suave murmullo.

1 REYES 19:12

Las Escrituras dicen sin duda alguna que el Espíritu de Dios vive en
nosotros, nos da vida, nos habla en silencio, nos inspira y que una
gran parte de nosotros está unida al Señor en espíritu. Esta es una
enseñanza cristiana básica.

¡El Espíritu de Dios es el alma de nuestra alma! Somos ciegos si
pensamos que estamos solos en el interior del santuario. Realmente
Dios está más presente en este lugar que nosotros. Se nos inspira
constantemente, pero suprimimos la inspiración. Dios siempre nos
está hablando, pero nos confunden los ruidos externos del mundo
y la agitación interna de nuestras pasiones. No lo podemos escuchar. Todo a nuestro alrededor necesita estar en silencio, y nosotros
debemos tranquilizarnos interiormente. Necesitamos enfocar todo
nuestro ser para escuchar el suave susurro de su voz. Los únicos que
lo escuchan son lo que no escuchan nada más.

—FRANÇOIS DE FÉNELON

Señor, ahora mismo estoy callado. Antes de cambiar
esta página, hago una pausa para escuchar. Amén.

ORA LA PALABRA

De hecho, todo lo que se escribió en el pasado se escribió
para enseñarnos, a fin de que, alentados por las Escrituras,
perseveremos en mantener nuestra esperanza.

ROMANOS 15:4

La oración es una conversación. Le hablamos a Dios en oración y
luego escuchamos atentamente cuando él nos habla por medio de
su Palabra ...

Un prerrequisito importante para recibir respuestas a la oración es que
nuestras peticiones estén de acuerdo con la voluntad de Dios. ¿Cómo
vamos a saber cuál es la voluntad de Dios? Al morar constantemente
en su Palabra. En lugar de basar nuestras oraciones en «Espero que
sí», nuestras oraciones se basan en «Dios dice que sí». Y si estamos
saturándonos en su Palabra, entonces sus deseos serán los nuestros.

—ANNE GRAHAM LOTZ, tomado de *El clamor de mi corazón*

*Señor, yo sé que la manera de conocer tu corazón es leer tu
Palabra y orar a ti. Señor, te ruego que seas conmigo a medida
que busco en las Escrituras una palabra que venga de ti, y te
ruego que seas conmigo a medida que busco estudiar tu Palabra
todos los días. Señor Dios, quiero escuchar tu voz. Amén.*

SUPLICA LAS PROMESAS DE DIOS

> Luego el rey David se presentó ante el Señor y le dijo ... «Y ahora, Señor, mantén para siempre la promesa que le has hecho a tu siervo y a su dinastía. Cumple tu palabra».
>
> 1 CRÓNICAS 17:16, 23

Con frecuencia pedimos cosas que Dios no ha prometido específicamente. Por lo tanto, no estamos seguros de si nuestras peticiones están de acuerdo con su propósito hasta que hemos perseverado en oración durante algún tiempo. Sin embargo, en algunas ocasiones, y esta fue una en la vida de David, estamos completamente persuadidos de que lo que estamos pidiendo está de acuerdo a la voluntad de Dios. Nos sentimos guiados a seleccionar e implorar una pro-

Señor, realmente quiero escucharte. Quiero experimentar tu Palabra y las promesas que contiene. Hoy aquieto mi corazón ante ti y tu Palabra y te pido que me hables. Amén.

mesa de las páginas de las Escrituras, luego de estar especialmente impresionados porque esta contiene un mensaje para nosotros. En esos momentos podemos decir con una fe confiada: «Cumple tu palabra».

—L.B. COWMAN, tomado de *Manantiales en el desierto*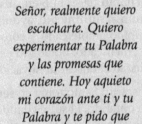

17 DE JULIO

TOMA A DIOS CON SERIEDAD

Toma en cuenta mis lamentos; registra mi llanto
en tu libro. ¿Acaso no lo tienes anotado?

SALMO 56:8

Dios te toma con seriedad. ¿Por qué tú no haces lo mismo con él? ¿Por qué jugueteas con Dios? Jesús tomó con mucha seriedad su obra para nosotros. Él estaba tan distraído con la enseñanza que se le olvidó comer y tomar. En cuanto a la oración, se pasó toda la noche orando. En cuanto hacer el bien, sus amigos pensaron que era obsesivo. En cuanto al sufrimiento, ayunó cuarenta días, fue tentado, traicionado, escupido, abofeteado y coronado de espinas; sudó gotas de sangre, fue crucificado, horadado y murió. ¿No debes tú también tomar con seriedad el buscar tu salvación?

El Espíritu Santo toma en serio el querer que tú seas feliz. Él siempre está obrando. Él sufre cuando tú lo resistes. ¿Tomarás tú con seriedad el obedecer y ceder a sus peticiones?

Dios toma con seriedad el escuchar nuestras oraciones y darnos sus misericordias. Dios se aflige con nosotros. Él considera cada uno de tus gemidos y suspiros ...

Los siervos del mundo y el diablo toman las cosas con seriedad y diligencia ... ¿No tienes un mejor maestro y un empleo más dulce, un mayor estímulo y una recompensa superior?

—RICHARD BAXTER

*Oh, Dios, Cristo me asegura que tú tienes un interés
íntimo en nosotros. Tú estás consciente de los gorriones
y de las lágrimas que caen. Ayúdame a responder a
tu interés en mí mostrando interés en ti. Amén.*

CELEBRA A DIOS

Entren por sus puertas con acción de gracias; vengan a
sus atrios con himnos de alabanza; denle gracias, alaben
su nombre. Porque el Señor es bueno y su gran amor
es eterno; su fidelidad permanece para siempre.

SALMO 100:4-5

La sabiduría y doctrina de las Escrituras enseñan que la experiencia
de celebrar a Dios es el corazón de la adoración. Es la quintaesencia
de adorar y dar gracias, la manifestación más perfecta de un corazón
que acoge el compañerismo con el único que provee vida y todos los
dones para vivir. De hecho, un corazón agradecido no es solo la mayor
de las virtudes, es el semillero para todas las demás virtudes. Cuando
estamos involucrados en la celebración de Dios no hay lugar ni tiempo para la invasión de la vida negativa. A medida que nos regocijamos
en el Señor, a medida que lo servimos en el área de nuestro llamado, a
medida que entramos con regocijo a nuestra jornada diaria, a medida
que le damos gracias por su bondad y fidelidad, celebramos a Dios.

—LUCI SWINDOLL, tomado de *You Bring the Confetti*

*Dios, no hay nada en el mundo que justifique una celebración
más que tú. Gracias por tu obra redentora en mi vida y en
el mundo. Gracias por tus bondades y gloria. Amén.*

ORACIÓN MÁS ALLÁ DE LA ORACIÓN

[Jesús dijo:] Cuando oren, no sean como los hipócritas, porque a ellos les encanta orar de pie en las sinagogas y en las esquinas de las plazas para que la gente los vea. Les aseguro que ya han obtenido toda su recompensa.

MATEO 6:5

Señor, es asombroso que hasta la oración venga en variados grados de calidad. No es un asunto de lenguaje o estilo, sino del espíritu. Ayúdame a ser honesto conmigo mismo acerca de esto. Amén.

Ya sea que estés orando con otros o solo, procura que tus oraciones sean más que una rutina. Desea que sea una auténtica experiencia espiritual. Si tu espíritu está distraído durante unos momentos de oración, entonces realmente tú no estás llegando. Tú eres como un ejecutivo de negocios vagando un poco por el jardín. Cuando ores, controla tu memoria. No permitas que te sugiera fantasías. Cárgala con la conciencia de estar alcanzando a Dios. Siempre debes estar consciente de que tu memoria tiene una fuerte tendencia para molestar tu espíritu durante un tiempo de oración. Tú recordarás todo tipo de hechos inquietantes que revolverán tus pasiones. Esas pasiones son irracionales. Cuando se queman, tú no estás libre para orar.

Imagínate que no tengas ninguna emoción inquietante. Es posible que aún así no estés realmente comprometido en orar. Es posible tener solo los pensamientos más puros y permanecer lejos de Dios.

Si quieres orar, necesitas a Dios. Dios convertirá la oración común en una oración excepcional. Él te llevará más allá de alabarlo *por lo que hace* para adorarlo por *lo que él es*.

—EVAGARIO PONTICO

DIVERSIDAD DE MEDITACIONES

> Todo tiene su momento oportuno; hay un tiempo
> para todo lo que se hace bajo el cielo.
>
> ECLESIASTÉS 3:1

Algunas personas creen que la devoción desaparecerá si ellos se relajan un poco. La recreación es buena para el alma. Seremos más fuerte cuando regresemos a la oración.

No te pases todo el tiempo con un solo método de orar. Tal vez hayas encontrado un método excelente de oración que realmente disfrutes. Tal vez necesites un tipo de domingo. Es decir, un tiempo de descanso de tu labor espiritual.

Tú crees que perderás algo si dejas de trabajar en la oración. Mi opinión es que tu pérdida será ganancia. Procura imaginarte en la presencia de Cristo. Habla con él. Deléitate en él. No tienes necesidad de agotarte componiendo discursos para él.

Hay un tiempo para una cosa y un tiempo para otra. El alma puede llegar a cansarse de comer la misma comida una y otra vez. Hay una gran variedad de comidas completas y nutritivas. Si tu paladar espiritual se hace familiar con sus varios gustos, estos sostendrán la vida de tu alma, trayendo muchos beneficios.

—TERESA DE ÁVILA

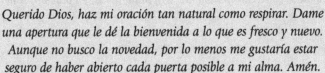

Querido Dios, haz mi oración tan natural como respirar. Dame
una apertura que le dé la bienvenida a lo que es fresco y nuevo.
Aunque no busco la novedad, por lo menos me gustaría estar
seguro de haber abierto cada puerta posible a mi alma. Amén.

ORAR ES VIVIR

Oren sin cesar.
1 TESALONICENSES 5:17

La oración es el corazón de la vida cristiana. Es esencial. La oración es tanto el primer paso como el cumplimiento de la vida devota. Se nos pide que oremos siempre. Es posible que otros actos de devoción tengan algún tiempo en particular, pero para orar no hay un momento en especial. Debemos orar constantemente.

Siéntate solo en un lugar tranquilo. Quita de tu mente toda cosa terrenal y vana. Baja tu cabeza hasta tu cuello y estáte atento, no a tu cabeza sino a tu corazón. Observa tu respiración. Deja que tu mente encuentre el lugar del corazón. Al principio te sentirás incómodo. Si continúas sin interrupción, llegará a ser un gozo.

El resultado más maravilloso de esta clase de silencio mental es que se van los pensamientos pecaminosos que llegan llamando a la puerta de la mente. Ora y piensa lo que quieras. Ora y haz lo que quieras. Tus pensamientos y actividad se purificarán con la oración.

—ANÓNIMO RUSO

Oh, Dios, completamente consciente déjame percatarme de tu presencia como me percato de la tierra bajo mis pies. Deja que mi vida se eleve continuamente, inspirada por ti, en oración. Amén.

LA ORACIÓN DEL HIJO DE ABBA

Y ustedes no recibieron un espíritu que de nuevo los esclavice
al miedo, sino el Espíritu que los adopta como hijos y les
permite clamar: «¡Abba! ¡Padre!» El Espíritu mismo le
asegura a nuestro espíritu que somos hijos de Dios.

ROMANOS 8:15-16

La oración del pobre de espíritu simplemente puede ser una sola palabra: Abba [Papá]. Sin embargo, esa palabra puede significar una interacción dinámica. Imagínate a un pequeño niño ayudando a su papá en algunas labores de la casa, o fabricando un regalo para su mamá. Tal vez la ayuda no sea más que meterse en el camino, y el regalo puede ser totalmente inútil, pero el amor que hay por detrás es simple y puro, y la respuesta amorosa que evoca es virtualmente incontrolable. Estoy seguro que es de esta manera entre nuestro Abba y nosotros ... Nuestro sincero deseo cuenta mucho más que cualquier éxito o fracaso en particular. De manera que cuando tratamos de orar y no podemos, o cuando fallamos en un sincero intento de ser compasivos, Dios, en respuesta, nos toca tiernamente.

—BRENNAN MANNING, tomado de *El evangelio de los andrajosos*

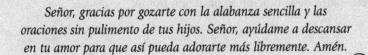

*Señor, gracias por gozarte con la alabanza sencilla y las
oraciones sin pulimento de tus hijos. Señor, ayúdame a descansar
en tu amor para que así pueda adorarte más libremente. Amén.*

LA ORACIÓN CONFIADA Y HUMILDE

[Jesús dijo:] Crean que ya han recibido todo lo que
estén pidiendo en oración, y lo obtendrán.

MARCOS 11:24

Hasta la oración más humilde se debe orar con la confianza de que Dios la contestará. Puedes estar seguro de que tendrás éxito. No hay contradicción entre la humildad y la confianza. Están en perfecta armonía la una con la otra, como el arrepentimiento y la fe.

Esta confianza no es una libertad tranquilizante de la ansiedad. Los santos hicieron la mejor oración cuando las dificultades y el desespero los estimularon. Es precisamente cuando están pasando momentos turbulentos que la fe viene a ayudarlos. Es mientras que gimen en la agonía de algunas calamidades que la bondad de Dios brilla sobre ellos. En tiempos de temores ellos confían en Dios.

Entonces, es importante, que la oración del creyente sea el producto de ambos sentimientos …

Con frecuencia Dios declara que él nos dará en proporción a nuestra fe. La conclusión lógica es que no recibimos nada sin fe. Todos los resultados de la oración se obtienen por fe.

—JUAN CALVINO

Oh, Dios, estoy seguro de que la fe a la que aquí se refiere debe ser una fe auténtica. No es solo una vana esperanza sino una fe que ve los resultados. Te ruego que tú cultives esa fe en mí. Amén.

ORA CON NATURALIDAD

En todas mis oraciones por todos ustedes, siempre oro con alegría.

FILIPENSES 1:4

Orar es un deseo anhelado del espíritu hacia Dios. Es como alguien que está enfermo y ansía la salud.

La fe ora constantemente. El espíritu siempre está atento a la voluntad de Dios y conoce nuestra fragilidad. Esta también nos recuerda las dolencias de los demás, entendiendo que no hay fuerzas ni ayuda en ninguna parte más que en Dios. La pena de un vecino no es menos que la tuya.

Imagínate que alguien que es débil en la fe te pida que ores. Guía a esa persona a las verdades y promesas de Dios. Enseña a esa persona cómo confiar en Dios.

Si tú me dieras mil dólares y me pidieras que orara por ti, yo no estaría más inclinado a hacerlo de lo que estaba antes. No podría orar más aunque tú me dieras todo el mundo. Si veo una necesidad, yo oro. No puedo dejar de orar cuando el Espíritu de Dios está en mí.

—WILLIAM TYNDALE

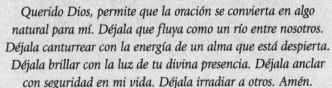

Querido Dios, permite que la oración se convierta en algo natural para mí. Déjala que fluya como un río entre nosotros. Déjala canturrear con la energía de un alma que está despierta. Déjala brillar con la luz de tu divina presencia. Déjala anclar con seguridad en mi vida. Déjala irradiar a otros. Amén.

Ora los salmos

Tu amor es mejor que la vida; por eso mis labios te alabarán.

SALMO 63:3

El libro de los Salmos es una compilación de oraciones que se hicieron para orar en voz alta. Estas son un consuelo tremendo para aquellos de ustedes que todavía no se sienten listos para abrir la boca en oración. Quizá sientas que tus palabras no suenan lo suficientemente bien. Verás que no hay nada pulido ni refinado acerca del lenguaje en las oraciones de los Salmos. A veces son quejosas, felices, confusas, titubeantes, repetitivas e inseguras. En otras palabras, los Salmos usan palabras de verdad para expresar emociones de verdad. Tú puedes orar literalmente los Salmos a Dios. Escoge uno, luego léelo en voz alta a Dios como tu expresión a él. A veces, hacer esto no parecerá raro. Encontrarás tu propio espíritu unido al espíritu de las palabras como si lo hubieras escrito tú mismo.

—MARILYN MEBERG, tomado de *Assurance for a Lifetime*

Señor Dios, gracias por invitarme a orarte, y por haber provisto modelos en los Salmos y en el Padre Nuestro. Señor, estoy agradecido por la oportunidad de tener una relación contigo. Señor Dios, haz que hoy los Salmos me acerquen más a ti. Amén.

ORACIÓN DE LA MAÑANA

Por la mañana, SEÑOR, escuchas mi clamor; por la mañana te
presento mis ruegos, y quedo a la espera de tu respuesta.

SALMO 5:3

Hay algunas clases de oraciones breves que son útiles. Una de ellas es la
oración de la mañana. Es una manera de prepararse para las actividades
del día. Aquí está cómo se hace.

Comienza por adorar realmente a Dios. Agradécele haberte preservado
a través de la noche. Reconoce que este día se te da como otra oportunidad para prepararte para la eternidad.

Busca hoy oportunidades de servir a Dios ... Decide hacer lo mejor de
cada oportunidad para servir a Dios y aumentar la devoción que viene
a tu camino. Prepárate con cuidado para evitar, resistir y sobrellevar
cosas dañinas. No es suficiente decidir simplemente hacer esto. Haz
un plan de acción ...

Entonces sé humilde ante Dios. Admite que tú no puedes hacer nada de
esto por tu cuenta. Ofrece todas tus buenas intenciones a Dios, como
si estuvieras llevando tu corazón en las manos. Pide que se involucre
en tus planes para el día.

Estos pensamientos de oración deben resolverse rápido en la mañana,
antes de salir de tu cuarto. Dios bendecirá tu día.

—FRANCISCO DE SALES

Señor, aquí está mi contrito corazón. Con tu inspiración ha hecho
algunos buenos planes, pero está demasiado débil para lograr lo
que quiere. Dale tu bendición mediante Cristo, en cuyo nombre yo
dedico el día de hoy y todos los días restantes de mi vida. Amén.

AVIVA LA LLAMA

Oh Dios, tú eres mi Dios; yo te busco intensamente.
—Mi alma tiene sed de ti; todo mi ser te anhela,
cual tierra seca, extenuada y sedienta.

SALMO 63:1

Querido Padre, a veces me concentro tanto en la disciplina de orar que realmente mi corazón no se entrega a la oración. Hoy te pido que tú reinicies mi amor por ti y el gozo que encuentro en tu presencia. Amén.

Yo tengo un cierto lugar donde me gusta orar todas las mañanas. Ese es el primer lugar al cual voy, y es de importancia primaria para mí emplear un tiempo con Dios. Pero hasta la oración puede convertirse en una obra de la carne si solo oro como un hábito en lugar de con toda honestidad desear la dirección de Dios.

Perderemos una relación íntima con Dios si hacemos de la oración una obra de la carne ... Sabemos que el Espíritu nos guía cuando *queremos* orar; cuando *queremos* estudiar la Palabra y cuando *queremos* recibir la disciplina de Dios. El gozo verdadero se encuentra cuando podemos sentir el toque de Dios en nuestros planes.

—JOYCE MEYER, tomado de *Seven Things That Steal Your Joy: Overcoming the Obstacles to Your Happiness*

APRENDE CÓMO ORAR

Pero tú, cuando te pongas a orar, entra en tu cuarto,
cierra la puerta y ora a tu Padre, que está en lo secreto.
Así tu Padre, que ve lo que se hace en secreto, te recompensará.

MATEO 6:6

Jesús le dijo a los discípulos: «cuando te pongas a orar, entra en tu cuarto» (Mateo 6:6). Él estaba contrarrestando el hábito de los fariseos de orar en público como un show para que los notaran. El prefacio de la oración es la humildad. Es mejor cuando los demás no lo notan.

Jesús también les enseñó que decir palabras repetidas no garantiza que se les haya escuchado (Mateo 6:7). Las oraciones improvisadas tienden a ser más reales y honestas. La estructura reprime la espontaneidad. Decimos el nombre del Señor y venimos a su presencia. Jesús dijo: «Así tu Padre, que ve lo que se hace en secreto, te recompensará». Cuando oramos, lo hacemos en la autoridad del nombre de Jesús. Debemos recordar que nuestro único acceso en la oración es en el nombre de Jesús y no por los méritos del acto de nuestra oración.

—FRANKLIN GRAHAM, tomado de *All for Jesus*

Señor Jesús, tú eres un Maestro tan maravilloso.
Gracias por enseñarme a orar. Te ruego que hoy me
ayudes a practicar tus enseñanzas. Amén.

SED DE JUSTICIA

*Dichosos los que tienen hambre y sed de
justicia, porque serán saciados.*

MATEO 5:6

Una vez alguien dijo: «Cualquier discusión sobre la doctrina de la oración que no surja de la práctica de la oración *no* solo es inútil, sino dañina». Eso es cierto. Si Dios te está hablando, tú debes orar.

Primero, destaca las cualidades espirituales que te gustaría cultivar. En referencia a las bienaventuranzas esta puede ser pobreza del espíritu o mansedumbre o pureza de corazón. Escríbelas en tu lista de oración y comienza a orar regularmente.

Segundo, cuando ores, ora con persistencia, pidiendo, buscando y llamando. Busca esto con todo tu ser.

Tercero, debes saber esto: tú lo recibirás. Y será mejor de lo que hayas soñado, porque tu Padre celestial te lo dará. Serás bendecida porque él te llamará «bendecida».

—R. KENT HUGHES, tomado de *Blessed Are the Born Again*

*Señor Dios, yo sé que tú premias y le contestas a
los que te buscan con diligencia. Señor, hoy me
regocijo en la confianza de que tú me bendecirás y
me harás lo que tú quieres que yo sea. Amén.*

Los límites de la oración

Ésta es la confianza que tenemos al acercarnos a Dios:
que si pedimos conforme a su voluntad, él nos oye.

1 Juan 5:14

Nuestras oraciones deben confinarse a lo que Dios permite. Aunque él nos invita a abrir «tu corazón cuando estés ante él» (Salmo 62:8), Dios no extiende la carta blanca. Él no nos da una gama ilimitada de ideas tontas y depravadas. Cuando él promete darnos lo que deseamos, esto no incluye las cosas sin sentido o caprichosas.

Oh, Señor, ayúdame a orar como tú me harías orar. Amén.

Esto sucede todo el tiempo. Muchos oran a Dios acerca de cosas frívolas que no tienen modestia ni son reverentes ... Son tan toscos que estúpidamente traen sus tonterías a Dios cuando se sonrojarían si le dijeran a otro lo que están pensando ...

La solución de todo esto es que nuestro corazón gane el mismo afecto para Dios que tiene nuestra mente. Para ayudarnos con esto, el Espíritu de Dios guía nuestras oraciones. Él puede decirnos lo que es correcto. Él puede regular nuestros deseos. «Así mismo, en nuestra debilidad el Espíritu acude a ayudarnos. No sabemos qué pedir, pero el Espíritu mismo intercede por nosotros con gemidos que no pueden expresarse con palabras» (Romanos 8:26). Dios estimula la oración buena. La oración correcta es un regalo de Dios.

—Juan Calvino

ORACIONES MUY BREVES

"¡Hiciste bien, siervo bueno! —le respondió el
rey—. Puesto que has sido fiel en tan poca cosa,
te doy el gobierno de diez ciudades."

LUCAS 19:17

Haz oraciones pequeñas y frecuentes a Dios. Expresa tu aprecio por su belleza. Pídele que te ayude. Cae a los pies de la cruz. Ama su bondad. Entrégale tu alma miles de veces al día. Extiende tus manos a él como un niño. Si estos pensamientos íntimos de oración, se convierten en algo habitual, tú ganarás una hermosa familiaridad con Dios …

En una noche muy clara una persona devota se paró a la orilla de un arroyo mirando el cielo. En el agua se reflejaban las estrellas. Esa persona dijo: «Oh, Dios mío, de la misma manera que las estrellas del cielo se reflejan en la tierra, también nosotros en la tierra nos reflejamos en el cielo». San Francisco se arrodilló para orar al lado de este hermoso arroyo y se quedó cautivado. «La gracia de Dios fluye tan gentil y dulcemente como este pequeño arroyo». Otro santo observó cómo una gallina reunía a los polluelos debajo de sus alas. Él dijo: «Señor, guárdanos bajo la sombra de tus alas».

Muchas oraciones breves como estas pueden suplir la falta de todas las demás oraciones. Son esenciales. Sin estas el descanso es solo ociosidad y el trabajo es puro trabajo penoso.

—FRANCISCO DE SALES

 Señor, si preparo mi mente y si tengo tu ayuda, yo podría orar con tanta facilidad como respiro. Señor, te doy mi día y te pido que te reveles a mí en las cosas más pequeñas. Amén.

ORACIÓN SECRETA

[Jesús dijo:] Pero tú, cuando te pongas a orar, entra en tu cuarto, cierra la puerta y ora a tu Padre, que está en lo secreto. Así tu Padre, que ve lo que se hace en secreto, te recompensará.

MATEO 6:6

A veces necesitamos un lugar donde reunirnos con un grupo a orar … Pero necesitamos un lugar secreto de oración. Esto nos evitará exhibirnos. Nos deja libres para usar cualquier palabra que querramos. Si queremos hacer gestos que aumenten nuestra devoción, nadie más lo sabrá.

Oh, Dios, a solas contigo, cierro mi boca y escucho. Ilumíname. Háblame y edifícame. Asegúrame que tú sabes lo que necesito incluso antes que yo te lo pida. Amén.

Ve a Dios con toda audacia. Él desea tus oraciones y te manda a orar. Él promete escucharte, no porque tú seas bueno sino porque él es bueno.

La oración falsa es lo que Cristo condena. La lengua y los labios están ocupados, el mismo cuerpo tal vez esté sufriendo un dolor, pero el corazón no está hablándole a Dios. No siente ni la más mínima dulzura. No tiene confianza en las promesas de Dios …

No hay un trabajo mayor en el mundo que la oración falsa. Cuando el cuerpo está obligado y el corazón no lo desea, cuando todo esté contra de la oración, entonces dolerá. La verdadera oración consuela y anima. El cuerpo, aunque estuviera medio muerto, revive y de nuevo se fortalece. Aunque pasen muchos minutos, parecerán ser breves y fáciles.

—WILLIAM TYNDALE

UNA ORACIÓN ESPECIAL

Apresúrate, oh Dios, a rescatarme;
¡apresúrate, SEÑOR, a socorrerme!
SALMO 70:1

Este versículo del Salmo 70 encaja en todos los estados de ánimos y disposición de la naturaleza humana. Cubre toda tentación y situación. Tiene una apelación a Dios, una revelación plena de fe, una anticipación reverente, una contemplación de nuestras debilidades, una confianza en la respuesta de Dios y una seguridad de la providencia de Dios ...

> *Oh, Señor, cualquiera que sea mi situación, déjame buscar tu ayuda. Ya sea que esté yo desesperado o cómodo, permíteme volverme a ti. Amén.*

Cualquiera que sea la condición de nuestra vida espiritual, necesitamos usar este versículo. Este nos recuerda que necesitamos que Dios nos ayude tanto en la prosperidad como en el sufrimiento, en la felicidad como en la tristeza. Sin la ayuda de Dios, nuestra frágil naturaleza no podría sobrevivir a ninguno de esos estados ...

Puedo citar este versículo como una oración efectiva ... para cada situación imaginable. Tal vez ... me tiente la ira, el egoísmo, el sexo, el orgullo, o la crítica. Para detener estas sugerencias diabólicas yo puedo pedir en alta voz: «Apresúrate, oh Dios, a rescatarme; ¡apresúrate, SEÑOR, a socorrerme!»

Ora esta oración todo el tiempo. En la adversidad, la oración pide liberación. En la prosperidad busca seguridad sin mostrar orgullo. Medita en esto. Haz que permanezca dándote vueltas en la cabeza. Deja que el sueño te sorprenda pensando acerca de este versículo hasta que por fin tú lo ores en tus sueños.

—JUAN CASSIAN

ORACIÓN EN UN TIEMPO DE PROBLEMAS

Que el Señor te responda cuando estés angustiado;
que el nombre del Dios de Jacob te proteja.

SALMO 20:1

Es importante orar en momentos de necesidad extrema. Yo sé acerca de esto. Cada vez que he orado con pasión, él me ha escuchado. He recibido más de lo que pedí en oración. A veces ha habido una demora, pero la respuesta siempre llegó.

¡La oración es algo potente! Dios le da la bienvenida a nuestras oraciones. No hay razón para que dudemos. Si confiamos en las promesas de Cristo, podemos orar con la seguridad de que Dios nos escucha y contesta.

Dios quiere que oremos cuando tenemos problemas. Tal vez él se esconda un poco. Nosotros tendremos que buscarlo. Cristo dijo: «Pidan, y se les dará; busquen, y encontrarán; llamen, y se les abrirá» (Mateo 7:7). Si intentamos venir a Dios, debemos tocar y luego tocar un poco más. Necesitamos continuar tocando mucho a la puerta de Dios.

—MARTÍN LUTERO

> *Yo sé que debo orar en todo tiempo, dándote gracias por mis bendiciones y recordando las necesidades de otros. A menudo parece que la oración es un trabajo difícil. Pero, Señor, te estoy agradecido porque cuando tengo dificultades, la oración viene de manera natural para mí. Es claro que necesito un equilibrio en mi vida de oración. Dame un fervor igual para cada clase de oración. Amén.*

DEPOSITA TUS CARGAS SOBRE EL SEÑOR

Depositen en él toda ansiedad, porque él cuida de ustedes.
1 PEDRO 5:7

> *Señor, gracias porque tú me invitas a depositar mis cargas sobre ti. Hoy te entrego las cosas que me pesan en mi mente, y te pido que me las quites de las manos. Amén.*

Cualquiera que sea el motivo que te esté presionando, ve y dilo al Padre; deposita el asunto en sus manos, y tú estarás libre de ese cuidado que divide y te deja perplejo del que está lleno el mundo. Cuando tengas que sufrir algo, cuando tengas algo referente a cualquier propósito o asunto, ve y cuéntaselo a Dios, y preséntaselo, sí, echa esa carga sobre él y habrás terminado con la preocupación, ya no más cuidado, sino quietud, dulce diligencia en tu obligación y dependencia en él para que lleve todos tus asuntos. Echa tus preocupaciones y tú mismo con ellas, como una sola carga, sobre tu Dios.

—R. LEIGHTON

Petición de Oración

—No son los sanos los que necesitan médico
sino los enfermos —les contestó Jesús—.
LUCAS 5:31

Cuando la gente te pida que recuerdes a alguien en oración, a menudo te dirán: «¡Esta es una persona tan agradable!» Esto es como llevar a un enfermo al médico y decirle: «¡Cúralo porque él es muy saludable!» Tal vez lo que ellos quieren decir con esa idea de «una persona agradable» es que allí hay pocas esperanzas para la salvación de ese individuo.

A veces ellos dirán: «Ora por fulano porque esta persona ha hecho cosas buenas para ti». Yo preferiría orar por alguien que me ha hecho mal. Esa persona realmente necesita mis oraciones.

Es bueno orar por cualquiera que confiese y pida perdón. Pero todavía es mejor orar por alguien que todavía no se siente culpable acerca de nada. Pídele a Dios que los ayude a darse cuenta de sus pecados. Y también ora por aquellos que saben que son culpables pero no lo admiten. Quizás estén avergonzados. Quizás hasta estén disfrutando su culpa. Pídele a Dios que los ayude.

—GUIGO I

Señor Jesús, tú nos enseñaste a orar por nuestros enemigos. Tú nos dices que perdonemos a quienes han pecado en contra nuestra. Tú quieres que oremos por aquellos que nos persiguen. ¡Qué lista de oración tú nos has dado! Aquí estoy listo para pedirte por todas las cosas que quiero para mis seres queridos. Ayúdame a organizar mis prioridades. Entonces, tal vez yo esté listo para amar a los que me quieran en una nueva perspectiva. Amén.

ENTREGUÉMONOS

José y María llevaron al niño a Jerusalén para presentarlo al Señor … También ofrecieron un sacrificio conforme a lo que la ley del Señor dice: «un par de tórtolas o dos pichones de paloma».

LUCAS 2:22-24

Oh, Jesús, me ofrezco para estar contigo. Dame el valor que necesito para renunciar por completo a mí mismo. Señor, perder el lujo, la fama, el dinero y la vida no es nada. Capacítame para perderme en ti. Amén.

Solo cuando por fin nos entregamos a Dios es que reconocemos que todo hasta este punto era una separación de Dios. ¿Qué tendrá importancia cuando yo deje de ser una preocupación mía? Pensaré menos en lo que me sucede y más acerca de Dios. Se hará su voluntad. Esto es suficiente. Si queda suficiente auto interés para quejarnos, yo habré ofrecido un sacrificio incompleto.

Esto no es fácil. Las viejas maneras de pensar y comportarnos no se pierden de repente. De vez en cuando estas vuelven a surgir en la vida. Yo comienzo a murmurar: «¡No merezco este trato! ¡Las acusaciones son falsas e injustas! … ¡Dios me está castigando con demasiada severidad! Yo esperaba alguna ayuda de esta buena gente, pero no me hacen caso. ¡Dios me ha desamparado!»

Un alma débil y temblorosa, un alma de poca fe, ¿quieres algo que no sea la voluntad de Dios? ¿Le perteneces a él o a ti mismo? Renuncia al miserable ego que hay en ti. Corta toda atadura. Ahora estás llegando al asunto del sacrificio. Cualquier cosa menos es un juego de niños. No hay otra manera de ofrecer tus dos palomas a Dios.

—FRANÇOIS DE FÉNELON

Una oración atrevida

Así que, hermanos, mediante la sangre de Jesús,
tenemos plena libertad para entrar en el Lugar
Santísimo, ... Acerquémonos, pues, a Dios con corazón
sincero y con la plena seguridad que da la fe.

HEBREOS 10:19, 22

¡Hoy me divertí un poco con Dios! Me atreví a quejarme a él. Yo le dije:

Por favor, explícame por qué me mantienes en esta vida miserable. ¿Por qué tengo que soportarla? Todo aquí interfiere con mi disfrute de ti. Tengo que comer y dormir y trabajar y hablar con todos. Yo hago todo esto por amor a ti, pero me atormenta.

Y, ¿cómo es que cuando hay un breve descanso y yo puedo tener un poco de tiempo contigo, tú te escondes de mí? ... Señor, creo con toda honestidad que si fuera posible para mí esconderme de ti de la misma manea que tú te escondes de mí, tú no me lo permitirías. Pero tú estás conmigo y siempre me ves. ¡Señor, deja esto! Me duele porque te amo tanto.

Yo le dije esto y otras cosas a Dios. A veces el amor se convierte en algo tonto y no tiene mucho sentido. El Señor soporta estas cosas. Alabado sea un Rey tan bueno. No nos atreveríamos a decir estas cosas a los reyes terrenales.

—TERESA DE ÁVILA

 *Señor, tú respetas y honras la oración. Ayúdame a ser
sincera contigo en lugar de procurar orar oraciones
breves y bonitas con poca vida en ellas. Amén.*

ENCARA EL DÍA PRÓXIMO

> Será como la luz de la aurora en un amanecer sin nubes, que
> tras la lluvia resplandece para que brote la hierba en la tierra.
>
> 2 SAMUEL 23:4

Señor, las distracciones están esperando a mi alrededor, evitando que me enfoque en ti. Y al final del día estoy cansado, a veces abatido, y siempre admitiendo que he tenido momentos difíciles pensando en tu gloria y tratando de ayudar a otros. Señor, ayúdame. Amén.

Cuando tú comienzas el día, piensa en tu insensibilidad hacia Dios. Recuerda que él está llamándote constantemente y que tú necesitas responder.

Piensa cuánto olvidas el gran valor que tienes para Dios y cómo tu «cuerpo es templo del Espíritu Santo» (1 Corintios 6:19).

Dile a tu alma: «¡Muévete! Sigue a Dios. Haz buenos planes y síguelos. Vive de maneras que agraden a Dios. Considera este día de trabajo una tarea que Dios te ha dado».

Ora pidiendo la ayuda de Dios. Pídele que te dé la habilidad de hacer el uso más provechoso de tus oportunidades.

Comienza bien y sigue mejorando. Hazlo todo para la gloria de Dios y el beneficio de los demás.

Considera el tiempo perdido si no lo usas para pensar por lo menos en la gloria de Dios y buscar la manera de hacer algo para el beneficio de otro.

—JOHN BRADFORD

GLORIFICA AL PADRE

Cualquier cosa que ustedes pidan en mi nombre,
yo la haré; así será glorificado el Padre en el Hijo.
Lo que pidan en mi nombre, yo lo haré.

JUAN 14:13-14

«Así será glorificado el Padre en el Hijo»: Es con este fin que Jesús en su trono de gloria hará todo lo que le pidamos en su nombre. Cada respuesta a la oración que él da tendrá esto como su objetivo. Cuando no es posible lograr este objetivo, él no contestará. Es naturalmente que con nosotros, como también lo fue con Jesús, esto sea el elemento esencial en nuestras peticiones. La gloria del Padre debe ser la meta, la misma alma y vida, de nuestra oración.

—ANDREW MURRAY

*Querido Señor, me maravilla que tú prometes contestar
la oración que se ofrece en tu nombre. Padre, haz que mi
vida y oraciones nunca dejen de glorificarte. Amén.*

RECUPERACIÓN

Bueno es el SEÑOR; es refugio en el día de la
angustia, y protector de los que en él confían.

NAHUM 1:7

Lleva con rapidez tus problemas a Dios. Él pudiera ayudarte mucho más rápido si tú no fueras tan lento en volverte a la oración, pero primero tú lo pruebas todo.

Ahora que has recuperado tu aliento y tus problemas han pasado, recupérate en las misericordias de Dios. Dios está cerca a ti para reparar todos los daños y hacer que las cosas sean mejores que antes. ¿Hay algo que sea demasiado difícil para Dios? ¿Dónde está tu fe? Debes estar firme en Dios. Ten paciencia y valor. El consuelo vendrá con el tiempo. Espera. Él vendrá a ti con sanidad.

¿Estás ansioso acerca del futuro? ¿Qué beneficio te dará esto sino tristeza? «Por lo tanto, no se angustien por el mañana, el cual tendrá sus propios afanes. Cada día tiene ya sus problemas» (Mateo 6:34).

Señor Jesús, tú no mandaste a los discípulos al mundo para disfrutar los placeres terrenales, sino para hacer la batalla; no para recibir honores, sino para recibir desprecio, no para ser ociosos, sino para trabajar, no para descansar sino, con paciencia, cosechar. Señor, dame fortaleza para hacer tu voluntad hoy. Amén.

Cuando crees que estás lejos de Dios, él realmente está muy cerca. Cuando crees que todo está perdido, a veces la mejor ganancia está lista para ser tuya. No lo juzgues de acuerdo a cómo te sientes ahora mismo. Si durante un tiempo no sientes consuelo de Dios, él no te ha rechazado. Él te ha puesto en el camino al reino de los cielos.

—THOMAS À KEMPIS

PLANEA EN ORACIÓN

Confía en el SEÑOR de todo corazón, y no en
tu propia inteligencia. Reconócelo en todos
tus caminos, y él allanará tus sendas.

PROVERBIOS 3:5-6

¿Alguna vez consideraste que el Señor puede causar cualquier tormenta en tu vida para hacerte ir al lugar donde él quiere que llegues? Muchos de nosotros pensamos que nos pertenece decidir dónde vamos a estar en cinco años, o incluso que es opción nuestra decidir exactamente lo que vamos a hacer mañana, la próxima semana o el próximo año. Si consideramos que Jesús es nuestro Señor, entonces esas decisiones le pertenecen a él, no a nosotros. Nosotros podemos hacer planes, y somos sabios al hacerlos, pero nuestros planes siempre deben ser el resultado de la oración y deben hacerse con una flexibilidad total de que si esto no es lo que Dios quiere que nosotros hagamos, seremos rápidos para alterar nuestro curso.

Querido Señor, hay tantas cosas que me gustaría hacer, y tantas cosas que tengo que hacer. Dios, mientras hago mis planes, te pido que tú me guíes, que me bendigas. Te confío mis caminos, oh, Señor. Amén.

—CHARLES STANLEY

PRESENTEMOS NUESTRAS PREOCUPACIONES

Bueno es el SEÑOR; es refugio en el día de la
angustia, y protector de los que en él confían.

NAHUM 1:7

¿Creíste que Jesús solo se ocupa de cosas como el cielo y el infierno? ¿Del perdón y el pecado? ¿De la santidad y la maldad? ¿De la verdad y las mentiras? ¿De la salvación y el juicio? Jesús se ocupa de todas esas cosas. Pero él también se ocupa de tus trabajos, de si tu hijo logró entrar en el equipo de deportes, de los pagos a la universidad de tus hijos, de tu presupuesto ahora que inesperadamente estás encinta, del techo que tiene una gotera, de la transmisión del auto que está a punto de fallar y de todos los demás problemas físicos y necesidades que encaramos.

Jesús se ocupa hasta del problema físico que encaramos aunque mayormente sea por nuestra culpa. Él se ocupa de si tenemos problemas con el auto, incluso si es nuestra culpa por no haber empleado un tiempo para cambiar el aceite con regularidad ... Jesús se ocupa acerca de tus necesidades físicas de hoy.

—ANNE GRAHAM LOTZ, tomado de *Solo dame Jesús*

*Señor, hoy estoy consciente de esta verdad: que tú te
ocupas de mí. Tú conoces mis necesidades, y estas te
interesan. Ayúdame a descansar en tu amor y cuidados,
confiadamente a seguirte, mi Pastor. Amén.*

FALSA DEVOCIÓN

Morirá por su falta de disciplina; perecerá por su gran insensatez.
PROVERBIOS 5:23

Somos cuerpo y espíritu. Dios desea que lo sirvamos con ambos. Te estoy pidiendo que tengas el cuidado de no pensar en una manera material acerca de lo que solo se puede entender espiritualmente.

Déjame darte un ejemplo sencillo. Qué pasaría si los novicios leyeran o escucharan acerca de la necesidad de introducir la comprensión en el ser interior, o quizás la importancia de surgir más allá del ego. Muy a menudo esto se toma literalmente. Al abandonar la oración humilde, el novicio se sumerge en lo que considera ser el verdadero ejercicio espiritual en su alma. Esta es la manera más rápida para una muerte física y espiritual. Es locura y no sabiduría. Estas personas hacen cosas no naturales. Se colocan en situaciones estresantes. Le piden demasiado a su imaginación. El diablo tiene la habilidad de reunir falsas luces y sonidos, olores y gustos engañosos, sensaciones y percepciones extrañas. Algunos consideran que esta clase de ilusión es una serena conciencia de Dios. Son más semejantes a ovejas que sufren de una enfermedad cerebral.

—ANÓNIMO

Sálvame, Señor, de las trampas de mi
propio entendimiento. Amén.

UN POCO DE ESFUERZO, UN GRAN PREMIO

El SEÑOR está cerca de quienes lo invocan,
de quienes lo invocan en verdad.

SALMO 145:18

Dios no impone grandes cargas sobre nosotros
pensar un poco en él,
un poco de adoración,
a veces orar pidiendo gracia
a veces ofrecerle tus penas,
a veces darle gracias por las cosas buenas que él hace.

Eleva tu corazón a él incluso en las comidas y cuando estés acompañado. Él siempre aceptará hasta el recuerdo más pequeño. No tienes que gritar. Él está más cerca a nosotros de lo que tú piensas.

Tú no tienes que estar en la iglesia todo el tiempo para estar con Dios. Nosotros podemos hacer una capilla en nuestro corazón a la que de vez en cuando podamos acudir y conversar con él con mansedumbre, humildad y amor. Todos tenemos la capacidad para tener una conversación íntima con Dios, algunos más, algunos menos. Él sabe lo que podemos hacer. Comienza. Tal vez él solo está esperando por una fuerte resolución de tu parte. Ten el valor.

—HERMANO LORENZO

¿Será posible que si yo hago un pequeño esfuerzo, crezca mi conciencia de tu cercanía? ¿Cómo lo sabré si no hago la prueba? Señor, ayúdame a intentarlo. Amén.

PRECISAMENTE DONDE ESTAMOS

Vengan, postrémonos reverentes, doblemos la
rodilla ante el SEÑOR nuestro Hacedor …
—Si ustedes oyen hoy su voz, no endurezcan el corazón,
como en Meribá, como aquel día en Masá, en el desierto.

SALMO 95:6-8

«¿Cómo podemos cantar las canciones del Señor en una tierra extraña?» Los israelitas no creyeron que lo pudieran hacer. Pero lo hicieron. Caramba, ¡lo hicieron en grande! ¿Cómo lo hicieron? … Ellos se sumergieron en la meditación del torá: antes de darse cuenta ya estaban orando. Ellos eran árboles. Trasplantados a Babilonia echaron sus raíces, les brotaron hojas y produjeron fruto.

Señor, tu Palabra me enseña acerca de ti, llamándome a orarte y buscarte precisamente donde estoy. Dios, tú eres bueno. Ayúdame hoy a recordar esto y buscarte por medio de la oración. Amén.

Todos suponemos que podríamos orar u orar mejor si estuviéramos en el lugar correcto. Posponemos la oración hasta que estamos donde creemos que debemos estar, o queremos estar. Dejamos que nuestras fantasías o nuestras circunstancias nos distraigan para no atender a la Palabra de Dios que precisamente se dirige al lugar donde estamos e invita nuestras respuestas desde ese lugar.

—EUGENE H. PETERSON, tomado de *Answering God*

ANSIOSO DE RECIBIR

Si ustedes creen, recibirán todo lo que pidan en oración.
MATEO 21:22

Cuando Jesús confrontó a un hombre al lado del estanque de Betzatá que hacía treinta y ocho años que estaba paralítico, le preguntó: «¿Quieres quedar sano?» (Juan 5:6).

Al principio, debe haber parecido como una pregunta desconsiderada. Cualquiera que estuviera acostado durante tanto tiempo con toda seguridad querría pararse. Pero Jesús sabía que era más fácil acostarse sobre un catre y dejar que otros le sirvieran que hacerse cargo de todas las responsabilidades de la vida que se requieren cuando puedes caminar. El hombre contestó que él quería sanarse e inmediatamente Jesús le dijo que recogiera su camilla y caminara. Y el hombre lo hizo.

¿Cómo tú y yo nos mostramos ansiosos por recibir todo lo que Dios nos ha prometido? Una forma es mediante la oración persistente a medida que le pedimos a Dios un cambio, buscamos su Palabra acerca del cambio y entonces oramos con persistencia hasta que él nos lo concede.

—ANNE GRAHAM LOTZ, tomado de *God's Story*

Padre Dios, tú conoces mis necesidades. Tú sabes lo que está en mi mente y por lo que estoy esperando con ansiedad. Señor, hoy busco tus promesas con persistencia. Amén.

SOLEDAD Y SOCIEDAD

Alégrense siempre en el Señor. Insisto: ¡Alégrense!
Que su amabilidad sea evidente a todos. El Señor está cerca.
FILIPENSES 4:4-5

Si tú no tienes ninguna obligación de socializar ni entretener a otros en tu casa, quédate solo. Entreténte a ti misma. Si llegan visitas o si alguien te llama por una buena razón, acude como uno a quien Dios manda. Visita a tus vecinos con un tierno corazón y una buena intención …

Además de una solicitud mental, a la cual te puedes retirar incluso en medio de una multitud, aprende a amar la verdadera solicitud física. No hay necesidad de salir al desierto. Simplemente emplea un tiempo de quietud a solas en tu habitación, en un jardín o en algún otro lugar. Allí puedes pensar en algo santo o hacer un poco de lectura espiritual. Uno de los grandes obispos dijo: «Al atardecer yo camino a solas por la playa. Uso esta recreación para refrescarme y sacudirme un poco los problemas ordinarios».

Nuestro Señor recibió un informe radiante de sus apóstoles acerca de cómo habían predicado y qué gran ministerio habían hecho. Entonces él les dijo: «Vengan conmigo ustedes solos a un lugar tranquilo y descansen un poco» (Marcos 6:31).

—FRANCISCO DE SALES

Señor Dios, en buena compañía o solo,
déjame estar contigo. Amén.

QUIERE LO CORRECTO

[Jesús oró:] No me hagas beber este trago amargo,
pero no sea lo que yo quiero, sino lo que quieres tú.

MARCOS 14:36

> *Señor, muéstrame cómo tú quiere que yo ore. Enséñame a desear las cosas que tú quieres para mí. Amén.*

Es un error pedirle a Dios que te dé lo que tú quieres. Es probable que tus deseos no estén en completa armonía con la voluntad de Dios. Por el contrario, ora pidiendo que Dios te guíe a querer lo que es correcto. Pide lo que es bueno y lo que es mejor para tu alma. De ninguna manera tú vas a querer estas cosas para ti más de lo que Dios desea que tú las tengas …

Haz oraciones relajadas. No te empeñes tan arduamente en obtener tus peticiones. El Señor te quiere dar más de lo que tú pides. Nada puede ser más grande que la conversación íntima con Dios, estar absolutamente preocupado con su compañía. La oración que no se distrae con una lista de deseos es el mayor logro del intelecto.

—EVAGARIO PONTICO

PIDE LO QUE ES CORRECTO

> En cambio, el fruto del Espíritu es amor, alegría, paz,
> paciencia, amabilidad, bondad, fidelidad, humildad y
> dominio propio. No hay ley que condene estas cosas.
>
> GÁLATAS 5:22-23

A menudo, cuando yo oraba, pedía cosas que a mí me parecían buenas. Presionaba a Dios para que me diera lo que yo quería. No confiaba lo suficiente en Dios para permitirle proveerme lo que sería mejor para mí. Cuando realmente recibía las cosas que busqué irrazonablemente, me avergonzaba por causa de mi egoísmo terco. Al final, las cosas no resultaban ser como yo esperaba …

Si tú le pides algo a Dios, pídele que te limpie de tus pasiones. Pídele que te libere de la ignorancia. Ruégale a Dios que te libere de la tentación.

En tus oraciones, desea justicia, virtud y conocimiento espiritual. También te dará las demás cosas.

Si vas a orar por otros, orarás como los ángeles.

—EVAGARIO PONTICO

*Dios, yo sé que aunque tú te ocupas de las pequeñas cosas de
mi vida, te ocupas todavía más de mi carácter. Señor, hoy
simplemente te pido que me hagas más semejante a ti. Amén.*

LA VERDADERA ORACIÓN DE FE

Esperamos confiados en el SEÑOR; él es nuestro
socorro y nuestro escudo. En él se regocija nuestro
corazón, porque confiamos en su santo nombre.

SALMO 33:20-21

Señor Dios, gracias por tus promesas. Señor, me aferro a esas promesas ahora mismo y te ruego que tú comiences el buen trabajo que comenzaste en mí, que tú satisfagas mis necesidades de acuerdo a tus riquezas en gloria. Amén.

Uno se pregunta si tal vez sería mejor dejarle saber a Dios nuestros deseos, dejándole a él que decida lo que es mejor, sin buscar imponer nuestra voluntad. La respuesta es: *de ninguna manera*. La oración de fe que Jesús le quiso enseñar a los discípulos no solo proclama su deseo para luego dejarle la decisión a Dios. Esa sería la oración de sumisión para casos en los que no sabemos la voluntad de Dios. Pero la oración de fe, que busca la voluntad de Dios en alguna promesa de la Palabra, ruega por esa promesa hasta que viene.

—ANDREW MURRAY

DETÉN UNA MENTE EXTRAVIADA

Cuando salió Jesús, llevaba puestos la corona
de espinas y el manto de color púrpura.
—¡Aquí tienen al hombre! —les dijo Pilato.

JUAN 19:5

Si tu mente se extravía durante la oración, aquí hay una técnica que realmente te ayudará. Si eres un principiante en la oración, ahora no hay necesidad de una meditación sutil con muchas concepciones mentales de Jesús. Simplemente míralo.

Si tienes problemas o estás triste, mira a Jesús en su camino al Jardín de Getsemaní. Imagina la lucha que tendría dentro de su alma. Míralo doblado por el peso de la cruz. Míralo perseguido, sufriendo y abandonado por sus amigos.

Permite que tu oración comience a tomar forma. «Señor, si tú estuviste dispuesto a sufrir esas cosas por mí, ¿qué estoy yo sufriendo por ti? ¿Por qué me voy a quejar? Déjame imitar tu camino».

Tú me preguntas cómo te sería posible hacer esto, protestando porque Jesús no está físicamente presente en el mundo actual. ¡Escucha! Cualquiera puede hacer el pequeño esfuerzo que es necesario hacer para ver al Señor por dentro. Tú puedes hacer esto sin riesgo alguno y con muy poca molestia. Si te niegas a intentarlo, tampoco es probable que tú hubieras permanecido a los pies de la cruz.

—TERESA DE ÁVILA

Si yo debo quedarme con un principiante de la oración, Señor Dios, déjame ser un principiante experimentado. Ayúdame a seguir la guía de aquellos que conocen el camino. Amén.

Con Jesús en el Jardín de Getsemaní

Yendo un poco más allá, se postró sobre su rostro y oró:
«Padre mío, si es posible, no me hagas beber este trago amargo.
Pero no sea lo que yo quiero, sino lo que quieres tú.»

MATEO 26:39

Jesús se levantó de la tierra y elevó sus ojos al cielo.

«Pero no sea lo que yo quiero, sino lo que quieres tú».

Sus manos ya no están agarradas a la yerba en desesperación. Ya dejaron de unirse en oración.

Ahora están elevadas hacia el cielo.

Ya no están esperando recibir el pan ni el pescado ni ningún otro buen regalo. Ni siquiera respuestas.

Sino que están extendidas para recibir la copa de las manos de su Padre.

Y aunque es una terrible copa, rebosante de la ira de Dios por causa del fermento del pecado de los siglos pasados y de los siglos por venir ... y aunque es una copa que él teme ... la toma. Porque más de lo que teme la copa, ama la mano de la cual procede.

—KEN GIRE, tomado de *Intense Moments with the Savior*

Señor, sé que seguir el camino de la cruz es sufrir.
Sé que a veces tu voluntad me lleva a lugares dolorosos.
Pero Señor Jesús, sé que tú sufriste antes que yo, y sé
que debo seguirte. Gracias por tu fortaleza. Amén.

RENDIDO

Estén alertas y oren para que no caigan en tentación.
El espíritu está dispuesto, pero el cuerpo es débil.

MATEO 26:41

Jesús oró: «Pero no sea lo que yo quiero, sino lo que quieres tú». Esa es la oración más aterradora en todas las Escrituras. Dios nos pide algunas cosas muy difíciles. Él le pidió a Abraham que sacrificara a Isaac; él permitió que Lázaro muriera antes de levantarlo de entre los muertos; él no escatimó ni a su propio Hijo. Dios no pierde nada. No pierde nuestro gozo, ni nuestras penas, nada. Cuando le ofrecemos la esencia de nosotros mismos y nos sometemos a su obra en nuestras vidas, su Espíritu produce carácter en nosotros. Él conoce la fragancia que viene con la rendición. Él conoce de primera mano la ganancia que da el grano del trigo que cae a la tierra y muere.

> *Señor, la oración ablandará mi corazón para ti, deseando seguirte dondequiera que tú me lleves. Te ruego que ablandes mi corazón mientras oro ahora mismo. Señor, te rindo mi voluntad. Amén.*

Creo que solo llegamos a tener esta clase de rendición mediante la oración. Tal y como lo hizo Jesús. Traemos nuestras vidas a él y luchamos con esta hasta vencer y entonces la dejamos ir.

—NICOLE JOHNSON, tomado de *Fresh-Brewed Life*

CONFÍA EN DIOS

Pues la locura de Dios es más sabia que la sabiduría humana,
y la debilidad de Dios es más fuerte que la fuerza humana.

1 CORINTIOS 1:25

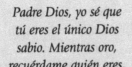

*Padre Dios, yo sé que
tú eres el único Dios
sabio. Mientras oro,
recuérdame quién eres,
Señor. Recuérdame tu
grandeza y poder. Amén.*

La oración es el reconocimiento de que si Dios no se hubiera comprometido con nuestros problemas, nosotros todavía estaríamos perdido en las tinieblas. Es por su misericordia que hemos sido elevados. La oración es todo ese proceso que nos recuerda quién es Dios y quiénes somos nosotros.

Creo que hay un gran poder en la oración. Creo que Dios sana al herido y que puede resucitar a los muertos. Pero no creo que debemos decirle a Dios qué hacer ni cuándo hacerlo.

Dios sabe que nosotros, con nuestra limitada visión, ni siquiera sabemos aquello por lo cual debemos orar. Cuando le confiamos nuestras peticiones, confiamos en que él honre nuestras oraciones con un discernimiento santo.

—MAX LUCADO, tomado de *Caminando con el Salvador*

EL TERRITORIO DEL CORAZÓN

> Por sobre todas las cosas cuida tu corazón,
> porque de él mana la vida.
>
> PROVERBIOS 4:23

¡Oh, Dios! No sabemos quién eres. «Esta luz resplandece en las tinieblas» (Juan 1:5) pero no la vemos. ¡La luz universal! Solo es por ti que podemos ver algo. ¡Sol del alma! Tú brillas más que el sol en el cielo. Tú lo gobiernas todo. Tú eres todo lo que veo. Todo lo demás se desvanece como una sombra. El que nunca te haya visto no ha visto nada. Esa persona vive una vida de fantasía, vive un sueño.

Pero yo siempre te encuentro en mí. Tú obras a través de mí en todo lo bueno que yo logro. Cuántas veces he sido incapaz de frenar mis emociones, resistir mis hábitos, someter mi orgullo, seguir mis razones o seguir mi plan. Sin ti yo soy «una caña sacudida por el viento» (Mateo 11:7). Tú me das valor y toda cosa decente que yo experimento. Tú me has dado un nuevo corazón que no quiere nada más excepto lo que tú quieres. Estoy en tus manos. Es suficiente para mí hacer lo que tú quieres que yo haga. Yo fui creado para este propósito.

—FRANÇOIS DE FÉNELON

Mi Creador, cierro mis ojos y me deshago de todas las cosas exteriores, cosas que inútilmente podrían irritar mi espíritu. Gracias porque en la profundidad de mi corazón, yo puedo disfrutar una intimidad contigo mediante Jesucristo, tu Hijo. Amén.

COMUNICACIÓN HONESTA

Para mí el bien es estar cerca de Dios. He hecho del Señor
Soberano mi refugio para contar todas sus obras.

SALMO 73:28

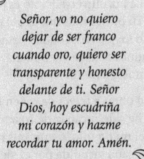

*Señor, yo no quiero
dejar de ser franco
cuando oro, quiero ser
transparente y honesto
delante de ti. Señor
Dios, hoy escudriña
mi corazón y hazme
recordar tu amor. Amén.*

Una vez leí una tarjeta de saludo con el siguiente pensamiento escrito al frente: «Vamos a vivir, vamos a amar, vamos a contarnos los secretos más profundos de nuestras almas … » Por dentro, la tarjeta decía: «Tú empiezas».

Qué cierto es este impulso de desarrollar una intimidad. No queremos ser los primeros en descubrir nuestras almas. Sin embargo, Dios fue primero en nuestra relación con él. Él inicia, él llama, él envía, él provee, él da, todo por nosotros para conocerlo y para acercarnos a él. Una vez que conocemos y experimentamos a Dios como justo, de confianza, que nos responde y que es nuestro refugio, podemos comenzar a sentirnos cómodos para contarle nuestros secretos más íntimos. David, vulnerable y honesto, nos muestra como ningún otro que esto es permisible, incluso deseable, «dejar la guardia» para comunicarnos con Dios.

—CYNTHIA HEALD, tomado de *Intimacy with God*

CONTINUIDAD EN LA ORACIÓN

¡Refúgiense en el SEÑOR y en su fuerza,
busquen siempre su presencia!

1 CRÓNICAS 16:11

Si permitimos que el amor de Dios reemplace nuestras preocupaciones en este mundo, y si nos dedicáramos a la oración y a la meditación continua, pronto encontraríamos que nuestra actitud y conducta cambiarían. Dejaríamos de correr de una cosa a la otra. Descansaríamos con paz y tranquilidad.

Una vida espiritual estable requiere mucha oración y cantos fervorosos de los salmos. La continua oración es lo único que conquista el mal.

La oración puede llegar a ser un hábito. Ya sea que oremos o meditemos, es posible enfocar nuestra atención en Dios. En esta clase de oración no pensamos en nada en particular. Toda nuestra voluntad está dirigida a Dios. El Espíritu Santo arde en nuestras almas. Dios está en el mismo corazón de nuestro ser. Nuestras oraciones se hacen con afecto y estas llegan a ser efectivas. Si nuestras oraciones requieren palabras, no nos apuramos. Podemos ofrecer casi todas las sílabas como una oración en sí misma. El amor que arde en nosotros dará una vida fiera a nuestras oraciones.

La oración de esta clase es un deleite.

—RICHARD ROLLE

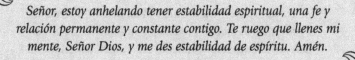

Señor, estoy anhelando tener estabilidad espiritual, una fe y relación permanente y constante contigo. Te ruego que llenes mi mente, Señor Dios, y me des estabilidad de espíritu. Amén.

ORA CON SINCERIDAD EL PADRE NUESTRO

Y al orar, no hablen sólo por hablar como hacen
los gentiles, porque ellos se imaginan que serán
escuchados por sus muchas palabras.

MATEO 6:7

Cuando yo repito el Padre Nuestro, mi amor me hace desear comprender quién es este Padre y quién es este Maestro que nos enseñó a orar.

Tú estás equivocado si crees que ya sabes quién es él. Debemos pensar en él cada vez que decimos esta oración del Señor …

Imagínate que Jesús le enseñó esta oración a cada uno individualmente y que él continúa explicándonosla. Él siempre está muy cerca para escucharnos. Para orar bien el Padre Nuestro hay una cosa que necesitas hacer. Permanecer cerca del Maestro que te la enseñó …

Sí, es un poco problemático comenzar a considerar a Jesús cuando se ora el Padre Nuestro hasta que se convierte en un hábito. Tienes razón. Este paso convierte la oración vocal en una oración mental. Desde mi punto de vista, es una oración vocal fiel. Necesitamos pensar en quién está escuchando nuestras oraciones.

—TERESA DE ÁVILA

*Siempre estoy consciente de que la oración tiene límites. Yo
alcanzo ese límite, me agarro de algo y vislumbro lo desconocido.
Sin embargo, luego me retraigo. Pero, Señor, yo creo que
tú me estás guiando a una oración más profunda. Señor
Dios, ayúdame para realmente experimentarte. Amén.*

CUANDO TROPIECES

Vengan, pongamos las cosas en claro —dice el SEÑOR—.
—¿Son sus pecados como escarlata?
¡Quedarán blancos como la nieve!
—¿Son rojos como la púrpura? ¡Quedarán como la lana!

ISAÍAS 1:18

Tú has cometido un pecado. Tal vez por debilidad o con malicia. No sientas pánico. Ve a Dios con humildad y confianza …

Deja que el Señor sepa que tú lo sientes. Admite que habría sido peor si Dios no te detiene. Dale gracias a Dios. Ama a Dios. Él será generoso contigo. Aunque lo que hayas hecho es ofensivo para él, él se acercará para ayudarte …

Si realmente arruinaste todo, primera procura volver a tener tu paz y calma. Eleva tu corazón al cielo. Pregúntate si realmente sientes haber pecado o simplemente tienes miedo de ser castigada.

Para recuperar la paz que has perdido, olvida tu pecado durante un tiempo y piensa en el amor de Dios. Él hace todo lo posible para llamar a los pecadores de vuelta y hacerlos felices.

Después que esto restaure la paz a tu alma, entonces examina el motivo detrás de tu pecado. Despierta tus penas en la presencia del amor de Dios y promete hacer algo mejor la próxima vez.

—LORENZO SCUPOLI

Señor, darme patadas nunca ha sido muy productivo. Déjame
encontrar descanso y paz en tu apoyo, en tu perdón. Amén.

HUMILDAD EN LA ORACIÓN

Revístanse todos de humildad en su trato mutuo, porque «Dios
se opone a los orgullosos, pero da gracia a los humildes».

1 PEDRO 5:5

*Señor Dios, humilla mi
corazón. Recuérdame
de tu grandeza y de
mi relativa pequeñez.
Señor, sí quiero
entender tus caminos
en mi vida. Amén.*

Debido a que la humildad es lo opuesto del orgullo, no es de sorprenderse que nuestro Señor lo hiciera un prerrequisito para la oración, porque Dios odia el orgullo. Un versículo de las Escrituras que habla poderosamente en cuanto al asunto de la oración y la humildad es este: «Entonces [el ángel] me dijo: "No tengas miedo, Daniel. Tu petición fue escuchada desde el primer día en que te propusiste ganar entendimiento y humillarte ante tu Dios. En respuesta a ella estoy aquí (Daniel 10:12). En este pasaje Dios nos enseña dos principios de la oración. El primero es que la oración contestada a menudo viene como un resultado de nuestro deseo de entender, y el segundo es la necesidad de nuestra disposición para humillarnos ante Dios.

—LANA BATEMAN, tomado de *The Heart of Prayer*

IGNORANCIA Y DEBILIDAD

[Jesús dijo:] «Perdónanos nuestras deudas, como también
nosotros hemos perdonado a nuestros deudores».

MATEO 6:12

Hay dos causas de pecado. No sabemos lo que debemos hacer o nos negamos a hacer lo que sabemos que debemos hacer. La primera causa es ignorancia. La segunda es debilidad.

*Oh, Dios, enséñame tu
ley. Dame las fuerzas
para guardarla. Amén.*

Aunque podemos pelear en contra de ambas, ciertamente estaremos derrotados a menos que Dios nos ayude. Dios puede enseñarnos lo que es correcto. A medida que se desarrolla nuestro conocimiento del bien y del mal, Dios nos puede ayudar a desear lo mejor.

Cuando oramos pidiendo perdón, también necesitamos orar para que Dios nos aleje del pecado. El salmista cantó: «El SEÑOR es mi luz y mi salvación» (Salmo 27:1). Con la luz él se lleva nuestra ignorancia. Con la salvación él nos fortalece en la debilidad.

—SAN AGUSTÍN

1 DE SEPTIEMBRE

Oración más allá de la oración

*Para que la gente vea y sepa, y considere y entienda, —que la
mano del Señor ha hecho esto, que el Santo de Israel lo ha creado.*

ISAÍAS 41:20

Es posible, que mientras estés orando el Padre Nuestro (o cualquier
otra oración en voz alta), que el Señor te dé una *contemplación perfecta.*
Esto convierte la oración en una conversación con Dios. Esto obra más
allá de nuestra comprensión. Las palabras pierden su importancia.
Cualquiera que experimente esto sabrá que el Maestro divino está
dando una enseñanza sin el sonido de palabras.

El alma se despierta al amor sin entender cómo amar. Entiende cuán
diferente a todos los demás es este momento. Este es un don de Dios.
No se gana.

Esto no es un equivalente a la oración mental, la cual es silente, pensando en lo que estamos diciendo y a quién se lo estamos diciendo.

No pienses en esto como algo esotérico con un nombre poco común.
No permitas que te asuste el término técnico.

Esto es así: en la oración regular estamos tomando la guía con la ayuda de Dios. Pero en la contemplación perfecta descrita antes, Dios lo
hace todo. No es fácil de explicarlo.

—TERESA DE ÁVILA

---

*Señor, ahora mismo aquieto mi corazón. Dios,
hazte presente en el silencio. Amén.*

MANTÉN LA ORACIÓN EN EL CAMINO

No te apresures, ni con la boca ni con la mente,
a proferir ante Dios palabra alguna; —él está en el cielo
y tú estás en la tierra. Mide, pues, tus palabras.

ECLESIASTÉS 5:2

¡Así que tienes dificultades con pensamientos extraviados en la oración! ¡Eso no es nada nuevo! Muchos son los que te acompañan.

Una manera de remediar esto es decírselo a Dios. No uses un montón de palabras rebuscadas ni hagas tu oración demasiado larga. Esto por sí mismo destruirá tu atención. Ora como un pobre, pordiosero y paralítico ante un hombre rico. Haz que tu *deseo* sea mantener tu mente en la presencia del Señor. Si tienes dificultad, no te agobies con esto. Eso solo empeorará el caso. Vuelve a llevar tu atención a Dios con tranquilidad.

Otra manera de permanecer con una oración es mantener tu mente demasiada alejada divagando en otros momentos del día. Manténla estrictamente en la presencia de Dios. Si piensas mucho en él, encontrarás que es fácil mantener tu mente en calma durante el tiempo de oración.

—HERMANO LORENZO

 Oh, Señor, si estoy interesado, presto atención. Si estoy aburrido, mi mente divaga. ¿Cómo tu presencia divina puede ser aburrida? La única posible respuesta es que yo no creo por completo que tú estés aquí a mi lado. Abre mis ojos para que yo pueda verte aquí conmigo. Amén.

LLENA UN VACÍO

Sucedió que, mientras los bendecía,
se alejó de ellos y fue llevado al cielo.

LUCAS 24:51

Señor, tú comenzaste a perfeccionar a tus apóstoles quitándoles lo que ellos pensaban que era imprescindible: la presencia de Jesús … Una vez que Cristo se fue, tú enviaste al Espíritu Santo …

Pero Señor, ¿por qué mi vida no está llena con este Espíritu? Esto debiera ser el alma de mi alma, pero no lo es. No siento nada. No veo nada. Soy haragán tanto física como espiritualmente. Mi débil voluntad lucha entre ti y miles de placeres sin sentido. ¿Dónde está tu Espíritu? ¿Llegará alguna vez y creará «en mí, oh Dios, un corazón limpio» (Salmo 51:10)? ¡Ahora comprendo! Tu Espíritu Santo desea vivir en un alma empobrecida.

¡Ven, Espíritu Santo! No hay un lugar más vacío que mi corazón.

El Espíritu Santo inunda el alma con luz, recordando en nuestra memoria las cosas que Jesús enseñó cuando estaba en la tierra. Encontramos fuerza e inspiración. Nos convertimos en uno con la Verdad.

—FRANÇOIS DE FÉNELON

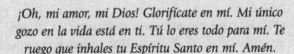

¡Oh, mi amor, mi Dios! Glorifícate en mí. Mi único gozo en la vida está en ti. Tú lo eres todo para mí. Te ruego que inhales tu Espíritu Santo en mí. Amén.

ORA POR EL ESPÍRITU SANTO

*Pues si ustedes, aun siendo malos, saben dar cosas
buenas a sus hijos, ¡cuánto más el Padre celestial
dará el Espíritu Santo a quienes se lo pidan!*

LUCAS 11:13

La oración es la clave para tener acceso al poder del Espíritu Santo en ti. Tú abres tu boca y usas tus palabras. Tú abres tu corazón y revelas tus preocupaciones. Tú te unes con el Espíritu con el conocimiento de que él te contestará. En su forma más sencilla, eso es oración. Orar es hablarle a Dios.

*Padre celestial, hoy
te pido la guía de tu
Espíritu Santo. Señor, te
ruego que me permitas
vivir la vida para la cual
me has llamado. Amén.*

En el momento que comenzamos a hablar con Dios y dejándole saber nuestras necesidades, estamos usando el poder del Espíritu. Como escribió el salmista: «Clamo angustiado, y él me escucha». Dios nos escucha y de inmediato comienza a ayudarnos con las preocupaciones de nuestra vida.

Por eso es que hablamos con Dios acerca de todo. Él escucha, Él se ocupa de nosotros y él obra por nosotros.

—MARILYN MEBERG, tomado de *Assurance for a Lifetime*

5 DE SEPTIEMBRE

DIOS EN LO COTIDIANO

¿Adónde podría alejarme de tu Espíritu?
¿Adónde podría huir de tu presencia?

SALMO 139:7

Aquí están los secretos para acercarse a Dios:

Renuncia a todo lo que no te guíe a Dios.
Acostúmbrate a tener una conversación continua con él
libre y sencilla.
Háblale en todo momento.
Pídele que te diga qué hacer cuando no estás seguro.
Ocúpate de hacer esto cuando ves plenamente lo que él te pide.
Ofrécele tu actividad incluso antes de hacerla.
Dale gracias a Dios cuando logres algo.

La profundidad de tu espiritualidad no depende de *cambios* en las cosas que haces sino en hacer para Dios lo que ordinariamente tú haces por tu cuenta.

El error más grande es pensar que un tiempo de oración es diferente de cualquier otro. Todo es uno. Orar es experimentar la presencia de Dios. No debe haber cambios cuando se termina un tiempo de oración formal. Continúa con Dios. Alábalo y bendícelo con todas tus energías.

—HERMANO LORENZO

Oh, mi Dios, ya que estás conmigo, ahora debo obedecer
tus mandatos y aplicar mi mente a estas cosas externas,
te pido que continúes acompañándome. Ayudándome.
Recibe toda mi labor. Posee todos mis afectos. Amén.

ORA COMO ÉL ORÓ

Cualquier cosa que ustedes pidan en mi nombre,
yo la haré; así será glorificado el Padre en el Hijo.
Lo que pidan en mi nombre, yo lo haré.

JUAN 14:13-14

La vida y obra de Cristo, su sufrimiento y muerte, fue todo en oración, todo en una dependencia en Dios, confianza en Dios, recibir de Dios, rodeado de Dios. Su redención, oh, creyente, es una redención forjada en la oración e intercesión: tu Cristo es un Cristo de oración: la vida que él vivió por ti, la vida que él vive por ti, la vida que él vive en ti, es una vida de oración que se deleita en esperar en Dios y recibir todo de él. Orar en su nombre es orar como él oró. Cristo es nuestro único modelo porque él es nuestra cabeza, nuestro Salvador y nuestra vida. En virtud de su deidad y de su Espíritu él puede vivir en nosotros: podemos orar en su nombre, porque permanecemos en él y él en nosotros.

Oh Cristo, mora en mi corazón mientras aprendo a orar tu voluntad. Amén.

—ANDREW MURRAY

DEL CORAZÓN

[Jesús dijo:] Lo que pidan en mi nombre, yo lo haré.
JUAN 14:14

> *Señor, quiero que*
> *mis deseos estén de*
> *acuerdo con tus deseos.*
> *Quiero que tu voluntad*
> *llegue a ser la mía.*
> *Ayúdame a orar siempre*
> *verdaderamente, de*
> *corazón. Amén.*

La verdadera oración es solo otro nombre para el amor de Dios. Su excelencia no consiste en la multitud de nuestras palabras, porque nuestro Padre sabe de qué cosas tenemos necesidades antes de que se las pidamos. La verdadera oración es la que proviene del corazón, y el corazón solo ora por lo que desea. Entonces, *orar es desear*, pero desear lo que Dios quiere que deseemos. El que pide lo que no viene del deseo de lo más profundo de su corazón, está cometiendo el error de creer que está orando. Deja que pase días recitando oraciones, en meditación o estimulándose a ejercicios píos, él no oraría ni una sola vez si realmente no deseara las cosas que pretende pedir.

—FRANÇOIS FÉNELON

PIDE LO QUE DESEES

[Jesús dijo:] Permanezcan en mí, y yo permaneceré en
ustedes. Así como ninguna rama puede dar fruto por sí
misma, sino que tiene que permanecer en la vid, así tampoco
ustedes pueden dar fruto si no permanecen en mí.

JUAN 15:4

Entonces, ¿cómo oramos en el nombre de Jesús, es decir, en conformidad a su naturaleza? El mismo Jesús dijo: «Si permanecen en mí y
mis palabras permanecen en ustedes, pidan lo que quieran, y se les
concederá» (Juan 15:7). Este «si permanecen en mí» es toda la condición inclusive para la intercesión efectiva. Es la clave para la oración
en el nombre de Jesús. Aprendemos a ser como la rama, que recibe su
vida de la vid ... Nada es más importante para una vida de oración que
aprender cómo poder convertirnos en una rama.

A medida que vivimos de esta manera, desarrollamos lo que Thomas
à Kempis llama «una amistad familiar con Jesús». Nos acostumbramos
a su cara. Reconocemos la voz del verdadero pastor entre las voces de
los pregoneros religiosos falsos de la misma manera que los joyeros
profesionales distinguen un diamante de las imitaciones de cristal,
gracias a su conocimiento. Cuando hemos estado rodeados del ar-
tículo genuino durante suficiente tiempo, lo barato y la pacotilla se
hace obvio ... Conocemos como nos conocen. Así es como oramos en
el nombre de Jesús.

—RICHARD J. FOSTER, tomado de *Prayer: Finding the Heart's True Home*

 *Oh, Señor Jesús, mi más querido amigo, mientras permanezco
en ti, aprendo cómo orar verdaderamente en tu nombre.
Ayúdame a escuchar tu voz quieta y pequeña. Amén.*

CONTENTAMIENTO

Pero él me dijo: «Te basta con mi gracia,
pues mi poder se perfecciona en la debilidad».

2 CORINTIOS 12:9

Hay veces que lo que quieres es lo que nunca llegas a tener ...

Oras y esperas.

No hay respuesta.

Oras y esperas.

¿Puedo hacer una pregunta muy importante? ¿Qué si Dios dice que no? ¿Qué si la petición se demora o incluso se niega? Cuando Dios te dice que no, ¿cómo responderás? Si Dios dice: «Yo te he dado mi gracia, y eso es suficiente» ¿estarás contento?

Contento. Esa es la palabra. Un estado del corazón en el que tú te sentirás en paz si Dios no te diera nada más de lo que ya te ha dado.

—MAX LUCADO, tomado de *En manos de la gracia*

> *Padre celestial, tú me has dado tanto. Señor, tu gracia*
> *es verdaderamente suficiente. Gracias por salvarme, por*
> *continuar sanando mi vida. Confío en ti, Padre. Amén.*

DOS OBSTÁCULOS PARA ORAR

[Jesús dijo:] Hasta ahora no han pedido nada en mi nombre.
Pidan y recibirán, para que su alegría sea completa.

JUAN 16:24

Hay dos obstáculos principales para orar. El primer obstáculo surge cuando el diablo te hace pensar: «Todavía no estoy preparado para orar. Debo esperar otra media hora u otro día hasta que me prepare más o hasta que termine de ocuparme de esto o de aquello». En el medio tiempo, el diablo te distrae durante media hora, de manera que ya tú dejes de pensar en la oración durante el resto del día. De un día a otro se te presentan impedimentos y estás apurado con otros asuntos. Este obstáculo común nos muestra cómo el diablo usa la malicia para engañarnos ...

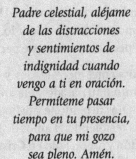

Padre celestial, aléjame de las distracciones y sentimientos de indignidad cuando vengo a ti en oración. Permíteme pasar tiempo en tu presencia, para que mi gozo sea pleno. Amén.

El segundo obstáculo surge cuando nos preguntamos: «¿Cómo tú puedes orarle a Dios y decir el Padre Nuestro? Tú eres demasiado indigno y pecas todos los días. Espera hasta que seas más devoto ... » Estos serios obstáculos nos aplastan como una piedra muy pesada. A pesar de sentirnos indignos, nuestros corazones deben luchar para quitar este obstáculo de manera que podamos acercarnos libremente a Dios y clamar a él.

—MARTÍN LUTERO

11 DE SEPTIEMBRE

EL PODER DEL AMOR DE DIOS

Pero si alguno peca, tenemos ante el Padre a un intercesor, a Jesucristo, el Justo. Él es el sacrificio por el perdón de nuestros pecados, y no sólo por los nuestros sino por los de todo el mundo.

1 JUAN 2:1-2

La única manera de lidiar definitivamente con la culpa es confesar el pecado asociado con esta. Una persona debe ir a Dios y decir: «Dios, reconozco este pecado y lo confieso ante ti. Te ruego que perdones mis pecados y laves este pecado de mi consciencia y de mi alma».

Si tú sientes necesidades y estás inquieto con tu vida, te animo a examinar tu pasado y encarar cualquier pecado sin confesar. Permite que Dios te perdone y te libere. Al recibir el perdón de Dios, también estás recibiendo el amor de Dios, que te declara que eres digno de su perdón y amor. Solo en Cristo Jesús se puede encontrar una dignidad genuina.

—CHARLES STANLEY

Señor Jesús, gracias porque me llamaste tuyo y me haces digno de tu amor. Señor, te ruego que limpies mi corazón mientras oro y que me muestres qué cosas necesito confesar. Amén.

EL HÁBITO DE ORAR

*Entonces se separó de ellos a una buena
distancia, se arrodilló y empezó a orar.*

LUCAS 22:41

Oh, mi hermano, si tú y yo fuéramos a ser como Jesús tendríamos que contemplarlo especialmente orando a solas en el desierto. *Allí está el secreto de su vida maravillosa.* Lo que él hizo y habló al ser humano *se habló y vivió antes con y mediante el Padre.* En comunión con él, renovaba todos los días la unción del Espíritu Santo. La persona que quiera ser como Jesús en su andar y conversación simplemente necesita comenzar aquí y seguir a Jesús hacia la soledad ... Además de la hora común de oración, a veces la persona se sentirá irresistiblemente atraída para entrar en el lugar santo, y no salir hasta que se le revele que Dios es su porción. En una habitación secreta, con la puerta cerrada, o en la soledad del desierto, debemos encontrar a Dios todos los días y renovar nuestro compañerismo con él. Si Cristo lo necesitó, ¡cuánto más lo necesitaremos nosotros! Lo que era necesario para él, también lo es para nosotros.

—ANDREW MURRAY

*Padre, quiero desarrollar el hábito de la oración en mi
vida. Dame la disciplina que necesito para todos los días
pasar tiempo en la habitación secreta contigo. Amén.*

13 DE SEPTIEMBRE

ALEJARME DE NUEVO PARA ORAR

Así que los dejó y se retiró a orar
por tercera vez, diciendo lo mismo.

MATEO 26:44

No es un error ni algo infructuoso pasar mucho tiempo en oración mientras esto no nos impida hacer otras cosas ni tampoco las obligaciones necesarias del trabajo para lo que fuimos llamados … Emplear un largo tiempo en oración no es, como piensan algunos, lo mismo que orar «diciendo muchas cosas». Una cosa es multiplicar las palabras, pero otra cosa es el anhelo sostenido y cálido. Se ha escrito que el Señor continuó orando toda la noche y que sus oraciones eran prolongadas cuando él estaba en agonía. ¿No es esto un ejemplo para nosotros de lo que hace nuestro Intercesor, junto a su Padre, que eternamente escucha nuestras oraciones? Hablar mucho en oración es degradar y abusar de nuestras palabras mientras pedimos por algo necesario. Pero hacer oraciones prolongadas es tener nuestros corazones palpitando con continuas emociones pías hacia él, a quien le oramos. En la mayoría de los casos, la oración consiste más en gemidos que en hablar, más lágrimas en lugar de palabras. Él ve nuestras lágrimas. Nuestros gemidos no se esconden de él. Él lo hizo todo con una palabra y no necesita las palabras humanas.

—SAN AGUSTÍN

 Oh, Señor, haz que las palabras que yo te expreso en oración tengan sentido y sean efectivas. Ayúdame a abrirte mi corazón por completo, expresar el gozo y la pena, la risa y el dolor. Gracias por escuchar cada palabra que yo oro. Amén.

LO MÁS GRANDE QUE PODEMOS HACER

Oren sin cesar,
1 TESALONICENSES 5:17

Más tiempo y horas tempranas para orar actuarán como magia para revivir y revitalizar mucho de una vida espiritual en decadencia. Más tiempo y horas tempranas para orar se manifestarán en una vida santa. Una vida santa no sería tan rara ni algo tan difícil si nuestras devociones no fueran tan cortas y con tanto apuro. Un temperamento como el de Cristo en su fragancia dulce y sin pasión no sería tan extraño y una herencia tan falta de esperanza si nuestra permanencia en la habitación de oración se extendiera e intensificara …

Señor, yo sé que orar es lo mejor que podemos hacer, pero a veces las distracciones me alejan de ti. Ayúdame a darte lo mejor de lo mejor de mi día. Amén.

Orar es lo mejor que podemos hacer: y para hacerlo bien debe haber calma, tiempo y deliberación; de lo contrario se degrada en las cosas más pequeñas y sin importancia alguna. La verdadera oración tiene los mejores resultados para el bien, y la oración pobre, los menos. No podemos hacer demasiado de la verdadera oración, no podemos hacer demasiado poco para fingir. Debemos aprender de nuevo el valor de la oración, entrar de nuevo en la escuela de la oración … Debemos exigir y mantenernos aferrados como el hierro a las mejores horas del día para Dios y la oración, o no habrá oración digna de su nombre.

—E.M. BOUNDS

15 DE SEPTIEMBRE

PERSEVERAR EN LA ORACIÓN

Oren en el Espíritu en todo momento, con peticiones y ruegos.
Manténganse alerta y perseveren en oración por todos los santos.

EFESIOS 6:18

> *Señor, a veces la espera parece demasiado larga. Manténme perseverando. Amén.*

De todos los misterios del mundo de la oración la necesidad de perseverar en oración es uno de los mejores. No podemos entender con facilidad que vez tras vez, a veces año tras año, tengamos que suplicarle al Señor, que es tan amoroso y que anhela bendecirnos para recibir una respuesta a nuestra oración. Esto es también una de las dificultades prácticas más grandes en el ejercicio de la oración que cree. Cuando, después de una súplica perseverante, nuestra oración permanece sin respuesta, es a menudo más fácil para nuestra carne perezosa, y que tiene toda la apariencia de una pía sumisión, pensar que ahora debemos de dejar de orar, porque Dios tal vez tenga sus razones secretas para no contestar nuestras peticiones.

Es solo por fe que se supera la dificultad. Cuando la fe de uno se basa firmemente en la Palabra de Dios y en el nombre de Jesús, y ha cedido a la guía del Espíritu para buscar la voluntad de Dios y honrarlo a solas en su oración, no es necesario desanimarse por la demora. Se sabe por las Escrituras que el poder de la oración que cree es simplemente irresistible, la fe verdadera nunca se puede desilusionar.

—ANDREW MURRAY

ÉL ES NUESTRO MODELO

> Muy de madrugada, cuando todavía estaba
> oscuro, Jesús se levantó, salió de la casa y se fue
> a un lugar solitario, donde se puso a orar.
>
> MARCOS 1:35

La oración sola prevalece sobre Dios. Pero es la voluntad de Cristo que nunca opera para el mal. Él le dio a la oración toda su virtud cuando se usa para el bien. Así que la oración solo sabe … cómo transformar al débil, restaurar al enfermo, purgar al poseído, abrir las barras de la prisión y aflojar las cadenas del inocente. Asimismo, lava las culpas, repele las tentaciones, extingue las persecuciones, consuela a los débiles de espíritu, anima a los oprimidos, escolta a los viajeros, calma las olas, asusta a los ladrones, alimenta al pobre, gobierna al rico, levanta al caído, rescata al caído, confirma al erguido. La oración es la muralla de la fe. Nos arma y arroja misiles en contra del enemigo que nos vigila por todas partes. Así que nunca caminamos desarmados. Por el día, estamos conscientes de nuestro puesto, por la noche, de nuestra vigilia. Bajo la armadura de la oración, cuidamos la bandera de nuestro General. Esperamos en oración la trompeta de los ángeles … Entonces, ¿qué más necesitamos sino la responsabilidad de orar? Hasta el mismo Señor oró, a quien sea la honra y la virtud durante siglos y siglos.

—TERTULIANO

*Padre, cuando yo oro suceden cosas asombrosas. Gracias
porque en mi vida sucederán milagros a medida que yo siga
el ejemplo de Jesús y busque tu faz todos los días. Amén.*

17 DE SEPTIEMBRE

NUESTRO GRAN MAESTRO

Él, por su parte, solía retirarse a lugares solitarios para orar.

LUCAS 5:16

La primera cosa que el Señor le enseñó a sus discípulos es que ellos debían tener un lugar secreto para orar. Todos debemos tener algún sitio solitario donde estar a solas con Dios. Cada maestro debe tener un aula. Hemos aprendido a saber y aceptar a Jesús como nuestro único Maestro en la escuela de la oración. Ya él nos enseñó en Samaria que la adoración no solo hay que limitarla a momentos y lugares específicos. La adoración —la adoración verdadera y espiritual— es un asunto del espíritu y la vida. Toda la vida de un hombre debe ser la adoración en espíritu y en verdad. Pero Jesús quiere que cada uno escoja un lugar fijo donde pueda encontrarse diariamente con él. Esa habitación interior, ese lugar solitario, es el salón de clases de Jesús. Ese lugar solitario puede estar en dondequiera. Hasta puede cambiarse día a día si estamos viajando. Pero debe ser un lugar tranquilo donde el alumno pueda estar en la presencia del Maestro. Jesús viene allí a prepararnos para adorar al Padre.

—ANDREW MURRAY

 Señor Jesús, hoy me reuní contigo para adorarte. Te ruego que me enseñes orar, a vivir en oración, una vida santa. Amén.

TEMPRANO SOBRE SUS RODILLAS

*Muy de madrugada, cuando todavía estaba
oscuro, Jesús se levantó, salió de la casa y se fue
a un lugar solitario, donde se puso a orar.*

MARCOS 1:35

Los hombres que hicieron lo máximo por Dios en este mundo estaban desde temprano sobre sus rodillas ... Si Dios no está en primer lugar en nuestros pensamientos y esfuerzos en la mañana, estará en el último lugar durante el resto del día.

Detrás de este temprano amanecer y tempranas oraciones está el deseo ardiente que nos presiona en esta búsqueda de Dios. La indiferencia de la mañana es el índice de un corazón indiferente ... Cristo anhela la comunión con Dios y, por lo tanto, se levantaba mucho antes del amanecer para ir a la montaña a orar ... Nosotros debemos revisar la lista de hombres que han impresionado maravillosamente al mundo para Dios, y los encontraremos temprano buscando a Dios.

Un anhelo de encontrar a Dios que no pueda romper las cadenas del sueño es algo débil y no hará mucho por Dios luego que se haya dejado gratificar plenamente. Nunca se alcanzará un anhelo por encontrar a Dios al comenzar el día si este se mantiene tan atrás del maligno y el mundo.

—FRANÇOIS FÉNELON

*Oh, Señor, en la mañana busco tu rostro. En las
tempranas horas, tú oirás mi oración. Amén.*

19 DE SEPTIEMBRE

ALIVIO PARA NUESTRAS CARGAS

[Jesús dijo:] Vengan a mí todos ustedes que están cansados
y agobiados, y yo les daré descanso. Carguen con mi
yugo y aprendan de mí, pues yo soy apacible y humilde
de corazón, y encontrarán descanso para su alma.

MATEO 11:28-29

*Padre celestial, orar a
ti aligera mi corazón
y restaura mi gozo. Yo
sé que tú me sostienes
segura en tus manos,
y que mi vida tiene
significado cuando
se usa para tu gloria.
Gracias por la paz de
la oración. Amén.*

En el mismo momento en que presentamos las ansiedades a nuestro Padre Celestial, creyendo que él escucha, comprende, se ocupa y actúa a nuestro favor, desaparecen nuestras cargas. Creer que verdaderamente él se preocupa vale una fortuna de esperanza, victoria y descanso espiritual. Y saber que él es capaz de responder a nuestras necesidades es un consuelo que va más allá de la medida. Yo sé que él puede hacer cualquier cosa, y yo me siento seguro y atendido con cuidado, sabiendo que él logrará lo que a mí me preocupa. Estas preciosas verdades están en mi cabeza, y se han convertido en un tesoro precioso enterrado muy profundamente en mi corazón.

—LUCI SWINDOLL, tomado de *I Married Adventure*

ORACIÓN DE PETICIÓN

El Señor ha escuchado mis ruegos;
el Señor ha tomado en cuenta mi oración.

SALMO 6:9

Cuando lo que pedimos es para nosotros mismos, se le llama petición. Cuando es para el beneficio de otros se le llama intercesión. La petición está en el corazón de ambas experiencias.

Nunca debemos negar o denigrar este aspecto de nuestra experiencia de oración. Por ejemplo, algunos han sugerido que mientras que el menos juicioso continúe buscando la ayuda de Dios, el verdadero maestro de la vida espiritual va más allá de la petición para adorar la esencia de Dios sin necesidades ni peticiones. En este punto de vista nuestra petición representa una forma más cruda e ingenua de oración, mientras que la adoración y la contemplación son alcances más claros y de una mentalidad más alta, ya que están libres de cualquier petición egocéntrica.

Esto, yo te aseguro, es una espiritualidad falsa. Las oraciones con peticiones permanecen en primer lugar a través de nuestras vidas porque para siempre dependeremos de Dios. Esto es algo que realmente nunca «superamos» y ni siquiera lo queremos … La misma Biblia está llena de oraciones de peticiones y a nosotros se nos recomienda sin sentir pena alguna.

—RICHARD J. FOSTER, tomado de *Prayer: Finding the Heart's True Home*

Señor, a veces me siento culpable por pedirte tantas cosas, pero la verdad es que yo te necesito. Enséñame a depender de ti. Amén.

21 DE SEPTIEMBRE

ANTES DE TERMINAR DE ORAR

> Aún no había terminado de orar cuando vio que se
> acercaba Rebeca, con su cántaro al hombro …
> Entonces el criado de Abraham se arrodilló y adoró al SEÑOR
> con estas palabras: «Bendito sea el SEÑOR, el Dios de mi
> amo Abraham, que no ha dejado de manifestarle su amor y
> fidelidad, y que a mí me ha guiado a la casa de sus parientes».
>
> GÉNESIS 24:15, 26-27

Toda oración piadosa se contesta antes de terminar de orar: «*Aún no había terminado de orar*» … Esto es porque Cristo prometió en su Palabra: «Mi Padre les dará todo lo que le pidan en mi nombre» (Juan 16:23). Cuando tú pides con fe y en el nombre de Cristo, es decir, en unidad con él y su voluntad: «se les concederá» (Juan 15:7).

Ya que la Palabra de Dios no puede fallar, cada vez que encontramos esta sencilla condición, la respuesta a nuestra oración ya se ha dado y ya se respondió por completo en el cielo *mientras oramos*, aunque tal vez no se revele en la tierra hasta mucho más tarde. Por lo tanto, es sabio terminar cada oración con alabanza a Dios por la respuesta que ya nos ha dado.

—L.B. COWMAN, tomado de *Manantiales en el desierto*

> *Padre Dios, tú escuchas las oraciones que yo elevo
> aún antes de terminar de orar, y tú, me las contestas
> por tu gracia. Hoy te pido en tu nombre, Señor
> Jesús, que me des un mayor gozo en ti. Amén.*

DORMIDO EN LA ORACIÓN

Por aquel tiempo se fue Jesús a la montaña a orar,
y pasó toda la noche en oración a Dios.

LUCAS 6:12

Oremos con urgencia y gimamos con peticiones continuas. No hace mucho tiempo me reprendieron en una visión porque teníamos sueño durante nuestras oraciones y no oramos vigilantes. Dios, sin duda alguna, que «disciplina al que ama», reprende para corregir y corrige para preservar. Por lo tanto, vamos a romper las cadenas del sueño y a orar con urgencia y vigilancia. Como el apóstol Pablo nos mandó: «Dedíquense a la oración: perseveren en ella». Los apóstoles oraron continuamente de día y de noche. Además, el mismo Señor Jesús, nuestro maestro y modelo, oró con frecuencia y vigilante … Realmente lo que él oró, lo oró a nuestro favor dado que no fue un pecador sino que cargó con los pecados de los demás. En otro lugar leemos: «Mira que Satanás ha pedido zarandearlos a ustedes como si fueran trigo. Pero yo he orado por ti, para que no falle tu fe». Si él laboró, vigiló y oró por nosotros y nuestros pecados, nosotros más que nadie debemos estar continuamente en oración. En primer lugar, ora y ruégale al Señor. Luego, a través de él, que Dios, el Padre, te restaure.

—CIPRIANO

Oh, Señor, quiero ser diligente en mis oraciones.
Manténme despierto y alerta a ti. Amén.

23 DE SEPTIEMBRE

URGIDO A ORAR

Jesús les contó a sus discípulos una parábola para
mostrarles que debían orar siempre, sin desanimarse.

LUCAS 18:1

El Señor contó la historia de una viuda que quería que se le hiciera justicia ante su enemigo. Por causa de su petición constante, ella persuadió a un juez malo que la escuchara ... La historia nos da la esperanza de que el Señor Dios, que es misericordioso y justo, presta atención a nuestras oraciones continuas más que cuando esta viuda persuadió al juez indiferente, injusto y malvado por causa de sus incesantes peticiones ... El Señor da una lección similar en la parábola del hombre que no tenía nada que darle a un amigo viajero ... Por causa de sus peticiones muy urgentes e insistentes, él tuvo éxito al despertar al amigo, quien le dio tanto pan como él necesitaba. Pero la motivación de este amigo era su deseo de evitar futuras molestias, no la generosidad. Por medio de esta historia el Señor enseñó que los que están durmiendo están forzados a dar a la persona que los molesta, pero los que nunca duermen darán con mucha más amabilidad. De hecho, él hasta nos despierta del sueño para que le podamos pedir.

—SAN AGUSTÍN

*Señor, yo sé que tú quieres que pase un tiempo
en oración. Gracias por instarme, por recordarme
continuamente mi necesidad de tu presencia. Amén.*

ORA DILIGENTEMENTE

Pero tú, cuando te pongas a orar, entra en tu cuarto, cierra
la puerta y ora a tu Padre, que está en lo secreto. Así tu
Padre, que ve lo que se hace en secreto, te recompensará.

MATEO 6:6

La oración es un arma poderosa si se hace con una actitud mental correcta. La oración es tan fuerte que los ruegos continuos han vencido la sinvergüencería, la injusticia y la crueldad salvaje ... Oremos con diligencia. La oración es un arma poderosa si se usa con honestidad y sinceridad, sin atraer la atención a nosotros mismos. Ha detenido guerras y beneficiado toda una nación no merecedora ... Así que, si oramos con humildad, dándonos en el pecho como el colector de impuestos y diciendo lo que él dijo: «Ten compasión de mí, que soy pecador», obtendremos todo lo que pedimos ... Mi querido amigo, necesitamos mucho arrepentimiento, mucha oración, mucha paciencia y mucha perseverancia para obtener las cosas buenas que se nos han prometido.

Oh, Dios, mis oraciones son un arma poderosa en tus manos. A medida que oro con gran diligencia, tú obras para mi bien. Amén.

—JUAN CRISÓSTOMO

25 DE SEPTIEMBRE

ESTUDIA Y ORA

Se decían el uno al otro: «¿No ardía nuestro
corazón mientras conversaba con nosotros en el
camino y nos explicaba las Escrituras?»

LUCAS 24:32

Tu corazón tiene un significado para Cristo que va más allá que cualquier otra cosa. Que Cristo tome por completo tu corazón es más importante que cualquier cantidad de servicio que tú pudieras hacer o reglas que pudieras obedecer ... Dios quiere cautivar por completo tu corazón y hacer que arda con pasión por él. Es una prioridad absoluta para ti de acuerdo a Marcos 12:30 ... Existen dos clave inmutables que activan nuestro motor espiritual e inflaman la pasión piadosa. Ambas están colocadas como rubíes en el rescoldo de Lucas 24:32: «¿No ardía nuestro corazón mientras [1] conversaba con nosotros en el camino y [2] nos explicaba las Escrituras?»

Para mí «conversaba con nosotros en el camino» es una maravillosa representación personal y tierna de la oración y «nos explicaba las Escrituras» es una perfecta representación del estudio bíblico. Queridos, tal vez podamos hacer muchas otras cosas para avivar la llama de nuestra pasión espiritual por Cristo, pero todos los demás esfuerzos son en vano sin los dos palitos de madera de oración y estudio bíblico que se frotan para encender el fuego.

—BETH MOORE, tomado de *Orando la palabra de Dios*

*Oh, Dios, ansío arder por ti. Dame la pasión en mis
oraciones, a medida que te hablo por el camino. Amén.*

COMBUSTIBLE DE ORACIÓN

> No sólo de pan vive el hombre, sino de todo
> lo que sale de la boca del SEÑOR.
>
> DEUTERONOMIO 8:3

La Palabra de Dios es una gran ayuda en la oración. Si se alberga y está escrita en nuestros corazones, formará una corriente de oraciones, plena e irresistible. Promesas guardadas en el corazón, deben ser el combustible del cual las oraciones reciban vida y calor. Al

Señor, haz que tus palabras sean el combustible de mi oración y mi devoción a ti. Amén.

igual que el carbón, que ha estado guardado en la tierra y que ministra para nuestra comodidad durante días de tormenta y noches de invierno, la Palabra de Dios que está guardada en nuestros corazones es el alimento mediante el cual la oración se nutre y se fortalece. La oración, como el hombre, no puede vivir solo de pan, «sino de toda palabra que sale de la boca de Dios" (Mateo 4:4).

Al menos que la Palabra de Dios supla las fuerzas vitales de la oración, esta, aunque sea honesta, incluso aunque se vocifere en su urgencia, es, en realidad, fofa y nula.

—E.M. BOUNDS

ORACIÓN CONTESTADA

[Jesús dijo:] Si permanecen en mí y mis palabras permanecen
en ustedes, pidan lo que quieran, y se les concederá.

JUAN 15:7

Tu padre quiere contestar oraciones. Si permaneces en Cristo, y si
sus Palabras viven en ti, entonces tú orarás en su voluntad y él te
contestará. «Ésta es la confianza que tenemos al acercarnos a Dios:
que si pedimos conforme a su voluntad, él nos oye» (1 Juan 5:14). Se
ha dicho muy bien que la oración no es para obtener la voluntad del
hombre en el cielo, sino para hacer que la voluntad de Dios se haga en
la tierra. No es para vencer la renuencia de Dios sino para aprovechar
la disposición de Dios.

¡Qué gozo es tener la respuesta de Dios a la oración! ¡Qué confianza
te da saber que tú puedes llevar «todo a Dios en oración» y que él te
escuchará y responderá! No siempre él nos da lo que le pedimos, pero
sí nos da lo que necesitamos, cuando lo necesitamos. Esta es una de
las evidencias de permanecer en él.

—WARREN W. WIERSBE

*Padre celestial, me aprovecho de tu disposición porque
tú ansías contestar mis oraciones. Pongo ante ti toda
mi vida, nada es demasiado grande ni demasiado
pequeño para tu cuidado amoroso. Amén.*

NUESTRO GRAN INTERCESOR

> Por eso también puede salvar por completo a los
> que por medio de él se acercan a Dios, ya que
> vive siempre para interceder por ellos.
>
> HEBREOS 7:25

Uno de los atributos de Jesús es que él conoce el corazón de los hombres y comprende lo que sucede en nuestro espíritu ... Al conocer nuestros corazones, Jesús percibe nuestras motivaciones, deseos y anhelos al igual que nuestras incompetencias, ineptitudes y deficiencias. Él ve lo que necesitamos. Gracias a su profundo amor por nosotros, Jesús lleva nuestras necesidades al Padre.

El Padre siempre responde a lo que Jesús le trae. No hay oración que Jesús ore a nuestro favor que el Padre deje desatendida o sin contestar. Así que a pesar de que no hayamos traído nuestra necesidad a Jesús, él lleva nuestras necesidades al Padre, y el Padre actúa para nuestro beneficio, para nuestro bien, para satisfacer nuestra necesidad.

—CHARLES STANLEY

Jesús, gracias por ser mi intercesor. Espíritu Santo,
gracias por consolar mi espíritu y ayudarme a orar.
Padre, gracias por tu maravilloso amor. Amén.

LA AYUDA DEL ESPÍRITU

Así mismo, en nuestra debilidad el Espíritu acude a ayudarnos.
No sabemos qué pedir, pero el Espíritu mismo intercede por
nosotros con gemidos que no pueden expresarse con palabras.

ROMANOS 8:26

Señor, no siempre sé cómo orar. Gracias por tu Espíritu que ora por medio mío. Amén.

Está claro, de acuerdo a lo que sigue, que Pablo está hablando aquí acerca del Espíritu Santo ... *No sabemos qué pedir* por dos razones. Primero, todavía no está claro por qué futuro estamos esperando o hacia dónde nos dirigimos, y segundo, muchas cosas en esta vida pueden parecer positivas pero en efecto son negativas, y vice versa. Por ejemplo, la tribulación, cuando viene a un siervo de Dios para probarlo o corregirlo, puede parecer inútil para aquellos que tienen menos entendimiento ... Pero a menudo Dios nos ofrece ayuda por medio de la tribulación, y la prosperidad —que puede ser negativa si nos atrapa el alma con los deleites y el amor de esta vida— se busca en vano.

El Espíritu suspira haciéndonos suspirar, despertando en nosotros, por su amor, un deseo para la vida futura. El Señor tu Dios te prueba para así saber si tú lo amas a él, es decir, para hacerte saber que nada escapa a la atención de Dios.

—SAN AGUSTÍN

DÉJALO IR Y DÉJASELO A DIOS

SEÑOR, mi corazón no es orgulloso, ni son altivos
mis ojos; —no busco grandezas desmedidas,
ni proezas que excedan a mis fuerzas.
Todo lo contrario: he calmado y aquietado mis ansias. —Soy
como un niño recién amamantado en el regazo de su madre.
¡Mi alma es como un niño recién amamantado! ...
Israel, pon tu esperanza en el SEÑOR desde ahora y para siempre.

SALMO 131:1-3

En nuestra condición imperfecta tanto de la fe como de la comprensión, el asunto de pedir y recibir debe necesariamente estar rodeado de niebla y de la posibilidad de errar. Solo lo puede encontrar el hombre que por sí mismo pide y espera. Descansa en regiones muy altas y también involucra muchas condiciones desconocidas para reducirse a fórmulas nuestras; porque Dios solo hace lo mejor, y el hombre es mayor y más necesitado de lo que él mismo puede saber.

—GEORGE MACDONALD

*Dios, hoy decido no fatigarme acerca de lo que voy a pedir,
sino por el contrario simplemente exponer mi corazón
ante ti. Padre, confío en ti, en que tú afiles mi vida, mi
fe y mis oraciones. Señor, gracias por el valor que hay en
hablar contigo y dirigirte mi corazón hacia ti. Amén.*

NUESTRA NECESIDAD DE ORAR

[Jesús dijo:] Pidan, y se les dará; busquen,
y encontrarán; llamen, y se les abrirá.

MATEO 7:7

Oh, Dios, no siempre te he amado como debiera. Gracias por tolerar mis debilidades y ayúdame a ser mejor. Amén.

No hay un mejor espejo en el cual ver tus necesidades que los Diez Mandamientos. En ellos encontrarás lo que te falta y lo que debes buscar. Puedes encontrar en estos que tienes una fe débil, pocas esperanzas y poco amor para Dios. Tal vez veas que no alabas ni honras a Dios tanto como te alabas y te honras a ti mismo. Tal vez veas que tú no amas al Señor, tu Dios, con todo tu corazón. Cuando veas estas cosas debes ponerla ante Dios, gemir ante él y pedirle ayuda, y con toda confianza esperar ayuda, creyendo que él te escuchó y que tú obtendrás misericordia … Es importante, cuando tenemos una necesidad, acudir a Dios en oración. Yo sé que cada vez que he orado honestamente él me ha oído y yo he obtenido mucho más de lo que le pedí. A veces Dios se demora, pero siempre viene.

—MARTÍN LUTERO

ORA EN SECRETO

[Jesús dijo:] Pero tú, cuando te pongas a orar, entra en tu cuarto, cierra la puerta y ora a tu Padre, que está en lo secreto. Así tu Padre, que ve lo que se hace en secreto, te recompensará.

MATEO 6:6

Cuando oremos, deja que nuestras palabras y peticiones se disciplinen, manteniendo quietud y modestia. Vamos a considerarnos como a la vista de Dios. Debemos agradar los ojos divinos tanto con el uso de nuestro cuerpo como con el tono de nuestra voz. Porque al igual que es característico de un sinvergüenza ser bullicioso con sus clamores, es apropiado que el hombre modesto ore con peticiones calmadas. Además, el Señor nos dijo que oráramos en secreto, lo cual viene mejor con la fe, en un lugar secreto y remoto y en nuestro mismo dormitorio. Entonces podemos saber que Dios está presente dondequiera y lo escucha y lo ve todo. En su abundante majestad, él entra hasta en los lugares escondidos y secretos. Está escrito: «¿Soy acaso Dios sólo de cerca? ¿No soy Dios también de lejos? —afirma el SEÑOR—. ¿Podrá el hombre hallar un escondite donde yo no pueda encontrarlo? —afirma el SEÑOR—. ¿Acaso no soy yo el que llena los cielos y la tierra? —afirma el SEÑOR» (Jeremías 23:23-24). Y de nuevo: «Los ojos del SEÑOR están en todo lugar, vigilando a los buenos y a los malos» (Proverbios 15:3).

—CIPRIANO

Señor, traigo mis peticiones ante ti callada y secretamente.
En la quietud, yo escucho tu voz. Amén.

3 DE OCTUBRE

VALOR EN LA ORACIÓN

[Jesús dijo:] «Porque mi yugo es suave y mi carga es liviana».
MATEO 11:30

Al entrar en la alcoba de oración, debemos venir llenos de fe y armados de valor. En ninguna otra parte en todo el campo de pensamiento y actividad religioso es tan necesario el valor como en la oración. La oración de éxito debe ser una sin condición. Debemos creer que Dios es amor y que, siendo amor, él no nos puede hacer daño sino que siempre nos hace el bien. Entonces debemos rendirnos ante él y orar con audacia por cualquier cosa que requiera nuestro bienestar y su gloria, y el precio no es un obstáculo. Cualquier cosa que él en su amor y sabiduría pueda evaluar en nuestra contra, lo aceptaremos con deleite porque a él le agrada. Oraciones como esas no pueden quedarse sin respuesta. El carácter y reputación de Dios garantizan su cumplimiento.

Siempre debemos recordar el amor infinitamente bondadoso de Dios. Nadie necesita temer el colocar su vida en las manos de Dios. Su yugo es fácil, su carga es liviana.

—A.W. TOZER

*Señor, necesito tu valor para permanecer fuerte
en mis oraciones. Cuando reflexiono en tu amor y
bondad, no tengo razón para temer. Amén.*

AUDACIA EN LA ORACIÓN

> También por medio de él, y mediante la fe, tenemos acceso
> a esta gracia en la cual nos mantenemos firmes. Así que nos
> regocijamos en la esperanza de alcanzar la gloria de Dios.
>
> ROMANOS 5:2

¿Cómo podemos ser audaces en la oración? La Palabra de Dios dice: «Así que, hermanos, mediante la sangre de Jesús, tenemos plena libertad para entrar en el Lugar Santísimo» (Hebreos 10:19). «Santísimo» se refiere al santuario, el lugar donde mora Dios. Solo un hombre, un sacerdote podía entrar una vez al año en esa habitación, en la que podía hacer una ofrenda ... Sin embargo, en la crucifixión de Jesús, cuando el velo enorme y grueso del templo se rajó a la mitad, él hizo un camino por el cual la gente podría entrar al lugar santísimo, a la misma presencia de Dios ...

Podemos tener audacia en la oración debido a la sangre de Cristo. Él es el Salvador perfecto. Él es el intercesor glorificado. Él es el rey que reina. Él resucitó de los muertos y todo poder en el cielo y en la tierra es suyo. Y él nos ofrece ese poder a nosotros.

—FRANKLIN GRAHAM, tomado de *All for Jesus*

*Señor, me asombra saber que tú hayas ido hasta tal grado
para reconciliarnos tú y yo. Gracias, gracias, gracias
porque yo puedo venir a ti libre y audazmente. Te ruego
que hoy me des un espíritu audaz mientras oro. Amén.*

EL PELIGRO DE LA FALTA DE ORACIÓN

[Jesús dijo:] Pero tú, cuando te pongas a orar, entra en tu cuarto, cierra la puerta y ora a tu Padre, que está en lo secreto. Así tu Padre, que ve lo que se hace en secreto, te recompensará.

MATEO 6:6

En una reunión se brindó la oportunidad de dar el testimonio sobre cuáles podrían ser los pecados que hacen la vida de la iglesia tan débil. Algunos comenzaron a mencionar fallos que habían visto en otros ministros, ya fuera en la conducta como en la doctrina, o en el servicio. Pronto se consideró que esta no era la manera correcta, cada uno debía reconocer de qué era culpable.

El Señor, en su gracia, ordenó que gradualmente descubriéramos que el pecado de la falta de oración es una de las raíces más profundas del mal. Nadie se pudo considerar libre de esto. Nada revela la vida espiritualmente defectuosa en un ministro y la congregación como la falta de creer y orar sin cesar. La oración es el pulso de la vida espiritual. Es el gran medio para traer al ministro y a las personas la bendición y el poder del cielo. Perseverar y creer en la oración significa tener una vida fuerte y abundante.

—ANDREW MURRAY

Oh, Señor, lo que tú quieres para mí es una vida abundante. Eso solo puede suceder mediante una vida de oración fuerte y vibrante y yo, con tu ayuda, estoy comprometido a perseverar en la oración. Amén.

La Palabra y la oración

SEÑOR, es mucho lo que he sufrido;
dame vida conforme a tu palabra.
SALMO 119:107

La oración y la Palabra de Dios son inseparables y siempre deben ir juntas. Dios, en su Palabra, me habla y en oración yo le hablo a Dios. Si debe haber una verdadera comunicación, tanto Dios como yo debemos participar. Si simplemente yo oro sin usar la Palabra de Dios, soy apto para usar mis propias palabras y pensamientos. Tomar los pensamientos de Dios de su Palabra y presentarlos ante él realmente le da poder a la oración.

Oh, Señor, mientras aprendo tu Palabra, tú me enseñas cómo orar. Por favor, guíame ahora mientras busco orar de tu Palabra. Amén.

El Espíritu Santo, mediante la Palabra, me muestra quién es Dios. La Palabra también me enseña cuán pecador yo soy. Me revela todas las maravillas que Dios hará por mí y la fortaleza que me dará para hacer su voluntad. La Palabra me enseña cómo orar, con un fuerte deseo, una fe firme y perseverancia constante. La Palabra me enseña no solo quién soy, sino quién puedo llegar a ser. Sobretodo me recuerda que Cristo es el gran intercesor y me permite orar en su nombre.

Aprende a renovar tus fuerzas cada día en la Palabra de Dios y a orar de acuerdo a su voluntad.

—ANDREW MURRAY

ORA A UN BUEN DIOS

En realidad, sin fe es imposible agradar a Dios, ya que
cualquiera que se acerca a Dios tiene que creer que él
existe y que recompensa a quienes lo buscan.

HEBREOS 11:6

Tanta es la necesidad de orar para el alma que solo esta actitud puede lograr un buen ánimo. Es cierto que orar a lo que no es, es una necedad de la lógica; sin embargo, el bien que vendría de esto, como dicen ellos, puede reprender la peor necedad de su incredulidad porque indica que la oración es natural y ¿cómo pudiera ser natural si no es coherente con el mismo modo de nuestro ser? La manera de ellos es mejor que la de aquellos que creen que hay un Dios, pero no creen que él contestará sus oraciones, sin embargo, oran a él. Esto es más necio e inmoral que orar a un no-dios. Cualquiera que sea el Dios a quien ellos oran, su oración es una burla de él, de ellos y de la verdad.

—GEORGE MACDONALD

*Señor, sé que cuando vengo a ti en oración, no vengo a un
Dios caprichoso, sino a uno que me escucha y actúa. Gracias,
Padre, por el privilegio de orar, por el gozo que esto trae y
por la oportunidad de tener una relación contigo. Amén.*

PERSEVERA EN ORACIÓN

Oren sin cesar,
1 TESALONICENSES 5:17

Uno de los mayores inconvenientes para la vida de oración es que la respuesta no viene tan rápido como esperamos. Estamos desanimados y pensamos: «Quizás yo no oro bien». Y entonces no perseveramos. A menudo Jesús oró acerca de esto. Tal vez haya una razón para la demora y la espera puede traer una bendición. Nuestro deseo debe ser más profundo y fuerte, y nosotros debemos pedir con todo nuestro corazón. Dios nos pone en la escuela de la práctica de la oración perseverante para que nuestra débil fe pueda fortalecerse.

Sobretodo, Dios nos quiere llevar a tener un compañerismo más íntimo con él. Cuando nuestras oraciones no reciben respuesta aprendemos que el compañerismo y el amor de Dios son más para nosotros que las respuestas a nuestras peticiones, y entonces continuamos en oración …

Los que han perseverado delante de Dios son los que han tenido el mayor poder en la oración.

—ANDREW MURRAY

Padre celestial, con frecuencia, cuando oramos, solo buscamos nuestras respuestas. Ayúdame a aprender que emplear tiempo contigo es lo importante, y que tus respuestas vendrán en tu tiempo perfecto. Amén.

9 DE OCTUBRE

ORA A UN DIOS QUE ACTÚA

Encomienda al Señor tu camino; confía en él, y él actuará.
SALMO 37:5

Decir: «Padre, me gustaría tener esto o aquello», sería suficiente para advertirnos de inmediato si los deseos son malos y luego de saberlo, desistir de eso. Dichas oraciones acerca de las cosas debe por necesidad ayudar a que la mente tenga una relación verdadera y sencilla con él; hacernos recordar su voluntad aunque no veamos cuál es esa voluntad. Seguramente es mejor y muestra más confianza contarle todo sin temor ni ansiedades. ¿Acaso no fue así como el Señor se comportó con su Padre cuando le dijo: «Si es posible, pasa de mí esta copa»? ... No hay temor de que Dios pueda sentirse disgustado con él por decirle lo que le gustaría, y no dejárselo todo al Padre. Tampoco consideró que los planes del Padre fueran tan fijos que su oración no los pudieran alterar.

—GEORGE MACDONALD

Señor, cuando oro lo que está en mi corazón,
creyendo que tú respondes la oración, se renueva mi
confianza en ti. Dios, te ruego que hoy me ayudes a
ver tu voluntad en mi situación actual. Amén.

ORACIÓN Y AYUNO

[Jesús les dijo:] Pero este género no sale sino con oración y ayuno
MATEO 17:21, RVR

Jesús nos enseña que una vida de fe requiere tanto la oración como el ayuno. La oración se aferra al poder del cielo, el ayuno debilita el atractivo de los placeres terrenales …

La abstinencia de comida, o la moderación al ingerirla, ayuda a enfocarse en la comunicación con Dios.

Recordemos que la abstinencia, moderación y autonegación son de ayuda para la vida espiritual … El sacrificio voluntario de nuestros placeres o disfrutes ayudarán a enfocar nuestras mentes más plenamente en Dios y sus prioridades. La misma práctica necesaria para vencer nuestros propios deseos nos dará fortaleza para fijarnos en Dios en la oración.

> *Padre celestial, a veces ayunar parece algo muy desafiante, pero yo sé que tú quieres traer madurez y disciplina a mi fe. Ayúdame a negarme a mis deseos egoístas y descubrir el poder que el ayuno puede traer a mi vida. Amén.*

Nuestra falta de disciplina en la oración procede de nuestro deseo carnal de comodidad y facilidad. «Los que son de Cristo Jesús han crucificado la naturaleza pecaminosa, con sus pasiones y deseos» (Gálatas 5:24) … Para la verdadera práctica de orar, acercarse a Dios y tener comunión y compañerismo con él, es necesario sacrificar nuestro deseo egoísta. Entonces, ¿no vale la pena esforzarnos para negarnos diariamente con el fin de encontrarnos con el santo Dios y recibir sus bendiciones?

—ANDREW MURRAY

11 DE OCTUBRE

UNA ORACIÓN PARA UN ANDAR MÁS PROFUNDO

> Por tanto, también nosotros, que estamos rodeados de una multitud tan grande de testigos, despojémonos del lastre que nos estorba, en especial del pecado que nos asedia, y corramos con perseverancia la carrera que tenemos por delante.
>
> HEBREOS 12:1

> *Padre santo, te ruego que quites de mí las cosas que me impiden caminar más cerca de ti. Amén.*

Señor Jesús, ahora toma de nosotros todo lo que pueda impedir una íntima comunión con Dios. Te rogamos que quites cualquier deseo que nos pueda entorpecer la oración. Quítanos ahora cualquier recuerdo de tristeza o preocupación que nos impida fijar toda nuestra atención en Dios. ¿Qué relación tenemos con los ídolos? Tú nos has visto y observado. Tú sabes dónde está la dificultad. Ayúdanos en contra de esto, y que ahora vengamos con audacia, no solo al lugar santo, sino al lugar santísimo, donde no nos atrevamos a venir si nuestro gran Señor no ha desgarrado el velo, rociando el asiento de propiciación con Su propia sangre e invitándonos a entrar.

—CHARLES H. SPURGEON

DÍA POR DÍA

Así como el Padre me ha amado a mí, también yo los
he amado a ustedes. Permanezcan en mi amor.

JUAN 15:9

Feliz es el hombre que ha aprendido el secreto de llegar a Dios en oración diaria. Quince minutos a solas con Dios todas las mañanas antes de comenzar el día pueden cambiar las circunstancias y mover montañas. Pero toda esta felicidad y todos los beneficios ilimitados que fluyen del almacén del cielo dependen de nuestra relación con Dios. La dependencia absoluta y el rendimiento absoluto son las condiciones de ser su hijo. Solo sus hijos están autorizados a recibir aquellas cosas que se prestan para que seamos felices; y para ser su hijo, debemos someter nuestra voluntad a él.

Señor Dios, disfrutar tu presencia y hacer tu obra en el mundo es lo que hace que valga la pena vivir la vida. Dios, haz que mis oraciones me capaciten para vivir más cerca a ti y que experimente todo lo que tú tienes para mí. Amén.

—BILLY GRAHAM, tomado de *Día tras día con Billy Graham*

REÚNETE CON EL SEÑOR

«Salgan de en medio de ellos y apártense. No toquen nada impuro, y yo los recibiré.» «Yo seré un padre para ustedes, y ustedes serán mis hijos y mis hijas, dice el Señor Todopoderoso».

2 CORINTIOS 6:17-18

Pareció que un día Dios vino a mi puerta y me preguntó si yo estaría dispuesta a comenzar a caminar con él levantándome temprano en las mañanas para orar y leer la Biblia. Al principio pensé que era algo que yo debía hacer. Arrastré mis pies porque descubrí que no quería sacrificar los minutos extras de sueño. Él fue tan paciente mientras esperó que yo entendiera que esto no era algo que yo tenía que hacer, sino que por el contrario, era un tiempo personal de compañerismo en el que yo podría aumentar mi relación de amor con él. Qué diferencia hizo esto en mi actitud y manera de considerar las tempranas horas de la mañana cuando llegué a estar consciente de que mi novio celestial me estaba esperando para encontrarse conmigo durante ese tiempo designado.

—ANNE GRAHAM LOTZ, tomado de *God's Story*

Señor, tú me llamas en oración. Gracias por buscarme, por buscar una relación conmigo. Señor, permite que yo honre este privilegio empleando tiempo contigo en oración. Amén.

APARTA UN TIEMPO

Él, por su parte, solía retirarse a lugares solitarios para orar.

LUCAS 5:16

Dios tiene mucho que decirle a tu vida. Pero si tú no te apartas de los quehaceres de tu día y empleas un tiempo solo con él en quietud y soledad, tú no lo escucharás. Hasta el mismo Jesús pasó mucho tiempo solo con Dios. Si alguno podía dejar de hacerlo, seguramente habría sido él. ¿Cuánto más importante debe ser esto para nosotros?

> Señor, yo sé que el tiempo a solas, aparte, consagrando mi atención a ti, es vital para mi fe y alma. Padre, sé conmigo cuando yo seleccione una porción de tiempo para pasarlo contigo. Amén.

Yo sé que encontrar un tiempo para orar a solas puede ser difícil. Especialmente cuando el enemigo de tu alma no quiere que tú lo hagas. Pero si tú lo conviertes en una prioridad al fijar un tiempo específico para orar diariamente, quizás escribir en tu almanaque de la misma manera en que lo harías con cualquier otra fecha importante, y determinar mantener esa cita con Dios, verás respuestas a tus oraciones como nunca antes.

—STORMIE OMARTIAN, tomado de *El poder de la mujer que ora*

EL ESPÍRITU DE ORACIÓN

Y Dios, que examina los corazones, sabe cuál es la
intención del Espíritu, porque el Espíritu intercede
por los creyentes conforme a la voluntad de Dios.

ROMANOS 8:27

La oración no es nuestra obra. Es la obra de Dios en nosotros por su poder omnipotente. A medida que oramos nuestra actitud debe ser una silente expectativa de que el Espíritu Santo nos ayudará en nuestras debilidades y orará por nosotros con gemidos que no se pueden expresar.

¡Qué idea! Cuando siento lo imperfecta que es mi oración, cuando no tengo fuerzas, yo debo inclinarme en silencio ante Dios en la confianza de que su Santo Espíritu me enseñará a orar. El Espíritu es el Espíritu de oración. No es mi obra, sino la obra de Dios en mí. El Espíritu hará perfecta la obra incluso en mi debilidad …

El Espíritu de la verdad glorificará a Cristo en nosotros, y el Espíritu de amor derramará este amor en nuestros corazones. Y nosotros tenemos el Espíritu de la oración, mediante el cual nuestra vida puede llegar a ser una de oración continua. Gracias a Dios que se nos ha dado al Espíritu Santo para enseñarnos a orar.

—ANDREW MURRAY

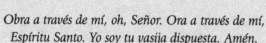

*Obra a través de mí, oh, Señor. Ora a través de mí,
Espíritu Santo. Yo soy tu vasija dispuesta. Amén.*

EXPERIMENTA EL AMOR DE DIOS

> Y esta esperanza no nos defrauda, porque Dios ha derramado su amor en nuestro corazón por el Espíritu Santo que nos ha dado.
>
> ROMANOS 5:5

Dios quiere darnos a cada uno de nosotros no solo efímeras impresiones de su amor, sino un sentido fuerte, establecido, creciente de este ... Él quiere que disfrutemos una experiencia genuina, profunda, constante de su amor. Pero solo experimentaremos una relación como esta si nos involucramos intensamente con Dios. E.M. Bounds escribió que Dios no se revela a la «persona apurada para ir y venir». Si establecemos una relación casual no lo experimentaremos. Su profundo amor ... Su amor sigue siendo tan pleno y desbordante, tan maravilloso y poderoso como siempre. Pero nosotros lo estamos bloqueando cuando no seguimos una relación con él más profunda y más constante.

—RUTH MYERS, tomado de *The Perfect Love*

Señor, sé que para experimentarte realmente, yo necesito pasar tiempo contigo hasta dejar que tu presencia me sature. Padre, te ruego que saques el mejor provecho de mi tiempo de oración y que me enseñes cómo andar contigo. Amén.

17 DE OCTUBRE

AMOR Y ORACIÓN

> Ya se acerca el fin de todas las cosas. Así que, para orar
> bien, manténganse sobrios y con la mente despejada.
> Sobre todo, ámense los unos a los otros profundamente,
> porque el amor cubre multitud de pecados.
>
> 1 PEDRO 4:7-8

La oración honesta y el amor ferviente están muy estrechamente ligados. Si solo oramos por nosotros, no será fácil tener una actitud correcta hacia Dios. Pero cuando nuestros corazones están llenos de amor por los demás, continuaremos orando por ellos, incluso por aquellos con quienes no estamos de acuerdo.

La oración tiene un lugar importante en la vida del amor; están inseparablemente conectados. Si tú quieres que el amor aumente, olvídate de ti mismo y ora por los hijos de Dios. Si quieres mejorar en oración, emplea tiempo amando a los que te rodean, ayudándolos a llevar sus cargas.

Hay una gran necesidad de intercesores sinceros y con poder. Dios desea que sus hijos se presenten todos los días ante el trono de gracia para orar por el poder del Espíritu sobre todos los creyentes …

A medida que meditemos acerca del amor hacia aquellos que nos rodean, entraremos en un compañerismo con Dios … El amor conduce a la oración y la oración de fe recibe el amor de Dios.

—ANDREW MURRAY

 Señor, llena mi corazón de tu amor por otros. Quiero llevar las cargas de los demás, elevando a otros en oración ante ti. Amén.

UNIDAD MEDIANTE LA ORACIÓN

No ruego sólo por éstos. Ruego también por los que han de creer en mí por el mensaje de ellos, para que todos sean uno. Padre, así como tú estás en mí y yo en ti, permite que ellos también estén en nosotros, para que el mundo crea que tú me has enviado.

JUAN 17:20-21

Cuando un hombre ora por su semejante, por la esposa o hijo, madre o padre, hermana o hermano o amigo, la relación entre los dos es tan íntima delante de Dios que la bendición que se pide muy bien puede fluir al final de la oración. Una persona así, aunque de manera pobre y lejana, será al igual que su maestro, Jesucristo el justo, un abogado con el Padre. La persona lleva a su amigo hasta la presencia de Dios, y si no lo lleva a la presencia de Dios, lo deja con solo el velo entre ellos, y ellos se comunicarán a través del velo.

—GEORGE MACDONALD

Señor Dios, yo sé que tú deseas unidad en tu pueblo, y sé que la oración es una conexión muy poderosa. Hoy te elevo a aquellos que están relacionados conmigo. Señor, te ruego que satisfagas sus necesidades y que nos acerques más a ti. Amén.

19 DE OCTUBRE

TIEMPO PARA ORAR

Nadie invoca tu nombre, ni se esfuerza por aferrarse a ti.

ISAÍAS 64:7

Hay cristianos serios que han orado lo suficiente para mantener su posición espiritual, pero no lo suficiente para desarrollarse espiritualmente. Intentar luchar contra la tentación es una actitud a la defensiva en lugar de una agresiva que gana una realización más alta. La enseñanza bíblica que dice que debemos clamar día y noche en oración, tiene que ser hasta cierto grado nuestra experiencia si vamos a ser intercesores.

Un hombre me dijo: «Veo la importancia de orar mucho y, sin embargo, mi vida apenas me deja tiempo para esto. ¿Debo darme por vencido? ¿Cómo puedo lograr lo que deseo?»

Yo admití que la dificultad era universal y cité un proverbio holandés: «Lo más pesado es lo que debe pesar más». Lo más importante debe ocupar el primer lugar. La ley de Dios es inalterable. En nuestra comunicación con el cielo, solo obtenemos según la medida con que damos. Al menos que estemos dispuestos a pagar el precio, sacrificar tiempo, atención y tareas que parecen ser necesarias para el bienestar de los dones celestiales, no podemos esperar mucho poder del cielo en nuestro trabajo.

—ANDREW MURRAY

Padre celestial, mi vida está tan ocupada, y a veces pasar un tiempo contigo parece ser un sacrificio. Ayúdame a recordar que tú eres lo más importante en mi vida. Te pongo en primer lugar, por encima de todo lo demás. Amén.

LA EXPERIENCIA HUMANA MÁS VITAL

Es más, todo lo considero pérdida por razón del incomparable valor de conocer a Cristo Jesús, mi Señor. Por él lo he perdido todo, y lo tengo por estiércol, a fin de ganar a Cristo y encontrarme unido a él. No quiero mi propia justicia que procede de la ley, sino la que se obtiene mediante la fe en Cristo, la justicia que procede de Dios, basada en la fe.

FILIPENSES 3:8-9

La oración es el hecho más a fondo que como humanos tenemos *en el presente*, y es el más energético: Este conecta el pasado inmediato con el futuro inmediato y hace de ellos una coyuntura flexible, viviente. El Amén reúne lo que acaba de suceder en el Maranatha de lo que está casi por suceder y produce una Bendición. Le prestamos atención a Dios y guiamos a otros para que le presten atención a Dios. Casi no importa que tantas personas prefieren atender a sus normas de vida, o a su autoimagen, o su ahínco para dejar una huella en el mundo.

Dios es la realidad: adóralo o huye de él.

—EUGENE H. PETERSON, tomado de *The Contemplative Pastor*

Señor, hoy estoy consciente de que hacerte partícipe es lo más importante que jamás yo pueda hacer en mi vida. Padre, te ruego que quites mis ojos de las distracciones que me rodean. Oh, Dios, hoy te adoro. Amén.

ORA HASTA

Cuando entró en la casa, se le acercaron
los ciegos, y él les preguntó:
—¿Creen que puedo sanarlos?
—Sí, Señor —le respondieron.
Entonces les tocó los ojos y les dijo:
—Se hará con ustedes conforme a su fe.

MATEO 9:28-29

Padre Dios, a medida que te presento mis peticiones, yo sé que tú me escuchas y que actuarás. Gracias por tus promesas y cuidados. Amén.

«Orar hasta» que algo suceda se pudiera definir como sigue: «Orar hasta lograr una fe plena; llegar al punto de la seguridad, mientras sigues orando, de que tus oraciones se aceptaron y escucharon; y que antes del hecho, con anticipada confianza, realmente llegas a estar consciente de haber recibido lo que pediste».

Recordemos que no hay circunstancias terrenales que puedan obstaculizar el cumplimiento de la Palabra de Dios. Debemos mirar con tenacidad a su inmutable Palabra y no a la inseguridad de este mundo siempre cambiante. Dios desea que creamos su Palabra sin otra evidencia, y entonces él está listo para hacer por nosotros «conforme a [nuestra] fe» (Mateo 9:29).

—L.B. COWMAN, tomado de *Manantiales en el desierto*

FE EN LA ORACIÓN

[Jesús les dijo una parábola] Supongamos —continuó—
que uno de ustedes tiene un amigo, y a medianoche
va y le dice: "Amigo, préstame tres panes ...
Lucas 11:5

Lo que no tiene el hombre en Lucas 11, otro lo puede suplir. Cerca de su casa él tiene un amigo rico que estará dispuesto y deseoso de darle el pan. Él está seguro de que si solo lo pide, lo recibirá. Esta fe lo hace dejar su casa a medianoche. Si él no tiene el pan que dar, él se lo puede pedir a otra persona.

Nosotros necesitamos esa fe simple y confiada en que Dios nos dará. Si realmente existe esa fe, no hay posibilidad alguna de que dejemos de orar. En la Palabra de Dios tenemos todo lo que puede motivar y fortalecer tal fe en nosotros. El cielo que ven nuestros ojos naturales es un gran océano de luz solar, con sus luces y calor dando belleza y frutos a la tierra. De la misma manera, las Escrituras nos muestran el cielo verdadero de Dios que está lleno de todas las bendiciones espirituales —la luz, el amor y la vida divina, el gozo, la paz y el poder celestial— todos brillando sobre nosotros. Este nos revela a nuestro Dios esperando, hasta deleitándose, para otorgarnos estas bendiciones en respuesta a la oración.

—ANDREW MURRAY

Oh, Señor, si pido recibiré. Si busco, oh, Señor, encontraré.
Gracias por escuchar y contestar mi oración. Amén.

23 DE OCTUBRE

APÓYATE EN LA FE

> La oración de fe sanará al enfermo y el Señor lo
> levantará. Y si ha pecado, su pecado se le perdonará.
>
> SANTIAGO 5:15

Cuando a ti se te presenta un asunto que requiere oración inmediata, ora hasta que creas a Dios, hasta que con toda la sinceridad de corazón le puedas dar gracias por la respuesta. Si no ves de inmediato una respuesta externa, no ores por esto de manera tal que sea evidente que no estás creyendo definitivamente a Dios por esto. Este tipo de oración será un impedimento en lugar de una ayuda para ti ...

Nunca ores de una manera que disminuya tu fe. Tú puedes decirle que estás esperando, todavía creyendo y por lo tanto alabándolo por la respuesta. No hay nada que solidifique tan plenamente la fe como estar seguro de la respuesta por lo que puedes darle gracias a Dios.

—L.B. COWMAN, tomado de *Manantiales en el desierto*

*Dios, no sé qué reserven los días futuros para mí, pero
creo que tú contestas oraciones y vas a satisfacer mis
necesidades. Gracias por todo lo que has hecho en mi vida
hasta ahora, y gracias por toda bendición futura. Amén.*

ORA PIDIENDO BENDICIÓN

«Bendíceme y ensancha mi territorio; ayúdame y
líbrame del mal, para que no padezca aflicción».

1 CRÓNICAS 4:10

Cuando buscamos bendiciones de Dios como el valor fundamental
en la vida, estamos tirándonos por completo en el río de Su voluntad
y poder y propósitos para nosotros. Todas nuestras otras necesidades
se convierten en secundarias para lo que realmente queremos, lo cual
es sumergirnos por completo en lo que Dios está tratando de hacer
para su gloria en nosotros, mediante nosotros y alrededor nuestro.

Permíteme contarte de un producto secundario que está garantizado
cuando se busca con toda sinceridad su bendición: Tu vida estará
señalada por los milagros ... el poder de Dios para lograr grandes
cosas de repente no encuentra obstrucción alguna en ti. Tú te estás
moviendo en su dirección. Estás orando por exactamente lo que
Dios desea. De repente se liberan las fuerzas del cielo y comienzan a
lograr la voluntad perfecta de Dios, mediante tu persona. ¡Y tú serás
el primero en notarlo!

—BRUCE WILKINSON, tomado de *La oración de Jabes*

*Señor, yo sé que tú haces cosas maravillosas en y a
través de las personas de tu pueblo. Dios, te pido hoy
tu mano de bendiciones sobre mi vida. Amén.*

TODO EL QUE CLAME

El Señor está cerca de quienes lo invocan,
de quienes lo invocan en verdad.

SALMO 145:18

Querido Señor, a veces mis oraciones son torpes y paralizantes, a veces yo no sé por qué orar, y a veces hasta oro con una aptitud inapropiada en el corazón. Pero en tu bondad, tú escuchas mis oraciones y de todas formas me sales al encuentro. Señor, te ruego que aportes una nueva vitalidad a mi vida de oración. Amén.

La mayoría de nuestras vidas de oración podrían usar un ajuste. Algunas vidas de oración necesitan consistencia. Son como un desierto o como un oasis. Intervalos largos, áridos y secos interrumpidos por breves zambullidas en las aguas de la comunión ...

Algunos de nosotros necesitamos sinceridad. Nuestras oraciones son un poco vacías, memorizadas y rígidas. Más liturgia que vida. Y aunque son diarias, son torpes.

Sin embargo, para ser sincero contigo a otros les falta honestidad. Nos preguntamos muy honestamente si la oración hace alguna diferencia. ¿Por qué Dios en el cielo va a querer hablar conmigo? ...

Nuestras oraciones tal vez sean torpes. Nuestros intentos tal vez sean débiles. Pero ya que el poder de la oración está en el único que las escucha y no en el que las hace, nuestras oraciones sí hacen una diferencia.

—MAX LUCADO, tomado de *Todavía remueve piedras*

UNA VIDA DE ORACIÓN FORTALECIDA

Por eso les digo: Crean que ya han recibido todo lo que estén pidiendo en oración, y lo obtendrán.

MARCOS 11:24

La consecuencia del pecado que hace imposible que Dios responda de inmediato es una barrera tanto del lado de Dios como del nuestro. El intento de romper el poder del pecado es lo que hace que la lucha y el conflicto de la oración sean una realidad.

A través de la historia la gente ha orado sintiendo que había dificultades que superar en el mundo celestial. Ellos le rogaban a Dios que quitara los obstáculos desconocidos. En esa súplica insistente ellos llegaron a un estado de quebrantamiento, de completa resignación a él y de fe. Luego se superaron los obstáculos tanto en ellos mismos como en el cielo. A medida que Dios prevalece con nosotros, nosotros prevalecemos con Dios.

Dios nos hizo de manera que mientras más claro vemos lo razonable de un pedido, más de corazón nos rendimos ante él. Una razón por la cual descuidamos la oración es que aparentemente hay algo arbitrario en el llamado para la oración continua. Esta dificultad aparente es una necesidad divina y es la fuente de una bendición indescriptible.

—ANDREW MURRAY

Oh, Dios, a medida que tú prevaleces en mí, yo prevaleceré contigo. Ayúdame a someterme a ti. Amén.

Oración, obediencia y fe

Escucha, Israel, y esfuérzate en obedecer. Así te irá
bien y serás un pueblo muy numeroso en la tierra
donde abundan la leche y la miel, tal como te lo
prometió el Señor, el Dios de tus antepasados.

DEUTERONOMIO 6:3

La obediencia a Dios ayuda la fe como ningún otro atributo pueda
hacerlo. Cuando existe un reconocimiento absoluto de la validez y
la supremacía de los mandatos divinos, la fe cesa de ser una tarea
casi sobrehumana. No se requiere esforzarse para ejercitarla. La obediencia a Dios hace fácil creer y confiar en Dios. Cuando el espíritu
de obediencia satura totalmente el alma, y la voluntad se somete
perfectamente a Dios, la fe se convierte en realidad. Esto también
sucede cuando hay un propósito fijo e inalterable de obedecer a Dios.
Entonces, la fe llega a ser casi involuntaria. Después de la obediencia
este es el próximo paso natural. Es más fácil y basado en la realidad.
Así que, la dificultad para orar no es la fe sino la obediencia, que es
el fundamento de la fe.

—E.M. BOUNDS

*Señor, Dios, quiero orar con fe, pero tengo dificultades
mientras estoy tratando de dar el primer paso de la
obediencia. Señor, ayúdame a recordar cómo tú premias
la obediencia y lléname con tu Espíritu Santo para que
yo te pueda obedecer más plenamente. Amén.*

ORACIÓN DIFÍCIL

Pero, como estaba angustiado, se puso a orar con más fervor,
y su sudor era como gotas de sangre que caían a tierra.

LUCAS 22:44

¿Te has dado cuenta de lo mucho que juegan las dificultades en nuestra vida? Ellas convocan nuestro poder como ninguna otra cosa puede hacerlo. Ellos fortalecen el carácter ...

Imagínate cuáles serían los resultados si el hijo de Dios solo tuviera que arrodillarse, pedir, obtener y salir. Esto daría por resultado una vida espiritual perdida. Mediante las dificultades descubrimos lo poco que tenemos del Santo Espíritu de Dios. Allí aprendemos nuestras propias debilidades y le cedemos el lugar al Espíritu Santo para que ore en nosotros. Allí tomamos nuestro lugar en Cristo Jesús y permanecemos en él como nuestro único derecho de llegar al Padre. Allí se crucifican nuestra propia voluntad y fuerza. Allí resucitamos en Cristo para una nueva vida. Alabado sea Dios por las necesidades y las dificultades de la oración persistente como uno de los medios escogidos de la gracia.

Piensa en lo que Jesús ganó por causa de las dificultades en su camino. Él perseveró en oración en Getsemaní y venció al príncipe de este mundo con todas sus tentaciones.

—ANDREW MURRAY

Señor, en oración, como en todos los aspectos de la vida, el esfuerzo nos traerá recompensas. Ayúdame a perseverar en oración, como Jesús, mi modelo bendecido, lo hizo antes que yo. Amén.

ORAR JUNTOS

Porque donde dos o tres se reúnen en mi
nombre, allí estoy yo en medio de ellos.

MATEO 18:20

*Padre, ya que todavía
estoy orando, te pido que
me hables por medio
de tu Palabra. Amén.*

La oración no debe considerarse como una práctica individual, en la cual el creyente viene a solas al trono de Dios. Incluso, especialmente cuando los dolores y las luchas y las heridas de la vida nos atacan, cuando las amenazas de poderes y las autoridades y las potestades y las desilusiones y mentiras de esta Era rebelde nos asedian, nos reunimos con otros creyentes que orarán cuando nosotros no podemos hacerlo. La oración es un acto en común, en el que oramos juntos, luchamos juntos, llevándonos unos a otros ante Dios, orando para que el poder y el sustento de Dios nos sostenga, nos nutra, proteja y nos haga íntegros. Nunca oramos solos, sino siempre en comunión unos con otros.

—LEE C. CAMP, tomado de *Mere Discipleship: Radical
Christianity in a Rebellious World*

ESPEREMOS JUNTOS

No dejemos de congregarnos, como acostumbran hacerlo
algunos, sino animémonos unos a otros, y con mayor
razón ahora que vemos que aquel día se acerca.

HEBREOS 10:25

La visita de Elisabet y María es una de las expresiones más hermosas
de la Biblia de lo que significa formar una comunidad, estar juntos,
reunirnos alrededor de las promesas, afirmar que algo realmente está
sucediendo.

De esto se trata la oración. Es reunirnos alrededor de la promesa. De
esto se trata la celebración. Es elevar lo que ya está allí. De esto se trata
la Eucaristía. Es decir «gracias» por la semilla que se ha sembrado. Es
decir: «Estamos esperando por el Señor, que ya vino».

El significado completo de la comunidad cristiana descansa al ofrecer
un espacio en el cual esperar por eso que ya se vio. La comunidad cristiana es el lugar donde mantenemos la llama viva entre nosotros y lo
tomamos en serio para que pueda crecer y fortalecerse en nosotros.

—HENRI NOUWEN

*Señor, tan importante como es alejarnos para orar, yo sé que no
hay nada más refrescante e importante que reunirnos con otros.
Señor, a medida que me acerco a mis hermanos y hermanas, es
mi petición que te experimentemos unidos en la oración. Amén.*

DESCANSA EN LA ORACIÓN

> Porque el Señor tu Dios está en medio
> de ti como guerrero victorioso.
> —Se deleitará en ti con gozo, te renovará con
> su amor, —se alegrará por ti con cantos
> SOFONÍAS 3:17

Creo que nuestras oraciones más honestas, de todo corazón, son las que oramos en medio de la noche. Tal vez esas oraciones no sean atrevidas ni nobles ni santas, pero surgen directamente del corazón hasta el oído de Dios. Al acostarse tarde en la noche con cuerpos exhaustos y mentes ansiosas, lo único que duerme son nuestras defensas sociales cotidianas. Estamos más dispuestos a comunicarnos con Dios, nuestro Creador, que conoce hasta nuestros pensamientos más íntimos, nuestros sueños más secretos. En medio de la noche, cuando no podemos salir de esa ansiosa estera rodante de preocupaciones y temores, las palabras «¡Dios, te ruego que me ayudes!» de nuestros labios, toman alas y vuelan a través de la oscuridad.

Orar es el Sabbat. No importa cuál sea el verdadero contenido de nuestras oraciones, en oración Dios nos llama a confiar en él, a descansar en él. Cuando oramos, descargamos nuestros problemas ante el trono de la gracia … Cuando vamos al dormitorio y cerramos la puerta, entramos en el Sabbat.

—HARRIET CROSBY

*Señor Dios, orar a un Padre tan bueno es como una fuente
de descanso y contentamiento para mi alma. Te entrego
mis cargas hoy y decido descansar en tu amor. Amén.*

DEPENDENCIA EN LA ORACIÓN

Por lo tanto, gustosamente haré más bien alarde de mis
debilidades, para que permanezca sobre mí el poder de Cristo.

2 CORINTIOS 12:9

Mi respuesta más espectacular a las oraciones ha venido cuando yo estaba inútil, tan fuera de control que no era capaz de hacer algo por mí misma ...

¿Por qué Dios insistía en la inutilidad como un prerrequisito para recibir respuesta a una oración? Una razón obvia es que nuestra inutilidad humana es un hecho fundamental. Dios es un realista e insiste en que también nosotros seamos realistas. Así que, mientras nos engañan pensando que los recursos humanos pueden suplir los deseos de nuestro corazón, estamos creyendo una mentira ... ¿Acaso Jesús comentó esto? Sí, como siempre él puso su dedo en el mismo corazón del asunto: «Separados de mí no pueden ustedes hacer nada» (Juan 15:5).

> *Dios, a veces tontamente descanso en mí misma y en mi propio conocimiento y habilidades. Yo sé, Señor Jesús, que separada de ti no puedo hacer nada. Te ruego que hoy seas conmigo. Infúndame fuerzas, porque me siento inútil sin ti. Amén.*

Sin embargo, no solo Jesús insistió en la verdad de nuestra inutilidad, él lo acentuó al decirnos que esta misma inutilidad se aplicó igualmente a él mientras se vistió con la carne humana «El hijo no puede hacer nada por su propia cuenta, sino solamente lo que ve que su padre hace» (Juan 5:19). En esto como en cualquier otro caso, él estaba estableciendo el patrón para la humanidad imperfecta.

—CATHERINE MARSHALL

LA OBRA DE LA ORACIÓN

En cada iglesia [Pablo y Bernabé]nombraron
ancianos y, con oración y ayuno, los encomendaron
al Señor, en quien habían creído.

HECHOS 14:23

Mi primera observación de la oración perfectamente natural y consciente vino cuando yo era una niña muy pequeña en Shanghai. Una mañana fui brincando al lado del Dr. Hoste, en ese tiempo el director de la misión China Inland … Él no me dio la espalda, sino que simplemente dijo: «Edith, ahora estoy orando, pero si quieres, tú puedes venir».

En varias ocasiones yo caminé con él, agarrada de su mano mientras iba muy quieta e impresionada mientras él oraba en voz alta. Era su costumbre caminar mientras oraba, y él consideraba que era su primera responsabilidad para la misión orar cuatro horas al día. Él oraba por cada misionero en la China Inland Mission y por cada uno de los hijos de esos misioneros a quienes mencionaba por nombre …

«Está bien, camina y ora conmigo», decía él en su voz característicamente alta. La impresión que penetra en mi memoria es el respeto que percibí por la *tarea* de orar. Yo sé que significó más de lo que significaría una serie de conferencias más tarde en la vida.

—EDITH SCHAEFFER

 Dios, a medida que procuro hacer tu voluntad en el mundo,
sé que la oración es la tarea más importante que cualquier
otra que yo pueda hacer. Padre, te ruego que me des sabiduría
durante el día y que me enseñes a interceder por otros. Amén.

El privilegio de orar

Mas a cuantos lo recibieron, a los que creen en su
nombre, les dio el derecho de ser hijos de Dios.

JUAN 1:12

Por desgracia, para muchos la oración no es un gozo sino una carga.
Cuando dejan de orar, se sienten culpables, cuando oran, se preocupan porque tal vez no lo están haciendo bien. O sus oraciones son
poco natural y sin vida, tal vez solo repitiendo palabras aprendidas
en la niñez pero que nunca lograron la participación de sus mentes
o corazones.

Pero esto es lo opuesto de lo que debe ser la oración. La oración no
debe ser una *carga* sino un *privilegio*, un privilegio que Dios nos ha
dado en su gracia porque él *quiere* nuestro compañerismo. Recuerda:
Jesucristo murió para destruir la barrera del pecado que nos separa
de Dios, y cuando le entregamos nuestra vida, tenemos una relación
personal con Dios. De hecho, tenemos acceso a Dios en oración solo
por lo que hizo Cristo por nosotros en la cruz …

Nuestra relación con Dios involucra comunicación, no solo una breve
charla ocasional, sino una profunda y franca presentación de nuestro
ser y de nuestras preocupaciones ante Dios.

—BILLY GRAHAM, tomado de *The Journey: How to
Live by Faith in an Uncertain World*

*Padre Dios, la oración no debe ser una obligación sino un
deleite. Señor, hoy te doy gracias por tus bondades para conmigo,
por alcanzarme y encontrarme. Ayúdame a ver la oración
como una comunicación con alguien a quien amo. Amén.*

ORACIONES DE AGRADECIMIENTO

Den gracias a Dios en toda situación, porque esta
es su voluntad para ustedes en Cristo Jesús.

1 TESALONICENSES 5:18

Padre, a veces mis necesidades y peticiones me absorben tanto que me olvido de enfocar mi oración en ti. Hoy hago una pausa para recordar tus bondades y reconocer tus actos de gracia que estás haciendo en mi vida. Te ruego que cultives en mí un espíritu de gratitud. Amén.

La verdadera oración comienza por ver a Dios como realmente es él, y por eso es que la *alabanza* debe ser una parte regular de nuestras oraciones. Cuando alabamos a Dios, nuestro enfoque está en él, no en nosotros. Muchos de los salmos son oraciones de alabanza, y no es una casualidad que la palabra «alaba» se encuentre en el libro de los Salmos más de doscientas veces. El Padre Nuestro comienza con una alabanza: «Padre nuestro que estás en el cielo, santificado sea tu nombre» (Mateo 6:9) …

Una segunda dimensión de la oración que nos ayuda a enfocarnos en Dios es la *acción de gracias* …

¿Por qué debemos dar gracias? Una razón es porque todo lo que tenemos viene de Dios: «Toda buena dádiva y todo don perfecto descienden de lo alto, donde está el Padre» (Santiago 1:17). No hay nada por lo cual podamos acreditarnos, ni siquiera por nuestros éxitos. Dios nos dio nuestras habilidades, él arregla nuestras circunstancias, él bendice nuestros esfuerzos … ¿Qué tiempo hace que no haces una pausa para darle gracias a Dios por todo lo que ha hecho por ti?

—BILLY GRAHAM, tomado de *The Journey: How to
Live by Faith in an Uncertain World*

BUSCA LA SANTIDAD MEDIANTE LA ORACIÓN

> Sin embargo, ustedes no viven según la naturaleza
> pecaminosa sino según el Espíritu, si es que
> el Espíritu de Dios vive en ustedes.
>
> ROMANOS 8:9

Nadie vence la corrupción de su corazón sin la fortaleza que nos confiere el Espíritu de Dios ... Existen dos maneras de expresar nuestra dependencia del Espíritu Santo para lograr una vida santa. La primera es mediante una humilde y constante admisión de las Escrituras. Si realmente deseamos vivir en el reino del Espíritu continuamente debemos alimentar nuestras mentes con su verdad ...

La segunda manera en que expresamos nuestra dependencia en el Espíritu es *orar pidiendo santidad*. El apóstol Pablo oró continuamente por la obra del Espíritu de Dios en la vida de aquellos a quienes él les estaba escribiendo. Él le dijo a los efesios que estaba orando para que Dios «por medio del Espíritu y con el poder que procede de sus gloriosas riquezas, los fortalezca a ustedes en lo íntimo de su ser» (Efesios 3:16) ...

Por supuesto, el apóstol Pablo sabía que dependemos del Espíritu Santo para tener santidad, y él expresa esta dependencia mediante la oración.

—JERRY BRIDGES, tomado de *En pos de la santidad*

 Señor, deseo vivir una vida que sea digna del llamado que tú me has dado. Hoy te pido que tu Espíritu Santo continúe obrando en mi corazón, mente y vida. Amén.

LIBERTAD DEL PECADO

Dedíquense a la oración: perseveren en ella con agradecimiento
COLOSENSES 4:2

Querido Señor, te pido que me guíes para desarrollar una vida de oración que continúe haciéndome santo. Amén.

Envidia, celos, amargura, un espíritu no perdonador y vengativo, y un espíritu crítico y de chisme nos contamina y nos evita ser santos ante Dios. Estos son tan malos como la inmoralidad, la borrachera y la depravación. Por lo tanto, debemos trabajar diligentemente para sacar de raíz estas actitudes pecaminosas de nuestras mentes. A menudo ni siquiera estamos conscientes de que nuestras actitudes son pecaminosas. Disfrazamos estos pensamientos profanos bajo la apariencia de justicia y rectitud indigna. Pero necesitamos orar diariamente pidiendo humildad y honestidad para ver estas actitudes pecaminosas como realmente son, y luego pedir gracia y disciplina para desarraigarlas de nuestras mentes y reemplazarlas con pensamientos que agraden a Dios.

—JERRY BRIDGES, tomado de *En pos de la santidad*

ORAR GRANDES ORACIONES

Venga tu reino, hágase tu voluntad en la tierra como en el cielo.
MATEO 6:10

Las grandes oraciones generales se convierten en poderosas cuando están llenas de metas bíblicas concretas, radicales por las personas por las cuales estamos orando ... Al mencionar estas metas espirituales con pasión es que las generalizaciones insípidas se convierten en generalizaciones dinamitas. Así que no te dé pena hacer oraciones en grande y de modo audaz. Por ejemplo, en Efesios 6:18, Pablo dice que debemos orar «en el Espíritu en todo momento, con peticiones y ruegos ... por todos los santos». ¡Piensa en esto! Qué amplitud y generalidad tan increíble ... ¿Haces esto? ¿Oras por *todos* los santos? Yo admito que no lo hago tan a menudo como debiera. Mi corazón es demasiado pequeño. Pero estoy procurando hacerlo. La Biblia lo manda.

—JOHN PIPER, tomado de *Traspasado por la Palabra*

*Señor, a veces cuando oro por personas que no conozco o
pido que se haga tu voluntad en la tierra, me falta pasión.
Dios, te pido que renueves el sentido de asombro
por ti y tu obra salvadora. Que venga tu reino,
Señor, a mi vida y al mundo. Amén.*

HACIA LA VERDADERA ADORACIÓN

> Pero se acerca la hora, y ha llegado ya, en que los verdaderos
> adoradores rendirán culto al Padre en espíritu y en verdad, porque
> así quiere el Padre que sean los que le adoren. Dios es espíritu,
> y quienes lo adoran deben hacerlo en espíritu y en verdad.
>
> JUAN 4:23-24

Oh, Señor, escucha nuestras oraciones no de acuerdo a la pobreza con que las pedimos, sino de acuerdo a las riquezas de tu gracia, para que nuestras vidas puedan conformarse a esos deseos que están de acuerdo con tu voluntad.

Cuando nuestros deseos sean errados, haz que los gobiernen un poder mayor que el nuestro, y una misericordia más poderosa que la nuestra …

Concédenos, nuestro padre, tu gracia, que al vernos a la luz de tu santidad seamos limpios del orgullo y la vanagloria que obscurece tu verdad; y al saber que para ti no hay secretos, que podamos percibir y confrontar aquellas decepciones y disfraces que nos engañan a nosotros y a nuestros compañeros. Así que te pedimos que te adoremos en espíritu y en verdad y que en tu luz, veamos la luz.

—REINHOLD NIEBUHR

*Padre Dios, de nuevo te doy gracias por escuchar mis
oraciones con tanta gracia y poder. Señor, dame gracia para
alabarte de la manera que deseas ser alabado. Amén.*

Y MEDITACIÓN

...n lecho me acuerdo de ti; pienso en ti toda la noche.
A la sombra de tus alas cantaré, porque tú eres mi ayuda.

SALMO 63:6

Nuestra meta al estudiar la divinidad debe ser conocer mejor al mismo Dios ... Como él es el tema de nuestro estudio, y nuestro ayudador, él mismo debe ser el final de este ...

La regla para hacer esto es simple pero exigente. Es que nosotros convirtamos cada verdad que aprendemos *acerca de* Dios en un asunto para meditación *ante* Dios, que nos guíe a orar y alabar *a* Dios ...

La meditación es la actividad de recordar y pensar y rumiar y aplicar a uno mismo las varias cosas que sabemos acerca de las obras y caminos y promesas de Dios. Esta es una actividad de pensamiento santo, que conscientemente se hace en la presencia de Dios, bajo los ojos de Dios, con la ayuda de Dios como un medio de comunión con Dios.

—J.I. PACKER, tomado de *El conocimiento del Dios Santo*

Dios, la oración y la meditación van de la mano. Ayúdame
a hacer una pausa en mis palabras lo suficientemente
larga para reflexionar en tu carácter y grandeza, para
que así realmente yo te conozca, Oh, Señor. Amén.

LA ORACIÓN HACE UNA DIFERENCIA

Así que mi Dios les proveerá de todo lo que necesiten, conforme a las gloriosas riquezas que tiene en Cristo Jesús.

FILIPENSES 4:19

En Cristo tenemos una paz continua en medio de todas las pruebas, y por medio de él tenemos poder en la oración para obtener del Señor todo lo necesario para esta vida y para la piedad. Probar mucho al Señor, cientos de veces, ha sido una dicha del escritor en necesidades temporales, debido a la necesidad de cuidar a huérfanos y estudiantes. Muchas, muchas veces, la oración trajo materiales oportunos y eliminó serias dificultades. Yo sé que la fe puede llenar una cartera, proveer una comida, cambiar un corazón duro, procurar un lugar para un edificio, sanar enfermedades, aquietar la insubordinación y quitar una epidemia. Como el dinero en la mano de un mundano, la fe en la mano de un hombre de Dios «proveerá todo lo que necesiten». Todas las cosas en la gloria, en la tierra y bajo la tierra responden al mandato de la oración ... ¡Cuánto anhelo que mis lectores puedan creer en Dios hasta el punto de descansar en él para todos los asuntos de la vida!

—CHARLES H. SPURGEON

Padre Dios, no quiero que mi relación contigo se convierta en solo pedir y recibir. Pero gracias por esta simple, hermosa verdad que tú te ocupas de tu pueblo y escuchas sus oraciones. Hoy te entrego mis necesidades. Amén.

UNA ORACIÓN DE ACCIÓN DE GRACIAS

Vale más pasar un día en tus atrios que mil fuera de ellos.

SALMO 84:10

Nuestro Padre, tus hijos que te conocen se deleitan en tu presencia. Nunca estaremos más felices que cuando nos acercamos a ti. En la oración hemos encontrado una porción del cielo. Hablar contigo del peso que llevamos acuesta aligera nuestra carga, contarte del dolor ha aliviado nuestras heridas; confesarte los extravíos de nuestro espíritu lo ha restaurado. Para nosotros no hay un lugar como el propiciatorio.

Te damos gracias, Señor, porque no solo hemos encontrado el beneficio en la oración, sino en la respuesta a esta que nos ha bendecido ricamente. Tú has abierto el tesoro escondido a la voz de la oración; tú has suplido nuestras necesidades tan pronto como hemos clamado a ti; sí, hemos visto que es verdad «Antes que me llamen, yo les responderé; todavía estarán hablando cuando ya los habré escuchado».

Te bendecimos, Señor, por instituir la ordenanza bendita de la oración.

—CHARLES H. SPURGEON

Señor, la oración es un don tan increíble. Gracias por la paz que trasciende la comprensión cuando te oro. Amén.

PRIMERAS PALABRAS

Dios justo, que examinas mente y corazón, acaba con la
maldad de los malvados y mantén firme al que es justo.

SALMO 7:9

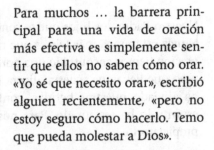

*Padre, gracias por
deleitarte hasta
con mi oración más
torpe. Amén.*

Para muchos … la barrera principal para una vida de oración más efectiva es simplemente sentir que ellos no saben cómo orar. «Yo sé que necesito orar», escribió alguien recientemente, «pero no estoy seguro cómo hacerlo. Temo que pueda molestar a Dios».

Pero Dios se deleita hasta en nuestros esfuerzos más infantiles. En un momento de tu vida tú no sabías cómo hablar, pero eso no te impidió que aprendieras tus primeras palabras y más adelante a formar una simple oración. Pocas cosas traen un gozo tan grande a una madre o un padre que escuchar las primeras palabras de su bebé, y así también sucede con Dios. Tú eres un hijo de Dios si conoces a Cristo, y él le da la bienvenida a tus oraciones. Él está mucho más preocupado acerca de nuestro corazón que por nuestra elocuencia. La Biblia dice: «tú, oh Dios, no desprecias al corazón quebrantado y arrepentido» (Salmo 51:17). Recuerda: orar es simplemente hablar con Dios.

—BILLY GRAHAM, tomado de *The Journey:
How to Live by Faith in an Uncertain World*

LA ORACIÓN QUE LLEVA A OTROS A DIOS

En él tenemos puesta nuestra esperanza, y él seguirá librándonos.
Mientras tanto, ustedes nos ayudan orando por nosotros.

2 CORINTIOS 1:10-11

Hay un camino que es claro: la oración reaccionará sobre la mente que ora, su luz crecerá, brillará más brillante y atraerá e iluminará todavía más. Pero debe haber algo más en esto: la oración en su concepto perfecto de ser una elevación hacia la voluntad de lo eterno. ¿No es posible que la ayuda del Padre se una a la oración del niño, y no es posible que la oración de la persona que Dios sostiene en sus brazos, salga a favor de aquel que todavía no desea elevarse al abrazo de Dios? Pero qué buen padre no encontrará alguna manera de contestar la oración de un hijo que viene y le dice: «Papá, es el cumpleaños de mi hermano: no tengo nada que darle, ¡y lo quiero tanto! ¿puedes darme algo que darle, o darle a él algo por mí?»

—GEORGE MACDONALD

Hoy, Padre Dios, te elevo a aquellos que están cerca
de mí en oración. Dios, tú conoces sus necesidades
mejor que yo, y yo te pido por sobretodo que ellos
hoy te conozcan más profundamente. Amén.

ORA POR UN MUNDO QUEBRANTADO

> Si mi pueblo, que lleva mi nombre, se humilla y ora, y me busca y abandona su mala conducta, yo lo escucharé desde el cielo, perdonaré su pecado y restauraré su tierra.
>
> 2 CRÓNICAS 7:14

Dios ha dicho: «Si mi pueblo ... ora ... yo lo escucharé desde el cielo» Antes de traer tres mil personas a la Iglesia el día del pentecostés, los discípulos emplearon diez días en oración, ayuno y arduo trabajo espiritual. Dios desea que los cristianos se preocupen por un mundo perdido. Si oramos esta clase de oración, es posible que venga una era de paz al mundo y una turba de maldad tal vez dé marcha atrás.

—BILLY GRAHAM, tomado de *Día tras día con Billy Graham*

 Señor, veo vidas quebrantadas a mi alrededor, incluyendo la mía. Padre, yo sé que esto quebranta tu corazón más que el mío. Te ruego que renueves una pasión por aquellos que están dolidos, Señor, haz que mi corazón lata con el tuyo. Amén.

TODAS LAS COSAS PARA EL BIEN

Ahora bien, sabemos que Dios dispone todas las
cosas para el bien de quienes lo aman, los que han
sido llamados de acuerdo con su propósito.

ROMANOS 8:28

¿Alguna vez te has sentido desanimado por causa de una oración sin contestar? Cuán a menudo pensamos que una oración sin contestar es que Dios ha dicho no. Muchas veces él simplemente dice: «espera». Nunca dudes que Dios escucha nuestras oraciones, incluso hasta las poco comunes.

Cuando Dios dice: «No» o «Espera», es porque él sabe lo que nosotros no sabemos. Él ve su lado del bordado todo el tiempo. Un día nosotros veremos el mismo lado que él ve. Dale gracias por cada oración contestada y sin contestar. Dios dispone todas las cosas para el bien de quienes lo aman.

Señor, hay veces cuando me pregunto dónde estás tú. Me pregunto cómo lo que estoy encarando obrará para bien. Pero, Padre, gracias por las oraciones que tú contestas como también por las que no contestas. Gracias por adelantado porque todo obra para el bien. Amén.

—CORRIE TEN BOOM, tomado de *Not I, but Christ*

16 DE NOVIEMBRE

LA ESPERA

Esperamos confiados en el SEÑOR;
él es nuestro socorro y nuestro escudo.

SALMO 33:20

Esperamos con esperanzas, con una esperanza que no desanima (Romanos 5:5), porque sabemos que, en su tiempo y de acuerdo a su perfecta sabiduría, el Señor dispone todas las cosas para el bien de quienes lo aman (8:28). Con frecuencia esperamos con impaciencia, así que necesitamos la comunidad de personas fieles que nos ayuden a aprender a permanecer con una confianza mayor. La palabra *esperar* implica una realización absoluta de que el Señor está en control, que en su soberanía Dios logrará su propósito, que será lo mejor para nosotros. Por lo tanto, pensando en la clase de Dios que tenemos … esperamos su perfecta voluntad. Queremos solo desear lo que él quiera. Eso causa que dependamos en él, esperar su tiempo perfecto y, por lo tanto, actuar de acuerdo con su revelación.

—MARVA J. DAWN, tomado de *To Walk and Not Faint*

 Señor, hay algunas cosas por las cuales he estado orando y esperando desde hace mucho tiempo. Pero gracias por ayudarme a pasar los día difíciles de espera. Gracias por la esperanza que no desilusiona. Señor, tú eres mi esperanza y escudo. Amén.

EL PADRE NUESTRO EN GETSEMANÍ

Padre nuestro que estás en el cielo, santificado sea tu nombre,
venga tu reino, hágase tu voluntad en la tierra como en el cielo.

MATEO 6:9-10

Mira: lo del jardín de Getsemaní es el Padre Nuestro realmente sucediendo, como si las primeras palabras fueran un guión y este fuera el drama mismo: ...

—Jesús ruega tres veces: «Pasa de mí esta copa», el ruego de la séptima petición: *Líbranos del mal.*

—Pero bajo cada petición, él coloca una actitud de obediencia fiel a su Padre, diciendo: «No sea lo que yo quiera, sino lo que quieres tú». Aquí está la tercera petición, la cual nos prepara correctamente para cualquier respuesta que Dios pueda dar a toda otra petición: *Hágase tu voluntad en la tierra como en el cielo* ...

¿Quién puede ahora orar el Padre Nuestro con palabras y no con la experiencia del corazón?

—WALTER WANGERIN, tomado de *Reliving the Passion*

Señor Jesús, deseo hacer el trabajo de orar. Pero hoy recuerdo
que tú lo hiciste antes que yo, que tú has experimentado
cada dolor por el que yo paso. Gracias de nuevo por el
don de la oración y por enseñarme a orar. Señor, permite
que tu voluntad se haga en mi vida. Amén.

18 DE NOVIEMBRE

LA ORACIÓN DE JESÚS

Y no nos dejes caer en tentación, sino líbranos del maligno.
MATEO 6:13

El «Padre Nuestro», como lo llamamos, surge directamente de lo que Jesús estaba haciendo en Galilea ...

La oración es por lo tanto una manera de decirle al Padre: Jesús me ha ... atrapado en la red de sus buenas nuevas ... Quiero ser parte del movimiento de su reino. Descubro que me atrae su manera de vivir en la tierra-como-en-el-cielo. Quiero ser parte de su agenda pan-para-el-mundo ... Necesito el perdón para mí, del pecado, de la deuda, de cada peso que me rodea el cuello e intento vivir con perdón en mi corazón en mi trato con otros ... Y porque vivo en el mundo real, donde el mal todavía es poderoso, necesito protección y rescate. Y, en y a través de esto, reconozco y celebro la gloria, el poder y el reino del Padre.

—N.T. WRIGHT, tomado de *Simply Christian*

Señor Jesús, de nuevo gracias por este modelo de oración. Gracias que orar como me enseñaste es participar en tu obra redentora. Te ruego, Señor, que continúes sanándome y guiándome. Amén.

TEN MISERICORDIA DE MÍ

En cambio, el recaudador de impuestos, que se había
quedado a cierta distancia, ni siquiera se atrevía a alzar
la vista al cielo, sino que se golpeaba el pecho y decía:
"¡Oh Dios, ten compasión de mí, que soy pecador!"

LUCAS 18:13

El Padre Nuestro no es la única oración que ha formado las bases profundas y ricas de las tradiciones de la oración cristiana. Hay otras oraciones que a través de los años se han usado en maneras similares, ya sea como un patrón o como algo que se repite para ir más profundamente a la presencia del Dios que conocemos en Jesús. Quizás la más conocida de estas … es la «Oración de Jesús» … : «Señor Jesucristo, Hijo del Dios viviente, ten compasión de mí, que soy pecador» …

> *Señor Jesús, necesito tu
> miserícordia, todos los
> días, en cada situación.
> Ten miserícordia de mí,
> Hijo de Dios. Amén.*

Orar pidiendo misericordia no solo significa «He hecho algo mal, así que te ruego que me perdones». Esta es una petición mucho más amplia, pidiendo que Dios nos envíe su presencia y ayuda misericordiosa en mil y una situaciones, a pesar del hecho que no merecemos esa ayuda y nunca la mereceremos.

—N.T. WRIGHT, tomado de *Simply Christian*

20 DE NOVIEMBRE

UNA ORACIÓN DE ENTREGA

«Padre, si quieres, no me hagas beber este trago amargo;
pero no se cumpla mi voluntad, sino la tuya».

LUCAS 22:42

> *Señor, hoy te ofrezco mi vida. Te pido gracia para decir la misma oración de entrega de mi corazón cada día desde ahora en lo adelante. Amén.*

Cuando Jesús oró su oración de entrega, «no se cumpla mi voluntad, sino la tuya» (Lucas 22:42), estableció el patrón de entrega para todos los que lo siguen al reino de los cielos ...

Pero, ¿cómo aceptamos los términos de entrega de Cristo de vivir diariamente en la cruz? La única forma que conozco es comenzar cada día con una oración de entrega: Señor, hoy rindo mi vida a ti. Acepto que se haga tu voluntad y no la mía. Quiero estar más cerca de ti, Dios, de lo que estoy de mí mismo. Hoy acepto tus términos de rendición para mi vida y el propósito de vivir personalmente la vida crucificada que recibí mediante la fe en Cristo. Te pido que me des la gracia para ser hoy un soldado rendido de la cruz. Amén.

—DAVID JEREMIAH

NUESTRO PROVEEDOR

A ese sitio Abraham le puso por nombre: «El SEÑOR provee.» Por eso hasta el día de hoy se dice: «En un monte provee el SEÑOR».

GÉNESIS 22:14

Jehová no solo ha visto tu necesidad de salvación y ha hecho provisión mediante la muerte y resurrección de su Hijo, pero él también ve tus necesidades día-a-día ... Sin embargo, él nos enseña a orar: «Danos hoy nuestro pan cotidiano» (Mateo 6:11).

¿Te sientes tonta al pedir el pan cuando tú mismo lo puedes obtener? ¿Crees que sea innecesario venir al gobernador soberano del universo con la aparente trivialidad de tus necesidades individuales? ¿Te has preguntado por qué Dios se ocupa de ti?

El amado Jehová-jira nos invita a venir ... Tú puedes adorar a Jehová-jireh en obediencia y saber que lo que tú necesitas, el Señor lo proveerá.

—KAY ARTHUR, tomado de *Lord, I Want to Know You*

Padre, te doy gracias hoy por la manera en que tú satisfaces mis necesidades con tanta abundancia, a veces incluso antes de yo hacer la petición. Amén.

LA ORACIÓN EDIFICA LA FE

Más bien, crezcan en la gracia y en el conocimiento
de nuestro Señor y Salvador Jesucristo. ¡A él sea
la gloria ahora y para siempre! Amén.

2 PEDRO 3:18

Si queremos saber lo que es la fe, y lo que creen los cristianos, debemos averiguarlo de la Iglesia. Si queremos saber lo que Dios ha revelado a los creyentes, debemos leer las Escrituras, debemos estudiar a los que han explicado las Escrituras, y debemos conocer las verdades básicas de la filosofía y la teología. Pero ya que la fe es un don, la oración es tal vez el modo más importante de todos para buscar de Dios ...

Cada nuevo desarrollo de la fe, cada nuevo incremento de luz sobrenatural, aunque estemos trabajando honestamente para adquirirlo, permanece como un don puro de Dios.

Por lo tanto, la oración es el mismo corazón de la vida de fe.

—THOMAS MERTON

Dios, si voy a conocerte, si mi fe va a mover montañas, debo perseverar en oración. Padre, dirige mis pensamientos hacia ti en oración durante todo el día. Amén.

DIOS SE OCUPA DE TI

> Se arrepintió de haber hecho al ser humano en la tierra, y le dolió en el corazón. Entonces dijo: «Voy a borrar de la tierra al ser humano que he creado. Y haré lo mismo con los animales, los reptiles y las aves del cielo. ¡Me arrepiento de haberlos creado!»
>
> LUCAS 12:6-7

¿Le importa a Dios la cantidad de pelos que tenemos en el cuero cabelludo? ¿Le importa que se caiga un gorrión? Sí, su Palabra nos asegura que a él sí le importa. Entonces asegúrate de esto: Él es un especialista en las cosas que te preocupan en tu interior. Las cosas que te preocuparán mañana o esta próxima semana. Las cosas que te hacen preguntar: «¿Cómo podré con todo esto?» La seguridad de Dios para ti es: «Mira, en esto es en lo que yo me especializo. Yo puedo tomar esta situación de la que tú has hecho una montaña y en cuestión de segundos puedo abrir un túnel en medio de esta. Tráeme todo eso. Pídeme que yo me encargue de esto. No tienes porque no pides».

—CHARLES SWINDOLL, tomado de *Perfect Trust*

 Padre celestial, gracias porque me invitas a dejar mis cargas sobre ti. Señor, muéstrame qué circunstancias en mi vida necesito traerte, y ayúdame a librarme de estas. Amén.

ORAR ES TAN NATURAL COMO RESPIRAR

La comunión íntima de Jehová es con los que le
temen, y a ellos hará conocer su pacto

SALMO 25:14, RVR

Tú nunca desarrollarás una relación íntima con Dios con solo asistir a la iglesia una vez a la semana o incluso tener un rato de devoción diaria. La amistad con Dios se forma al compartir *todas* las experiencias de la vida con él …

Una forma es usar «oraciones de un suspiro» a través del día, como han hecho muchos cristianos durante siglos. Tú escoges una breve oración de una sola frase que se puede repetir a Jesús en un suspiro: «Tú estás conmigo». «Recibo tu gracia» … Tú también puedes usar una frase corta de las Escrituras: «Para mí el vivir es Cristo». «Tú nunca me desampararás». Órala tan a menudo como sea posible para que se arraigue profundamente en tu corazón …

Practicar la presencia de Dios es una habilidad, un hábito que tú puedes desarrollar.

—RICK WARREN, tomado de *Una vida con propósito*

*Padre, hoy recuérdame tu presencia, recuérdame que tú
siempre estás conmigo y que tú quieres que yo reconozca
que tú estás involucrado en todas mis experiencias
y quieres que yo las comparta contigo. Amén.*

ORACIONES PIDIENDO SOCORRO

Ustedes no han sufrido ninguna tentación que no sea común al género humano. Pero Dios es fiel, y no permitirá que ustedes sean tentados más allá de lo que puedan aguantar. Más bien, cuando llegue la tentación, él les dará también una salida a fin de que puedan resistir.

1 CORINTIOS 10:13

El cielo tiene una línea de emergencia durante las veinticuatro horas del día. Dios quiere que tú le pidas ayuda para vencer las tentaciones. Él dice: «Invócame en el día de la angustia; yo te libraré y tú me honrarás» (Salmo 50:15).

A estas oraciones yo las llamo «microondas» porque son rápidas y van al grano: ¡Auxilio! ¡Socorro! Cuando viene la tentación, tú no tienes tiempo para una larga conversación con Dios, tú simplemente clamas. David, Daniel, Pedro, Pablo y otros millones de personas han orado esta clase de oración instantánea pidiendo ayuda ante un problema.

> Señor Jesús, de nuevo gracias por este modelo de oración. Gracias porque orar como tú me enseñaste es participar en tu obra redentora. Señor Jesús, te ruego que continúes sanándome y guiándome. Amén.

—RICK WARREN, tomado de *Una vida con propósito*

26 DE NOVIEMBRE

ENTREGÁNDONOS EN ORACIÓN

Y no nos dejes caer en tentación, sino líbranos del maligno.
MATEO 6:13

La oración tiene que ver con todo el ser. La oración abarca al hombre en todo su ser, mente, alma y cuerpo. Lleva a todo el hombre a la oración y la oración afecta su ser entero en sus resultados misericordiosos. A medida que toda la naturaleza del hombre entra en oración, así también todo lo que le pertenece recibe el beneficio de la oración. Todo el hombre recibe los beneficios en la oración. Toda persona debe entregarse a Dios en oración. Los resultados mayores en la oración vienen a él quien se dio a sí mismo, todo de sí, todo lo que le pertenece a él, a Dios. Este es el secreto de la plena consagración, y esta es una condición de la oración con éxito, y la clase de oración que trae los mayores frutos.

—E.M. BOUNDS

Señor Dios, no quiero que mis oraciones se conviertan en un hábito. Hoy, mientras oro, te entrego todo mi ser. Señor, te ruego que me ayudes a cerrarle el paso a las distracciones, y que yo te dé toda mi atención. Amén.

LA ORACIÓN MOTIVA A DIOS

Ésta es la confianza que tenemos al acercarnos a Dios:
que si pedimos conforme a su voluntad, él nos oye. Y si
sabemos que Dios oye todas nuestras oraciones, podemos
estar seguros de que ya tenemos lo que le hemos pedido.

1 JUAN 5:14-15

Se ha dicho que la fe puede mover montañas, pero la oración mueve a Dios. Asombroso, ¿no es verdad que nuestras oraciones, ya sean grandiosas o débiles y apenas perceptibles, pueden mover el mismo corazón del Dios que creó el universo? ...

La oración motiva a Dios, y cuando Dios se mueve en tu vida, las cosas se vuelven emocionantes. Hace años yo no soñaba que Dios podría mover mi vida de la manera que lo ha hecho. Incluso después de mi accidente, cuando me matriculé en la universidad de Maryland para tomar unas clases de arte e inglés, nunca anticipé cómo Dios usaría diversos elementos en mi vida para moldearme a su voluntad. Pero sentí que Dios me estaba preparando para algo, y él me hizo comenzar una peregrinación espiritual de oración y alabanza que todavía no ha terminado. Tú, también, tienes un peregrinaje a través de la vida futura. ¿Por qué no lo haces un peregrinaje de oración y alabanza?

—JONI EARECKSON TADA, tomado de *Seeking God*

Señor, estoy emocionada, anticipando lo que podrás hacer en y a través de mí en los días próximos. Te alabo, Señor, por la manera en que te mueves en nuestras vidas, por tu gracia para con nosotros. Te ruego que te muevas hoy en mi vida. Amén.

ANTE EL TRONO

Escucha, Israel: El Señor nuestro Dios es el único
Señor. Ama al Señor tu Dios con todo tu corazón
y con toda tu alma y con todas tus fuerzas.

DEUTERONOMIO 6:4-5

*Señor, Dios
todopoderoso, antes
de continuar en mis
oraciones, quiero hacer
una pausa para recordar
a quién yo estoy orando
y para recordar tu
carácter. Señor, crea
en mí un corazón de
adoración. Amén.*

Debemos recordar con *quién* es que estamos hablando, el Dios todopoderoso. He encontrado que es útil comenzar y terminar mis oraciones enfocándome en sus características. Él es el Dios todopoderoso. Él es el Dios que sana. Él es el Dios de paz. Él es el Dios que perdona. Él es el Dios que provee y él es el Dios que está en control. Él sabe todo lo que está sucediendo. A él no lo sorprenden. Su amor es perfecto.

A medida que considero *quién* es él en lugar de enfocarme en mí mismo u otra persona o mi situación, me siento más capaz de orar con fe.

—SUSAN ALEXANDER YATES, tomado de *A House Full of Friends*

LO BÁSICO

Por tanto, también nosotros, que estamos rodeados de una
multitud tan grande de testigos, despojémonos del lastre que
nos estorba, en especial del pecado que nos asedia, y corramos
con perseverancia la carrera que tenemos por delante.

HEBREOS 12:1

En cualquier esfuerzo lo básico a veces puede parecer aburrido, pero practicarlo es la clave para la victoria … Cuando se trata del final de la peregrinación en la tierra, nada nos va a satisfacer sino lo básico.

Es por eso que durante la mayor parte de mi vida cristiana he comenzado cada día sobre mis rodillas … Mi oración es: «Señor, quiero ser el traje que tú uses hoy. Te invito a moverte alrededor de mi cuerpo como tu templo. Te ruego que pienses con mi mente, ames con mi corazón, hables con mis labios y continúes buscando y salvando a los perdidos a través de mí. Supervisa y controla mis actitudes, mis motivos, mis deseos, mis palabras, mis acciones para traerte la gloria máxima».

—BILL BRIGHT, tomado de *The Journey Home: Finishing with Joy*

*Padre, estoy enviando esta oración que es tan esencial
para una vida de fe. Señor, no permitas que dé por
sentado mis momentos de oración. Y te ruego que
guíes mis pasos cada día de mi vida. Amén.*

ORACIÓN Y DEVOCIÓN

Encomienda al Señor tu camino; confía en él,
y él actuará. Hará que tu justicia resplandezca como
el alba; tu justa causa, como el sol de mediodía.

SALMO 37:5-6

La raíz de la devoción es consagrarse para un uso sagrado ... La oración fomenta el espíritu de devoción, mientras que la devoción es favorable para la mejor oración. La devoción fomenta la oración y ayuda a llevarla hacia el objeto que persigue. La oración prospera en la atmósfera de la verdadera devoción. Es fácil orar cuando uno está en el espíritu de devoción. La actitud de la mente y el estado del corazón implicada en la devoción hace la oración efectual al alcanzar el trono de gracia. Dios mora donde el espíritu de devoción reside. Toda la gracia del Espíritu se nutre y desarrolla bien en el ambiente que crea la devoción. Realmente, esta gracia no crece en ninguna otra parte sino aquí ... La verdadera adoración encuentra congenialidad en la atmósfera que hace un espíritu de devoción. Aunque la oración es útil para la devoción, al mismo tiempo la devoción reacciona en oración, y nos ayuda a orar.

—E.M. BOUNDS

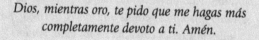

Dios, mientras oro, te pido que me hagas más
completamente devoto a ti. Amén.

Hagamos la obra de Dios

Pónganse toda la armadura de Dios para que puedan
hacer frente a las artimañas del diablo.
Oren en el Espíritu en todo momento, con peticiones y ruegos.
Manténganse alerta y perseveren en oración por todos los santos.

EFESIOS 6:11, 18

Dios nos ha dado la oración para tener una «obra» realista que se puede realizar en la prisión, en una silla de ruedas, en una cama de un hospital o en una choza o en un palacio, sobre la marcha, en el medio de la batalla ..., o en la obscuridad de un chalet cuando todos los demás están durmiendo. Podemos tener una parte práctica, realista en la batalla entre Dios y Satanás.

¿Asombroso? ¿Increíble? Pero cierto. En Efesios 6:10-20, el punto principal es que la «armadura de Dios» es necesaria para resistir, luchar contra las «artimañas del diablo». La oración no es solo el merengue sobre la panetela de una así llamada vida espiritual; la oración es tierna, una comunicación íntima con el Dios vivo, y también un asunto de hacer una *obra* activa de Su parte de la batalla.

—EDITH SCHAEFFER, tomado de *The Tapestry*

*Dios, me maravilla que mis oraciones puedan hacer un
impacto para tu reino. Te ruego, Señor, continúa enseñándome
a orar para que yo tome esta responsabilidad. Amén.*

2 DE DICIEMBRE

MÁS DE LO QUE JAMÁS PUDIÉRAMOS PEDIR

Y Dios puede hacer que toda gracia abunde para ustedes,
de manera que siempre, en toda circunstancia, tengan todo
lo necesario, y toda buena obra abunde en ustedes.

2 CORINTIOS 9:8

La oración es algo como una puerta sin seguro que tiene una gigantesca señal con letras rojas sobre la misma en la que dice: «Bienvenido. Siéntase libre de tomar cualquier cosa que necesite». Dentro está el almacén de todo lo que Dios es. Él nos invita a participar de todo. Él no intenta que nosotros nos quedemos fuera y luchemos solos con la perplejidad de la vida. Él no solo nos invita a entrar sino también a quedarnos para «*Que abunden en ustedes* la gracia y la paz por medio del conocimiento que tienen de Dios y de Jesús nuestro Señor» (2 Pedro 1:2, énfasis del autor).

La oración se hizo para que formara parte de nuestras vidas, como es respirar, pensar y hablar.

—GLORIA GAITHER, tomado de *Decisions*

*Dios, gracias porque en la oración yo encuentro muchísimo
más que todo lo que puedo imaginar o pedir. Señor,
ayúdame hoy a descansar en tu suficiencia. Amén.*

ARREPENTIMIENTO

> El Señor se volvió y miró directamente a Pedro. Entonces
> Pedro se acordó de lo que el Señor le había dicho:
> «Hoy mismo, antes de que el gallo cante, me negarás
> tres veces.» Y saliendo de allí, lloró amargamente.
>
> LUCAS 22:61-62

Cuando Dios habla, habla tan fuerte que todas las voces del mundo parecen mudas. Y, sin embargo, cuando Dios habla, habla tan suavemente que nadie, excepto tú, escuchas el susurro. Hoy, quizás, el Señor se está volviendo y te está mirando. Exactamente donde tú estás, tu espíritu ahora mismo está lejos, lidiando con algunos pecados, algunos de peso insoportable; y Dios mismo te está enseñando la lección, la más amarga, sin embargo, la lección más dulce de tu vida, en arrepentimiento de corazón. Quédate quieto donde estás. No regreses a la actividad febril y al bullicio de la vida hasta que el Señor también se vuelva y te mire nuevamente, de la misma manera que miró al ladrón en la cruz, y hasta que tú hayas contemplado la «gloria de Dios que resplandece en el rostro de Cristo».

—HENRY DRUMMOND

*Señor, cuando yo tropiece, ayúdame a no racionalizar ni
encubrir ni simular el arrepentimiento. Ayúdame a estar
lo suficientemente quieto para reconciliarme contigo.
Oh, Señor, gracias por tu amor ilimitado. Amén.*

LOS NEGOCIOS DE NUESTRO PADRE

Permanezcan en mí, y yo permaneceré en ustedes.
Así como ninguna rama puede dar fruto por sí misma,
sino que tiene que permanecer en la vid, así tampoco
ustedes pueden dar fruto si no permanecen en mí.

JUAN 15:4

Si nos fuéramos a preguntar por qué no oramos, es muy difícil que cualquiera de nosotros pudiera decir que no lo sabemos. Me imagino que de haber alguna razón, esta sería que estamos demasiado ocupados ... De hecho, el que nos enseñó a orar tenía una vida muy similar a la nuestra ... Jesús era un hombre extremadamente ocupado, y él siempre hallaba el tiempo para orar a su Padre.

Si tú quieres la bendición del Señor para tu vida, no hay otra alternativa que orar. La oración es la manera en que tú derrotas al enemigo, alcanzas al perdido, restauras al reincidente, fortaleces a los santos, envías misioneros al exterior, curas al enfermo, logras lo imposible y conoces la voluntad de Dios. La oración es la ocupación del arduo trabajo del cristianismo, y obtiene resultados maravillosos.

—DAVID JEREMIAH

Dios, quita de mí cualquier sentido de autosuficiencia.
Ayúdame a recordar que yo nunca podré hacer tu
obra sin pasar un tiempo en oración. Amén.

UNA CALLE DE DOS VÍAS

El que es de Dios escucha lo que Dios dice. Pero
ustedes no escuchan, porque no son de Dios.

JUAN 8:47

La conexión vital entre la Palabra y la oración es una de las primeras y más sencillas lecciones de la vida cristiana. Como lo dijo un recién convertido: «Yo oro, yo le hablo a mi Padre; yo leo, mi Padre me habla». Antes de orar, la Palabra de Dios me fortalece dándole a mi fe

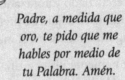

Padre, a medida que oro, te pido que me hables por medio de tu Palabra. Amén.

la justificación y su petición. Y después de orar, la Palabra de Dios me prepara al revelarme lo que mi Padre quiere que yo pida. En oración, la Palabra de Dios me da la respuesta, porque mediante esta el Espíritu me permite escuchar la voz del Padre.

La oración no es un monólogo, sino un diálogo. Su parte más esencial es la voz de Dios en respuesta a la mía. Escuchar la voz de Dios es el secreto de la seguridad de que él escucha la mía … Mi disposición de aceptar su palabra determinará el poder que mis palabras tienen con él. Lo que representen las palabras de Dios para mí son la prueba de lo que él mismo es para mí. Muestra la integridad de mi deseo de encontrarme con él en oración.

—ANDREW MURRAY

6 DE DICIEMBRE

ORACIONES PRIVADAS

> Pero tú, cuando te pongas a orar, entra en tu cuarto, cierra
> la puerta y ora a tu Padre, que está en lo secreto. Así tu
> Padre, que ve lo que se hace en secreto, te recompensará.
>
> MATEO 6:6

¿Has escuchado y abrazado la promesa asombrosa de Jesús? Dios no descuidará ni dejará de premiar ninguna acción. Ni un vaso de agua, o ninguna oración en el medio de la noche.

Recientemente visité a una anciana postrada en una cama llamada Vera. «Dr. Wilkinson, me desanima tanto verme acostada aquí todo el día», dijo ella. «Realmente no puedo hacer nada para Dios más que orar».

«¿Tú oras mucho?», le pregunté.

Durante un minuto Vera se quedó pensando antes de contestarme. «Oh, yo creo que paso la mitad del día orando. Y también parte de la noche».

Animé a Vera recordándole que Jesús dijo que las oraciones privadas eran muy valiosas para Dios «Así tu Padre, que ve lo que se hace en secreto, te recompensará» (Mateo 6:6).

—BRUCE WILKINSON, tomado de *Una vida recompensada por Dios*

*Padre, sé que lo mejor que yo podría hacer para ti sucede
mientras oro, y que la mejor recompensa de la oración es
conocerte. Padre, te ruego que bendigas hoy mis oraciones. Amén.*

UNIDOS CON CRISTO

Que habite en ustedes la palabra de Cristo con toda su
riqueza: instrúyanse y aconséjense unos a otros con toda
sabiduría; canten salmos, himnos y canciones espirituales
a Dios, con gratitud de corazón. Y todo lo que hagan,
de palabra o de obra, háganlo en el nombre del Señor
Jesús, dando gracias a Dios el Padre por medio de él.

COLOSENSES 3:16-17

A veces, en nuestro desespero, consideramos imposible definirnos
a nosotros mismo espiritualmente o alcanzar cualquier verdadero
nivel de la comunicación con Dios. Entonces, de repente, nos encontramos en este maravilloso patrón de asombrosos avances hasta en
la misma presencia de Jesucristo. En dichos momentos esta presencia
se hace tan real que temblamos de gozo ...

Pero la unión con Cristo no debe restringirse a solo esos momentos
tan especiales ... El mejor concepto de la unión con Cristo es un caminar consciente, diario, alimentado de la disciplina de la oración y
el estudio bíblico ... Solo esta constante visión de unión con Cristo
es la que por fin nos puede llevar para cruzar el umbral del aquí y del
ahora hasta entrar en la presencia de Jesucristo para siempre.

—CALVIN MILLER, tomado de *Loving God Up Close:*
Rekindling Your Relationship with the Holy Spirit

*Señor, gracias por esos momentos tan emocionantes en
mi caminar contigo, pero ayúdame a no depender de las
altas espirituales para seguir buscándote. Dios, te ruego
que me recuerdes tu presencia día a día. Amén.*

8 DE DICIEMBRE

PERÍODO DE SEQUÍA

> Así mismo, en nuestra debilidad el Espíritu acude a ayudarnos.
> No sabemos qué pedir, pero el Espíritu mismo intercede
> por nosotros con gemidos que no pueden expresarse con
> palabras. Y Dios, que examina los corazones, sabe cuál
> es la intención del Espíritu, porque el Espíritu intercede
> por los creyentes conforme a la voluntad de Dios.
>
> ROMANOS 8:26-27

Tal vez no sepamos cómo expresar nuestras oraciones. Es posible que nos consideremos demasiado débiles por causa de la pena o la depresión o la incapacidad de expresar una oración. Pero la promesa del Señor es que él toma estas vislumbres y gemidos dirigidos a él y los convierte en ruegos efectivos pidiendo ayuda y misericordia ...

Anímate, porque ni el apóstol Pablo ni los cristianos del Nuevo Testamento estaban todos los días en las cumbres religiosas. De hecho, ellos tuvieron sus períodos de sequía espiritual. Este es el punto de la sección de Romanos 8 cuando Pablo comenta la presencia del Espíritu por causa de la resurrección de Jesucristo.

Tal vez no sientas deseos de orar. Tal vez no sientas que Dios es real. Pero no te desesperes. Jesús está orando contigo. Jesús está orando por ti. Jesús está orando en ti.

—WILLIAM P. BARKER, tomado de *A Savior for All Seasons*

Señor, hay momentos cuando no puedo orar.
Las palabras no salen. Mi corazón está cansado
y distraído. Gracias por encontrarte aquí conmigo.
Gracias por orar a mi lado y orar por mí. Amén.

EN EL DESIERTO

Den gracias al SEÑOR, porque él es bueno; su gran amor
perdura para siempre ... Al que guió a su pueblo por
el desierto; su gran amor perdura para siempre.

SALMO 136:1, 16

A veces no me siento espiritual. No tengo deseos de orar. Necesito el agua desesperadamente, sin embargo, tengo muy pocos deseos o ninguno de leer mi Biblia, lo cual aplacaría mi sed ...

A menudo es en momentos como estos que descubro que necesito al Señor más que nada. Cuando *siento* el deseo de leer mi Biblia y orar, es probable que no lo necesite tanto como cuando no siento los deseos de hacerlo. Así que, la disciplina juega una parte importante y aunque no intento preocuparme

*Dios, hay momentos
cuando siento que estás
muy lejos, cuando me
falta el deseo de pasar
un tiempo contigo.
Señor, te ruego que
me lleves a través de
estas temporadas en
el desierto y haz que
mi fe y mi amor por ti
se fortalezcan durante
este tiempo. Amén.*

por mi condición de sequía, también procuro encontrar pequeñas fuentes de agua: un libro de devociones con palabras de ánimo, un versículo en el cual meditar, una quieta caminata en la que pueda hablarle al Señor, y expresarme honestamente ...

Así que, en mi desierto, he llegado al punto de aceptar mi posición en Cristo como algo seguro y firme porque no tiene *nada* que ver conmigo y *todo* tiene que ver con él.

—GIGI GRAHAM TCHIVIDJIAN, tomado de *Coffee and Conversation
with Ruth Bell Graham and Gigi Graham Tchividjian*

En el altar

Así que sométanse a Dios. Resistan al diablo, y él
huirá de ustedes. Acérquense a Dios, y él se acercará
a ustedes. ¡Pecadores, límpiense las manos! ¡Ustedes
los inconstantes, purifiquen su corazón!

SANTIAGO 4:7-8

*Dios, hoy me rindo a ti.
Por el momento pongo
mi lista de oración a un
lado para simplemente
pedirte que se haga
tu voluntad. Amén.*

«El acto supremo de la voluntad no es el esfuerzo sino el consentimiento», dijo Thomas Keating, al brindar un axioma que sirve de clave para el discipulado. Esto, realmente, no se ve más claro que en lo relacionado a nuestras oraciones. En nuestra era de consumismo e individualismo, la oración se puede convertir en otro modo de ejercer nuestra discreción de «elecciones» sometiéndole a Dios lo que queremos que él haga por nosotros, decirle a Dios cómo queremos que maneje el mundo y arregle nuestros problemas y que provea simple soluciones para nuestras dolencias … Pero esto no toma en cuenta el verdadero corazón de la oración: entregarnos a Dios, someter nuestra voluntad a la voluntad de Dios …

Todas las oraciones deben surgir desde este punto de partida: nos sometemos como también nuestra voluntad y nuestras intenciones a la voluntad e intención y caminos de Dios.

—LEE C. CAMP, tomado de *Mere Discipleship:
Radical Christianity in a Rebellious World*

EN LAS MANOS DE DIOS

Humíllense, pues, bajo la poderosa mano de Dios,
para que él los exalte a su debido tiempo. Depositen
en él toda ansiedad, porque él cuida de ustedes.

1 PEDRO 5:6-7

Con mucha facilidad caemos en la noción idólatra de que podemos poseer a Dios mediante la oración.

Nunca poseemos a Dios; sino que Dios nos posee a nosotros. No nos aferramos a Dios, Dios se aferra a nosotros. Dios trasciende todas nuestras explicaciones humanas de teología. No podemos adueñarnos de él, él no permite que lo controlemos. Él permite que lo conozcamos solo cuando dejamos que él se aferre a nosotros y nos posea.

La oración es el proceso mediante el cual aprendemos a dejar que Dios se aferre a nosotros y nos posea. Una vida de oración es el desarrollo de una relación con Cristo como nuestro acompañante. Como cualquier amistad, esta relación aumenta como resultado de estar en comunicación el uno con el otro.

—WILLIAM P. BARKER, tomado de *A Savior for All Seasons*

Señor, quiero que tú me poseas, me rindas a tu voluntad y me uses en tu obra salvadora. Dios, te pido que mi vida de oración facilite esa clase de relación amorosa. Amén.

ORACIÓN Y CONSAGRACIÓN

Josué le ordenó al pueblo: «Purifíquense, porque mañana
el SEÑOR va a realizar grandes prodigios entre ustedes».

JOSUÉ 3:5

La oración y la consagración están muy estrechamente relacionadas.
La oración precede y gobierna la consagración. La oración antecede la
consagración, la acompaña y es un resultado directo de esta ...

La consagración es mucho más que una vida del tan llamado servicio.
Es, en primer lugar, una vida de santidad personal. Es lo que trae el
poder espiritual al corazón y anima al hombre interior. Es una vida
que siempre reconoce a Dios, y una vida que se da a la verdadera
oración.

Una completa consagración es la clase más alta de una vida cristiana.
Es la única norma divina de experiencia, de vida y de servicio. Es lo
único que el creyente debe tener como meta. Nada debe satisfacerlo
menos que una entera consagración.

El creyente nunca debe contentarse hasta pertenecer al Señor por
completo y por su propia voluntad. Su oración natural y voluntaria
anticipa este acto.

—E.M. BOUNDS

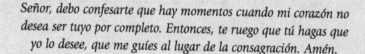

*Señor, debo confesarte que hay momentos cuando mi corazón no
desea ser tuyo por completo. Entonces, te ruego que tú hagas que
yo lo desee, que me guíes al lugar de la consagración. Amén.*

ORACIONES DE ADORACIÓN

*Tuyos son, SEÑOR, la grandeza y el poder,
la gloria, la victoria y la majestad.
Tuyo es todo cuanto hay en el cielo y en la tierra. Tuyo
también es el reino, y tú estás por encima de todo.*

1 CRÓNICAS 29:11

La oración es la *respuesta* humana al desborde perpetuo de amor mediante el cual Dios asedia a todas las almas. Si nuestra respuesta a Dios es la más directa de todas, esto se llama *adoración*. La adoración es la añoranza espontánea del corazón de adorar, honrar, magnificar y bendecir a Dios.

Por una parte la adoración no es una forma especial de oración, porque todas las oraciones verdaderas están saturadas de esta. Es el aire del cual respira la oración, el mar en el que nada la oración. Aunque por otra parte, es distinta de otras clases de oraciones, porque en la adoración entramos en el aire puro de la devoción desinteresada. No pedimos nada sino que lo adoramos. No buscamos nada excepto su exaltación. No nos enfocamos en nada que no sea su bondad.

—RICHARD J. FOSTER, tomado de *Prayer: Finding the Heart's True Home*

 *Señor, a veces descuido adorarte durante mis oraciones.
Te pido que vuelvas a despertar mi amor por ti y
mi pasión para simplemente alabarte. Amén.*

DISCIPLINA EN LA ORACIÓN

Pues aunque el ejercicio físico trae algún provecho, la piedad es útil para todo, ya que incluye una promesa no sólo para la vida presente sino también para la venidera.

1 TIMOTEO 4:8

La disciplina es esencial en la oración. Sin orden ni estructura en nuestras vidas de oración, simplemente no desarrollaremos nuestra relación con Jesucristo. No existe eso de un «cristiano instantáneo» mediante la experiencia emocional repentina de contestar una llamada al altar o firmar una tarjeta de decisión. Aunque un llamado al altar o tarjeta de decisión puede significar el comienzo de un peregrinaje de fe como un resultado del llamado de Cristo, debemos tomar tan rigurosamente la disciplina para responder al llamado como un atleta o un soldado en entrenamiento. De hecho, el Nuevo Testamento, en especial las cartas de Pablo, constantemente comparan la vida de oración cristiana con el entrenamiento riguroso y regular que un atleta extraordinario debe tomar o los ejercicios fuertes que un miembro de una élite de unidad militar debe practicar constantemente.

—WILLIAM P. BARKER, tomado de *A Savior for All Seasons*

Señor, hoy te pido perseverancia en la oración. Dios, yo sé que la oración es importante, y que cualquier cosa importante requiere disciplina y responsabilidad. Te ruego, Padre, que refuerces mi decisión. Amén.

LAS PROMESAS DE JESÚS

Cualquier cosa que ustedes pidan en mi nombre,
yo la haré; así será glorificado el Padre en el Hijo.
Lo que pidan en mi nombre, yo lo haré.

JUAN 14:13-14

¿Cómo equilibramos las realidades prácticas de la oración con las promesas (que se encuentran en Juan)? No podemos simplemente decir que si seguimos estas fórmulas, todas las oraciones serán contestadas precisamente cuando se pronuncian. Dios no es nuestro mayordomo. Por otra parte, tampoco resultará rechazar todas estas promesas, como si la oración fuera algo más que una vana ilusión. Por el contrario, lo que Juan tenía en su mente era una unión, una unión mística, entre nuestras vidas y el Espíritu de Dios que por último se expresaría en una voz ... Llegamos a ser uno con Jesús. Entonces nuestra voluntad se transforma libremente para convertirse en su voluntad. Con la entrada tan profunda de Dios en nuestras vidas, tenemos la absoluta confianza de que él conoce hasta los pensamientos más íntimos de nuestros corazones.

—GARY M. BURGE, tomado de The NIV Application Commentary: John

*Señor Jesús, me maravillan tus promesas acerca del
poder de la oración. Hoy te pido que tú me acerques
a ti para que yo sepa cómo orar bien. Amén.*

NINGUNA ORACIÓN ES PÉRDIDA

Los justos claman, y el SEÑOR los oye;
los libra de todas sus angustias.

SALMO 34:17

> *Señor, a veces estoy tan agobiado que no sé cómo orar. Gracias, Señor, porque tú conoces mis necesidades y porque cuando yo me dirijo a ti, tú eres una ayuda siempre presente. Amén.*

Cuando comenzamos a orar, empiezan a suceder cosas maravillosas. El tiempo que empleamos orando nunca es un tiempo perdido.

Juan Bunyan observó una vez: «Las mejores oraciones a menudo han sido más gemidos que palabras». Yo experimenté esta clase de oración cuando me vi rodeado de muchas necesidades que me presionaban. Honestamente, llegué al punto en que tenía tantas necesidades que apenas podía orar. La única oración que podía pronunciar era: «¡*Ayúdame!*» y recuerdo orar esto a Dios con toda mi alma durante más de treinta veces hasta que experimenté un gran avance. Los salmos declaran: «SEÑOR, oye mi justo ruego; escucha mi clamor» (17:1) … Cuando tú das un paso hacia Dios, Dios da más pasos hacia ti de los que tú pudieras contar. Él se movió para satisfacer mis necesidades.

—JOHN L. MASON, tomado de *Un enemigo llamado promedio*

PODER PARA ORAR

Esto es lo que pido en oración: que el amor de ustedes
abunde cada vez más en conocimiento y en buen juicio

FILIPENSES 1:9

La oración es la manera que Dios ha fijado para llegar a la plenitud del gozo porque es la expresión del ardor interior de nuestro corazón para Cristo ... Pero hay una segunda razón por la cual la oración guía a experimentar el gozo plenamente: Este provee el poder para hacer lo que nos encanta hacer pero que no lo podemos hacer sin la ayuda de Dios. El texto dice: «Pidan y recibirán, para que su alegría sea completa». ¿Recibir qué? ¿Qué nos puede traer la plenitud del gozo? No una vida acolchonada ni protegida y cómoda. Los ricos son personas tan miserablemente infelices como los pobres. Lo que necesitamos en respuesta a la oración para llenarnos de gozo es el poder del amor ... La oración es la fuente de gozo porque es la fuente de poder para amar.

—JOHN PIPER, tomado de *Desiring God*

*Dios, gracias por las muchas formas en que las oraciones
me dan gozo, especialmente la manera en que me capacitan
para amar a otros. Señor, hoy, mediante mis oraciones,
úsame para extender tu amor a los que me rodean. Amén.*

EN TODAS LAS OCASIONES

*Les ruego, hermanos, por nuestro Señor Jesucristo
y por el amor del Espíritu, que se unan conmigo
en esta lucha y que oren a Dios por mí.*

ROMANOS 15:30

Debemos orar en tiempos de adversidad, para que no nos convirtamos en infieles ni incrédulos. Debemos orar en tiempos de prosperidad, para que no seamos jactanciosos y orgullosos. Debemos orar en momentos de peligro, para que no nos convirtamos en temerosos y dudosos. Necesitamos orar en tiempos de seguridad, para no que nos convirtamos en autosuficientes. Pecadores, oren a un Dios misericordioso para obtener el perdón. Cristianos, pidan que el Espíritu Santo se derrame en un mundo maligno, voluntarioso y no arrepentido. Padres, pidan que Dios corone su hogar de gracia y misericordia. Hijos, oren pidiendo la salvación de sus padres. Cristianos, santos de Dios, oren pidiendo que el rocío del cielo caiga sobre la tierra seca y sedienta y que la rectitud cubra la tierra como el agua cubre el mar.

—BILLY GRAHAM, tomado de *Día tras día con Billy Graham*

*Padre celestial, ayúdame a recordar que la oración
puede cambiar las cosas, que yo puedo hacer una
diferencia en las vidas de otros al orar por ellos. Te ruego,
Dios, crea en mí un corazón de oración. Amén.*

Oración basada en Cristo

Así que acerquémonos confiadamente al trono de la
gracia para recibir misericordia y hallar la gracia que
nos ayude en el momento que más la necesitemos.

HEBREOS 4:16

Ya que el verdadero Dios es realmente muy bondadoso y generoso,
no es de asombrarse que aquellos que se inclinan en su dirección,
aunque sus creencias y vidas puedan ser impías en muchas maneras,
encuentren que a medida que oran su salud se mejora …

Sin embargo, la oración cristiana tiene una base más sólida. Los cristianos conocen al Dios de la creación y providencia como el Señor
del pacto, el Dios de la gracia salvadora y ellos oran de acuerdo a esto
… Reclaman las promesas del Padre para escuchar y contestar sus
oraciones, pero el final siempre es: «hágase tu voluntad (y no la mía)»
y saben que si debido a su ignorancia y falta de sabiduría piden algo
que realmente no es bueno para ellos, Dios, en su amor, contestará
dándoles algo que es realmente mejor.

—J.I. PACKER

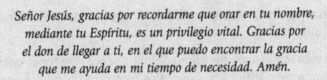

Señor Jesús, gracias por recordarme que orar en tu nombre,
mediante tu Espíritu, es un privilegio vital. Gracias por
el don de llegar a ti, en el que puedo encontrar la gracia
que me ayuda en mi tiempo de necesidad. Amén.

LAS ORACIONES MÁS PERFECTAS

—"Ama al Señor tu Dios con todo tu corazón, con todo tu ser
y con toda tu mente" —le respondió Jesús—.
Éste es el primero y el más importante de los mandamientos.

MATEO 22:37-38

El mandamiento de Dios «orar sin cesar» se funda en la necesidad que tenemos de su gracia para preservar la vida de Dios en el alma, la cual no puede seguir subsistiendo ni un momento sin esta, como el cuerpo no puede sin el aire.

Si pensamos o hablamos a Dios, si actuamos o sufrimos por él, todo es oración, cuando no tenemos ningún otro objeto que su amor, y el deseo de agradarle ...

El deseo del corazón continúa la oración, aunque la comprensión se emplee en cosas externas.

> Dios, sé que una vida próspera de oración fluirá de un amor intenso por ti y un deseo de simplemente estar en tu presencia. Te ruego que me guíes a medida que anhelo pensar en tus grandes misericordias a través del día, y dame más amor por ti. Amén.

En las almas llenas de amor, el deseo de agradar a Dios es una oración continua ...

Dios solo requiere de sus hijos adultos, que sus corazones estén verdaderamente purificados, y que ellos le ofrezcan continuamente los deseos y los votos que naturalmente brotan de un amor perfecto. Porque estos deseos, siendo el fruto genuino del amor, son las oraciones más perfectas que pueden brotar de este.

—JOHN WESLEY

DESARMA EL MIEDO

> Y ustedes no recibieron un espíritu que de nuevo los
> esclavice al miedo, sino el Espíritu que los adopta
> como hijos y les permite clamar: «¡Abba! ¡Padre!»
>
> ROMANOS 8:15

Precisamente como se filtra la emoción del miedo de la mente para causar cambios sicológicos directos, también el acto de la oración puede contrarrestar esos mismos efectos al fijar mi atención para que se aleje de mi cuerpo a una consciencia del alma y el espíritu. La oración interrumpe la sobrecarga sensorial y me permite dirigirme a Dios. A medida que lo hago, mi cuerpo se aquieta y se tranquiliza. Comienzan a relajarse los músculos viscerales que estaban tensos por el miedo. Una paz interior reemplaza la tensión.

Desde luego, estos mismos resultados se pueden lograr mediante el ejercicio de la meditación, pero la oración a Dios ofrece beneficios adicionales. Ayudan a librarse del aislamiento del dolor al cambiar mi enfoque de mi persona y de mis propias necesidades mientras lucho para considerar las necesidades de los demás.

—PHILIP YANCEY, tomado de *Where Is God When It Hurts?*

*Señor, gracias por aliviar mis temores mientras paso un tiempo
contigo. Tu paz sobrepasa todo entendimiento. Amén.*

NUESTRAS ORACIONES SIN PALABRAS

> Y Dios, que examina los corazones, sabe cuál es la
> intención del Espíritu, porque el Espíritu intercede
> por los creyentes conforme a la voluntad de Dios.
>
> ROMANOS 8:27

*Padre celestial, gracias
por escucharme
cuando no sé qué orar.
Gracias por conocer
mi corazón. Amén.*

Conozco bien el sentido inútil de no saber lo que debo orar, como me imagino que a veces le sucede a todo cristiano. ¿Cómo orar por un matrimonio sin esperanzas que al parecer solo proyecta un impedimento de desarrollo y crecimiento? ¿O por unos padres de un niño a quien se le diagnosticó un cáncer terminal? ¿O por un cristiano preso en Nepal por causa de su fe? ¿Qué podemos pedir? ¿Cómo podemos orar?

Romanos 8 anuncia las buenas nuevas que no necesitamos imaginar cómo orar. Solo necesitamos gemir. A medida que leía las palabras de Pablo, me vino a la mente una imagen de una madre sintonizada al llanto sin palabras de su hijo …

El Espíritu de Dios tiene fuentes de sensibilidad más allá de aquellos que pueda tener hasta la madre más sabia.

—PHILIP YANCEY, tomado de *Where Is God When It Hurts?*

TAL Y COMO SOMOS

Pero Dios, que es rico en misericordia, por su gran amor por
nosotros, nos dio vida con Cristo, aun cuando estábamos
muertos en pecados. ¡Por gracia ustedes han sido salvados!

EFESIOS 2:4-5

Yo pensaba que necesitaba tener todos mis motivos arreglados antes
de poder orar, realmente orar ...

La verdad del asunto es que todos vamos a orar con una maraña de
motivos, altruistas y egoístas, misericordiosos y odiosos, amorosos y
amargos. Francamente, en este lado de la eternidad *nunca* vamos a
desenredar lo bueno de lo malo, lo puro de lo impuro. Pero lo que
he venido a ver es que Dios es suficientemente grande para recibirnos
con todas nuestras mezclas. No tenemos que ser brillantes, o puros, ni
llenos de fe, o nada. Eso es lo que significa la gracia, y no solo somos
salvos por gracia, también vivimos por esta. Y oramos por esta.

—RICHARD J. FOSTER, tomado de *Prayer: Finding the Heart's True Home*

*Señor, gracias porque no tengo que «limpiarme» para venir
ante ti en oración, gracias por ser tú el único que purifica mi
corazón. Hoy vengo ante ti audazmente por tu gracia. Amén.*

GLORIFIQUEMOS A DIOS EN NUESTRAS ORACIONES

Invócame en el día de la angustia; yo te libraré y tú me honrarás.

SALMO 50:15

Sin Cristo, no somos capaces de nada bueno …

Entonces, ¿cómo lo glorificamos? Jesús nos da la respuesta en Juan 15:7: «Si permanecen en mí y mis palabras permanecen en ustedes, pidan lo que quieran, y se les concederá». ¡Así *oramos*! Le pedimos a Dios que mediante Cristo haga por nosotros lo que no podemos hacer por nuestra cuenta, dar el fruto. El versículo 8 da el resultado: «Mi Padre es glorificado cuando ustedes dan mucho fruto y muestran así que son mis discípulos». Así que, ¿cómo se glorifica a Dios mediante la oración? La oración es la abierta admisión de que sin Cristo no podemos hacer nada. Y la oración es cambiar el enfoque sobre nosotros mismos a Dios en la confianza de que él proveerá la ayuda que necesitamos. La oración nos humilla como necesitados y exalta a Dios como ricos.

—JOHN PIPER, tomado de *Desiring God*

Dios, yo sé que una vida próspera de oración surgirá de un intenso amor por ti y un deseo de simplemente estar en tu presencia. Te ruego que me guíes durante el día a medida que busco pensar en tus grandes misericordias, y dame un mayor amor por ti. Amén.

UNA ORACIÓN POR NUESTROS LÍDERES

Así que recomiendo, ante todo, que se hagan plegarias, oraciones,
súplicas y acciones de gracias por todos, especialmente por los
gobernantes y por todas las autoridades, para que tengamos
paz y tranquilidad, y llevemos una vida piadosa y digna.

1 TIMOTEO 2:1-2

Oh, Señor, Gobernador nuestro, cuya gloria llena el Universo; encomendamos esta nación a tu bondadoso cuidado, para que siendo guiada por tu Providencia, vivamos seguros en tu paz. Concede al PRESIDENTE DE ESTA NACIÓN, y a todas las autoridades, sabiduría y fuerza para conocer y hacer tu voluntad. Llénalos del amor a la verdad y a la justicia; y haz que jamás se olviden de su obligación de servir a este pueblo en tu temor; mediante Jesucristo nuestro Señor, quien contigo y el Espíritu Santo es un solo Dios y vive y reina por los siglos de los siglos. Amén.

Padre Dios, te elevo hoy a nuestros líderes. Padre, te pido que los guíes y dirijas en todas las cosas. Te pido que venga tu reino. Amén.

—LIBRO DE ORACIÓN COMÚN

PIDE AYUDA

Ayúdense unos a otros a llevar sus cargas,
y así cumplirán la ley de Cristo.

GÁLATAS 6:2

Una de las cosas más importantes que aprendí acerca de las oraciones en conjunto con otra persona era la necesidad de ser honesto. Muy a menudo somos menos que sinceros cuando compartimos nuestras peticiones de oración con otra persona, pero la honestidad ante Dios y el hombre es crucial ...

Con frecuencia la gente no pide ayuda porque les avergüenza admitir que lo necesitan. O no quieren molestar a alguien con sus problemas. Pero hay personas que Dios ha *llamado* para que se unan a nosotros en oración. Si no les damos la oportunidad, ya sea porque no lo pedimos o porque no compartimos la honestidad, entonces perdemos el derecho de muchas de las bendiciones que Dios tiene para nosotros.

La oración es una de las formas más importantes en la cual podemos ayudarnos «unos a otros a llevar sus cargas» (Gálatas 6:2).

—STORMIE OMARTIAN, tomado de *El poder de orar juntos*

Padre celestial, yo sé cuán importante es unirnos en oración con otros. Dios, te pido el tipo de relaciones que concede libertad y honestidad. Dame el valor de compartir mis cargas con otros, y también llevar las cargas de otros. Amén.

LA ORACIÓN QUE NOS MOLDEA

Así, todos nosotros, que con el rostro descubierto
reflejamos como en un espejo la gloria del Señor,
somos transformados a su semejanza con más y más
gloria por la acción del Señor, que es el Espíritu.

2 CORINTIOS 3:18

El propósito principal de la oración es llevarnos a una vida tal de
comunión con el Padre que, por
el poder del Espíritu, seamos cada
vez más semejantes a la imagen
del Hijo ...

*Dios, hoy quiero
invitarte a continuar
haciéndome más
semejante a ti.
Señor, Dios, te ruego
que purifiques mi
corazón. Amén.*

Cuando comenzamos a caminar
con Dios, él nos extiende gracia y
contesta maravillosamente nuestras oraciones endebles y egocéntricas. Pensamos: «Esto es maravilloso. ¡Después de todo, Dios es
real!» Sin embargo, al pasar el tiempo, cuando intentamos empujar
nuevamente este botón, Dios nos dice: «Me gustaría ser más que tu
proveedor. Quiero ser tu maestro y amigo. Déjame llevarte por un
camino más excelente ... » A medida que comenzamos a seguir estos
empujoncitos del Espíritu, cambiamos de adentro hacia afuera.

—RICHARD J. FOSTER, tomado de *Prayer: Finding the Heart's True Home*

ESCUCHA A DIOS

Escucha mis súplicas, rey mío y Dios mío,
porque a ti elevo mi plegaria.
Por la mañana, SEÑOR, escuchas mi clamor; por la mañana te
presento mis ruegos, y quedo a la espera de tu respuesta.

SALMO 5:2-3

Señor, quiero escuchar tu voz. Ayúdame a dejar de gobernarme y por el contrario liberarme en tus brazos durante suficiente tiempo como para escucharte hablar. Amén.

Antes de poder escuchar a Dios en oración, debo ir a tientas mediante las oraciones de palabras, de demanda premeditada, las oraciones infantiles de «Dámelo», de «Ayúdame», de «Yo quiero ... » Mientras no le diga a Dios lo que quiero, no tengo una manera de saber si realmente lo quiero o no. Al menos que le pida algo a Dios, no sé si es algo que deba pedir ... Las oraciones de palabras no se pueden eliminar. Y las debo orar diariamente, tenga o no deseos de orar. De otra forma, cuando Dios tiene algo que decirme, yo no sabré cómo escuchar. Mientras que yo no resuelva mi ser, no seré capaz de quitarme del camino.

—MADELEINE L'ENGLE, tomado de *Glimpses of Grace: Daily Thoughts and Reflections*

LAS POSIBILIDADES DE LA ORACIÓN

*Tenemos como firme y segura ancla del alma una esperanza
que penetra hasta detrás de la cortina del santuario,*
HEBREOS 6:19

Las posibilidades de orar corren paralelamente con las promesas de Dios. La oración abre una desembocadura para las promesas, quita los obstáculos del camino para su ejecución, los habilita para que funcionen, y consigue sus fines de gracia. Más que esto, la oración, al igual que la fe, obtiene promesas, aumenta sus operaciones y añade la medida de los resultados. Las promesas de Dios fueron para Abraham y su simiente, pero muchos úteros estériles y muchos de los obstáculos menores impidieron el camino para cumplir estas promesas; sin embargo, la oración los quitó, hicieron una autopista para las promesas, agregaron la facilidad y rapidez para su realización y mediante la oración la promesa resplandeció con brillo y perfección en su ejecución.

Las posibilidades de la oración se encuentran al aliarse con los propósitos de Dios porque los propósitos de Dios y la oración del hombre son la combinación de todas las fuerzas potentes y omnipotentes.

—E.M. BOUNDS

*Dios, cuando yo esté desanimado con la oración, recuérdame
el poder de la oración combinado con tus promesas. Amén.*

NO ESTÁS SOLO

Por eso también puede salvar por completo a los
que por medio de él se acercan a Dios, ya que
vive siempre para interceder por ellos.

HEBREOS 7:25

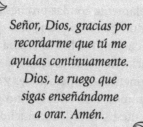

*Señor, Dios, gracias por
recordarme que tú me
ayudas continuamente.
Dios, te ruego que
sigas enseñándome
a orar. Amén.*

Aunque somos plenos participantes en la obra llena de gracia de la oración, la obra de la oración no depende de nosotros ...

Cuando vamos a orar no es necesario tenerlo todo perfecto. El Espíritu vuelve a dar forma, refina y reinterpreta nuestras oraciones débiles, egocéntricas. Podemos descansar en esta obra del Espíritu a nuestro favor.

Pero se vuelve hasta mejor. El escritor a los hebreos nos recuerda que Jesucristo es nuestro gran Supremo Sacerdote ... ¿Entendemos lo que esto significa? ... Nada menos que el Hijo eterno ofrece una oración continua ante el trono de Dios para nuestro beneficio ... Nosotros podemos descansar en esta obra del Hijo a favor nuestro.

—RICHARD J. FOSTER, tomado de *Prayer: Finding the Heart's True Home*

ORACIONES PARA EL AÑO PRÓXIMO

Dedíquense a la oración: perseveren en ella con agradecimiento.

COLOSENSES 4:2

¿No tienes ninguna misericordia que pedirle a Dios? Si es así, ¡que la misericordia de Dios te muestre tu miseria! Un alma sin oración es un alma sin Cristo. La oración es el balbuceo de un infante creyente, el clamor de un creyente en la lucha, el réquium del santo moribundo que duerme en los brazos de Jesús. Es el suspiro, la consigna, el consuelo, la fortaleza, la honra de un cristiano. Si eres un hijo de Dios, procurarás la faz del Padre y vivirás en el amor del Padre. Ora pidiendo que este año puedas ser santo, humilde, celoso y paciente, que puedas tener una comunión más íntima con Cristo y entrar más a menudo en la sala del banquete de su amor. Pide que tú puedas ser un ejemplo y bendición para otros, y que puedas vivir más para la gloria de tu Maestro. El lema de este año debe ser: «Perseverar en la oración».

—CHARLES H. SPURGEON

Padre celestial, el tiempo que paso contigo es precioso. Ahora, al terminarse este año, ayúdame a recordar tu enseñanza: «Dedíquense a la oración». Amén.

Índice de las Escrituras

63:3	25 de julio
63:6	29 de junio,
	9 de noviembre
65:2	15 de marzo
66:20	16 de junio
69:3	26 de enero
69:13	17 de junio
70:1	2 de agosto
73:28	26 de agosto
74:16	22 de abril
84:10	11 de noviembre
84:11	28 de junio
95:6-8	15 de agosto
97:10	10 de junio
100:4-5	18 de julio
103:1, 13	13 de julio
103:13	24 de enero,
	1 de febrero
104:33-34	3 de julio
119:107	6 de octubre
131:1-3	30 de septiembre
131:2	31 de enero
136:1, 16	9 de diciembre
139:7	26 de mayo,
	5 de septiembre
139:8	3 de enero,
	4 de julio
139:23-24	17 de enero
142	16 de febrero
145:18	21 de enero, 14 de
	agosto, 25 de octubre

Proverbios

3:5-6	11 de agosto
4:23	25 de agosto
5:23	13 de agosto
11:30	6 de mayo
15:3	2 de octubre
15:8	26 de enero
24:16	20 de febrero

Eclesiastés

| 3:1 | 20 de julio |
| 5:2 | 2 de septiembre |

Cantar de los cantares

| 2:15 | 9 de junio |
| 3:1 | 1 de junio |

Isaías

1:18	29 de agosto
6:8	13 de junio
29:13	21 de junio

40:31	4 de enero
41:20	1 de septiembre
55:3	6 de junio
61:1	14 de mayo
62:6-7	20 de marzo
64:7	2 de febrero,
	19 de octubre

Jeremías

23:23-24	2 de octubre
29:12	19 de marzo
29:13	28 de marzo
33:3	11 de junio

Lamentaciones

| 3:26 | 22 de mayo |

Ezequiel

| 11:19 | 28 de mayo |
| 36:37 | 20 de marzo |

Miqueas

| 6:8 | 26 de marzo |

Nahúm

| 1:7 | 10 de agosto, |
| | 12 de agosto |

Sofonías

| 3:17 | 17 de mayo, |
| | 31 de octubre |

Zacarías

4:6	15 de mayo
12:10	14 de marzo
8:20-22	18 de marzo

Mateo

4:4	26 de septiembre
5:6	29 de julio
5:9	8 de enero
5:44	2 de junio
6:5	19 de julio
6:6	24 de enero,
	6 de marzo,
	28 de julio, 1 de agosto,
	24 de septiembre, 2 de
	octubre, 5 de octubre,
	6 de diciembre
6:7	28 de agosto
6:7-8	8 de julio
6:9	10 de febrero,
	22 de marzo,
	4 de noviembre

6:10	5 de julio, 7 de noviembre	**Lucas**	
6:9-10	12 de febrero, 17 de noviembre	2:19	6 de julio
		2:22-24	6 de agosto
6:10-13	8 de marzo	5:16	17 de septiembre, 14 de octubre
6:11	21 de noviembre		
6:12	31 de agosto	5:17, 19	10 de abril
6:13	18 de noviembre, 26 de noviembre	5:31	5 de agosto
		6:12	22 de septiembre
6:31-32	18 de junio	6:19	8 de abril
6:34	10 de agosto	7:21	11 de abril
7:7	23 de junio, 3 de agosto 1 de octubre	8:29	20 de abril
		8:42	13 de abril
		9:40	25 de abril
7:7-8	9 de febrero	11:1	7 de mayo, 7 de julio, 9 de julio
8:26	31 de marzo		
9:20-22	16 de enero		
9:28-29	21 de octubre	11:2	10 de marzo
11:7	25 de agosto	11:5	22 de octubre
11:28-29	19 de septiembre	11:5-6	2 de marzo
11:30	3 de octubre	11:7	3 de marzo
12:15	7 de abril	11:8	29 de enero, 30 de enero, 4 de marzo
12:22	19 de abril		
13:54, 57-58	15 de abril	11:9	3 de febrero
14:17-18	2 de abril	11:10	4 de febrero
15:22	24 de abril	11:13	4 de septiembre
17:21	27 de abril, 10 de octubre	12:6-7	23 de noviembre
		16:16	17 de marzo
18:20	29 de octubre	17:12-14	16 de abril
21:22	16 de agosto	18:1-8	9 de febrero, 4 de marzo
22:37-38	20 de diciembre		
23:37	1 de febrero	18:1	19 de febrero, 20 de febrero, 11 de mayo, 23 de septiembre
26:39	22 de agosto		
26:41	23 de agosto		
26:44	13 de septiembre		
		18:2-3	20 de febrero
Marcos		18:4-5	21 de febrero
1:15	22 de marzo	18:7	22 de febrero
1:30	11 de enero	18:7-8	23 de febrero
1:35	30 de marzo, 20 de junio, 16 de septiembre, 18 de septiembre	18:13	19 de noviembre
		18:41	17 de abril
		19:10	12 de junio
		19:17	31 de julio
1:41-42	9 de abril	22:41	12 de septiembre
5:27-28	15 de junio	22:42	7 de julio, 20 de noviembre
6:31	17 de agosto		
10:27	17 de abril	22:44	28 de octubre
11:24	24 de marzo, 23 de julio, 26 de octubre	22:61-62	3 de diciembre
		24:21	30 de abril
12:30	25 de septiembre	24:32	25 de septiembre
14:36	18 de agosto	24:51	3 de septiembre

Juan

1:5	25 de agosto
1:12	3 de noviembre
4:23	14 de marzo
4:23-24	8 de noviembre
4:24	13 de febrero
5:6	16 de agosto
6:5-6	1 de abril
7:37-38	21 de marzo
8:47	5 de diciembre
10:10	25 de enero
11:25	28 de abril
11:25-26	29 de abril
14:13	12 de enero,
	12 de mayo
14:13-14	22 de marzo,
	9 de agosto,
	6 de septiembre,
	15 de diciembre
14:14	7 de septiembre
15:4	8 de septiembre,
	4 de diciembre
15:5	1 de noviembre
15:7	5 de mayo,
	8 de septiembre,
	21 de septiembre,
	27 de septiembre
	24 de diciembre
15:9	12 de octubre,
	1 de noviembre
15:13	15 de febrero
16:23	21 de septiembre
16:24	10 de septiembre
17:1, 4-5	19 de mayo
17:20-21	18 de octubre
19:5	21 de agosto
20:24-28	1 de mayo
20:28	1 de mayo
20:28-29	3 de mayo

Hechos

1:14	24 de febrero
14:23	2 de noviembre
17:28	4 de julio
21:6	8 de junio

Romanos

5:2	4 de octubre
5:5	16 de octubre,
	16 de noviembre
8:9	5 de noviembre
8:15	21 de diciembre
8:15-16	22 de julio
8:26	28 de enero,
	5 de marzo,
	14 de marzo,
	4 de mayo, 30 de julio,
	29 de septiembre
8:26-27	8 de diciembre
8:27	15 de octubre,
	22 de diciembre
8:28	15 de noviembre
9:21	25 de junio
10:11-13	22 de marzo
10:17	16 de enero
12:2	24 de mayo
12:11	20 de febrero
12:12	28 de febrero,
	26 de junio,
15:4	14 de abril,
	15 de julio
15:30	18 de diciembre

1 Corintios

1:25	24 de agosto
1:30	23 de enero,
3:6	25 de junio
6:19	8 de agosto
10:13	25 de noviembre
10:31	23 de abril,
12:12	5 de julio

2 Corintios

1:10-11	13 de noviembre
3:18	19 de junio,
	27 de diciembre
4:7, 16	20 de febrero
6:17-18	13 de octubre
9:8	2 de diciembre
12:8-9	3 de abril
12:9	9 de septiembre,
	1 de noviembre

Gálatas

5:22-23	19 de agosto
5:24	10 de octubre
6:2	26 de diciembre

Efesios

1:15-17	18 de febrero
2:4-5	23 de diciembre
3:16	5 de noviembre
3:19	27 de febrero
6:10-20	1 de diciembre

6:11, 18	1 de diciembre
6:18	1 de marzo, 7 de marzo, 30 de mayo, 24 de junio, 15 de septiembre, 7 de noviembre

Filipenses

1:4	24 de julio
1:4-6	18 de enero
1:6	17 de enero
1:9	17 de diciembre
2:3	10 de julio
2:5	16 de mayo
3:3	14 de marzo
3:8-9	20 de octubre
4:4-5	17 de agosto
4:6-7	9 de marzo, 5 de abril
4:19	27 de mayo, 10 de noviembre

Colosenses

1:9	25 de mayo
1:19	25 de marzo
2:6-7	2 de mayo
2:9	29 de marzo
3:16-17	7 de diciembre
4:2	6 de enero, 20 de mayo, 6 de noviembre, 31 de diciembre

1 Tesalonicenses

3:12	13 de enero
5:17	8 de enero, 6 de febrero, 21 de julio, 14 de septiembre, 8 de octubre
5:17-18	8 de febrero
5:18	4 de noviembre

1 Timoteo

2:1	5 de junio
2:1-2	12 de enero, 25 de diciembre
2:8	15 de enero, 22 de enero, 22 de marzo
4:8	14 de diciembre

2 Timoteo

1:3	31 de mayo
1:7	14 de junio
1:13	3 de junio

Hebreos

2:18	21 de abril
4:16	19 de diciembre
6:19	29 de diciembre
7:25	28 de septiembre, 30 de diciembre
10:19	22 de marzo, 4 de octubre
10:19, 22	7 de agosto
10:25	30 de octubre
11:6	7 de octubre
11:13	5 de enero
12:1	11 de octubre, 29 de noviembre

Santiago

1:2-3	4 de abril
1:5-6	22 de marzo
1:17	4 de noviembre
2:5	7 de junio
4:2	4 de enero
4:7-8	10 de diciembre
4:8	19 de enero
5:13-15	11 de febrero
5:15	22 de marzo, 18 de abril, 23 de octubre
5:16	16 de marzo, 23 de marzo

1 Pedro

1:13	18 de mayo
4:7-8	17 de octubre
5:5	30 de agosto
5:6-7	11 de diciembre
5:7	1 de enero, 18 de enero, 10 de mayo, 4 de agosto

2 Pedro

1:2	2 de diciembre
3:18	22 de noviembre

1 Juan

1:5	29 de mayo
2:1-2	11 de septiembre
5:14	29 de febrero, 23 de mayo, 30 de julio, 27 de septiembre
5:14-15	27 de noviembre

ÍNDICE DE AUTORES